체육학 개론

최종삼, 손수범

체육학개론

최종삼·손수범

도서출판
디자인21

머리말

우리 인간은 누구나 행복한 삶을 원한다. 행복한 삶이란 자신이 추구하는 일에 열정을 쏟으면서 건강하게 살아가는 것이다. 행복한 삶을 위해서 우리 인간은 건강한 육체와 건전한 정신을 갖추고 있어야 한다. 건강한 육체와 건전한 정신을 갖춘 인간의 모습을 유지하기 위해서는 체육과 스포츠의 역할이 매우 중요하다.

체육과 스포츠가 우리 인간들에게 긍정적인 도움을 주기 위해서는 그것들에 대한 올바른 이해와 지식이 필요하다. 우리는 인간의 신체운동과 관련한 기초 이론과 지식, 학문적 체계를 이해함으로써 체육, 스포츠, 무도, 레크리에이션, 게임, 놀이 등과 관련한 신체운동 행위가 우리 인간들에게 어떤 결과를 초래할 수 있을지를 보다 분명하게 이해할 수 있다.

이 책은 체육 및 스포츠 전공자들이 운동문화에 대한 기초적인 이론지식을 습득할 수 있도록 설계되었다. 현재 스포츠 및 체육에 관한 원리론이나 개론서들은 여러 연구자들에 의해 출간되어 읽혀지고 있다. 그러나 적지 않은 책들이 개론적 또는 원리론적 측면에서 본문의 내용을 구성했다기보다는 특정 영역에 치우쳐 기술되거나 특정한 학문영역을 중심으로 편집된 내용이 주를 이루는 경우가 있어 왔다. 이는 신체운동 분야의 입문자들에게 전반적이고 객관적인 신체운동 지식을 전달하기보다는 신체운동에 관한 부분적 지식만을 제공할 우려가 있다.

연구자는 원리론이나 개론서를 구성함에 있어 학습자들에게 그 분야의 일반적인 이론지식을 전달함으로써 향후 학습자들이 세부 전공분야에 관심을 갖도록 안내할 책임이 있다. 그럼에도 여러 개론서들이 근본적인 취지에 부합하지 못하고 있는 실정이다. 이러한 부작용을 극복하기 위해 본서는 다음과 같은 특징을 지니면서 내용이 전개되었다.

첫째 본서는 인간의 신체운동을 전공하는 사람들에게 인간운동에 관한 일반적인 지식과 이론을 전달하기 위해 연구되었다. 특히 스포츠 및 체육에 입문하는 학습자들이 체육, 스포츠, 무도, 게임, 놀이 등의 개념을 보다 분명히 이해할 수 있도록 그것들의 용어 변천에서 간략한 역사, 현대사회에서의 변화되는 모습과 역할에 대해 기술하였다.

둘째 본서는 학습자들로 하여금 인간운동의 학문적인 하위영역들에 대한 이해를 돕기 위해 기초적인 개념과 목표에 대한 내용을 중심으로 기술하였다. 전공분야의 기초지식을 제공함으로써 운동 분야의 전공자들은 자신이 연구하려는 세부 전공이 무엇인지를 인식하여 보다 흥미를 가지고 접근할 수 있을 것이다.

셋째 본서는 현대 산업사회에서 스포츠 및 체육이 인간생활과 관련하여 어떻게 진행되는지를 제시함은 물론, 스포츠 및 체육적 의미에서 새롭게 출현하는 운동 분야에 대해 언급하였다. 현대의 운동문화는 다양성과 변화를 추구하면서 특수체육, 무도, X게임, e-Sports, 뉴스포츠 등과 같은 새로운 영역을 구축해가고 있다. 이러한 상황에서 이들에 대한 기초적인 정보와 지식은 필요하다 하겠다.

넷째 본서는 스포츠, 체육, 레크리에이션, 무도 등 신체운동과 관련한 모든 전공자들에게 필수적인 기초 이론 지식의 제공은 물론, 일반인들이 운동 관련 교양지식을 습득하여 활용할 수 있도록 설계되었다.

본서는 신체운동 관련 전공자들을 포함하여 체육 및 스포츠에 관심 있는 사람들에게 약간의 도움이 되겠지만, 여전히 미완의 개론서임을 밝혀둔다. 그리고 본서를 구성할 수 있었던 것은 이 분야에 헌신하신 국내외 학자들의 선행연구들이 있었기 때문에 가능했음을 잘 알고 있다. 이 지면을 빌어 그들에게 감사의 뜻을 표한다. 아울러 원고 내용의 수정에 애쓰신 여러 선생님들과 도서출판 디자인21 관계자들에게 진심으로 감사드린다.

저자 일동

차례

제3편 스포츠 · 체육의 확대 / 177

그림차례

표차례

제1편

체육학의 이해

이 책에서 체육학은 인간의 신체운동과 관한 전반적인 연구로서 우리 인간이 신체를 주체로 실천되는 체계적이고 조직화된 신체활동과 그에 수반되는 의미작용을 모두 포함한다. 신체운동 관련 전공자들은 이들 영역의 학문적 체계를 이해하고 정체성을 확립하기 위해 먼저 체육과 스포츠에 대한 기초적인 이론과 지식을 이해해야 한다.

제1장

체육과 스포츠의 이해

1. 체육과 스포츠의 필요성

1) 개인적 측면

체육은 인간의 기본적 욕구를 충족시키는 측면이 있다. 쉴러(Schille)와 스펜서(Spencer)는 인간이 운동을 하고 싶어 하는 욕구는 인간이 생활을 하고 나서 남는 에너지를 발산시키기 위하여 놀이운동을 한다는 'the theory of surplus energy'를 주장하고 있다.

사람은 태어나면서 여러 단계를 거치면서 각 기관이 성장하고 발달한다. 이렇게 성장·발달하는 동안 활동을 하지 않으면 정상적인 성장발육을 기대할 수 없기 때문에 운동은 각 시기별로 적절히 필요하다. 체육은 이러한 필요성을 충족시키는 기회를 제공한다.

신체의 형태와 기능은 면밀한 계획아래 실천을 통해 최고 수준에 도달할 수 있다. 이것은 청년기를 거쳐 성인기에 이르러 달성되는 것이다. 또한 성인기에도 최고의 상태를 유지하도록 계속해서 신체활동의 노력을 기울여야 한다. 또한 만약 신체활동을 하지 않거나 조금밖에 안한다면 우리의 몸은 위축되고 만다. 인간은 모두가 노쇠하여 죽음을 맞는다. 만약 운동을 중지하거나 신체의 단련을 게을리 하면 노쇠현상은 가속화된다. 따라서 계획적인 신체활동, 즉 체육은 인간의 기본적 욕구의 해소와 우리 몸의 성장발달에 필수적이다. 한편으로 청소년기에 남는 에너지를 바람직한 스포츠 및 체육을 통해 발산하는 것은 생활을 윤택하게 할 수 있는 좋은 기회를 제공한다.

2) 사회적 측면

인간은 '나'로 태어나서 '우리 속의 나'로 살아간다. 우리라는 공동체 속에서 살기 위해 사회가 요구하는 규칙과 질서를 지키고 서로 협동하고 상대를 존중하며 이해하는 사회성이 필요하다. 이러한 사회성 함양은 놀이로부터 시작하여 점차 조직화된 스포츠 집단의 활동을 통해 쉽게 체득된다.

스포츠 사회에서는 일정한 행동기준과 규칙이 존재하여 스포츠 집단내의 구성원은 각각 여러 가지 역할을 분담하여 행동하게 된다. 스포츠 활동을 통해 참고 견디는 것을 배우고 함께 힘을 합해 목표를 수행하는 것을 배운다.

스포츠 현장의 경험은 실제의 사회생활의 경험과 유사하다. 이러한 경험을 일찍부터 체득한 사람은 그것을 경험하지 못한 사람과는 다른 인간적 유대를 나타내어 바람직한 민주시민의 자질을 형성하게 된다. 결국 체육은 경쟁과 협력이라는 사회생활의 기본원칙을 스포츠란 현상을 통해 바람직하게 나타나도록 경험시키는 교육의 장으로써 중요하다.

3) 국가적 측면

체육의 국가적 필요성과 관련하여 근대국가가 성립되던 19세기 초에 유럽 각국은 국가와 민족의 성장발전에 체육이 필수적인 요건임을 인식하였다. 독일의 얀 체조, 스웨덴의 링 체조는 체조를 통한 국민의 체력강화 수단 이었다.

국민 개개인의 체력 강약은 국력의 강약과 직결되어 있다. 국민들의 체력강화는 국가적 차원에서 생산력과 국방력의 강화에 직결되어 있다. 또한 스포츠는 국가간의 친선강화를 위한 수단으로도 그 역할을 다하고 있다. 미국과 중국의 핑퐁외교는 그 대표적인 예이다.

또한 체육의 각종 지표는 나라의 복지수준을 가늠하는 대표적인 지표가 되고 있음을 인식한다면, 체육의 국가적 필요성은 쉽게 이해될 수 있다.

2. 체육과 스포츠의 의미

한국사회에서 많은 사람들은 체육과 스포츠의 의미나 개념을 혼동하여 사용하고 있다. 언어의 근본적인 의미에서 두 용어를 풀이한다면, 체육은 신체활동을 통하여 교육적인 효과를 지향하는데 반하여 스포츠는 경기적 요소를 통해 즐거움을 추구하고 있다. 여기에서는 이들 두 가지 요소의 의미를 보다 명확히 이해할 수 있다.

체육과 스포츠에서 행하는 신체활동은 인간의 직접적인 표현이며 내적 자아의 행위이므로 인간과 신체활동은 밀접한 관련을 맺고 있다. 인체의 활동에는 많은 종류가 있고 그 효과도 다양하게 나타나므로 그 방법과 결과도 행위자의 목적과 의도에 따라 서로 다르게 표출된다. 그러므로 모든 신체활동은 그것을 형성하려는 인간상을 달성할 수 있도록 개인의 신체구조와 개성, 그리고 지도방법을 고려하여 실행되어야 한다.

오늘날 체육 및 스포츠란 말이 보편적으로 사용되고 있으나, 그것들이 지니고 있는 의미를 질문하면 그 해답은 매우 다의적이어서 그것들에 대한 명확한 의미를 표현하는데 많은 어려움을 겪고 있다. 이는 사람들마다 같은 용어를 가지고 다른 의미로 이해하기 때문이다. 이와 같은 모순을 방지하기 위해서는 그것들의 개념을 보다 명확히 이해할 필요성이 있다.

1) 체육의 개념

오늘날 체육의 개념과 범위는 시대적 상황과 사회의 변천에 따라 변화되어 왔다. 때로는 체조(Gymnastics), 신체육성(Physical Culture) 또는 심신훈련(Leibesubung), 신체단련(Physical Training)이라고 불리었다. 19세기를 전후로 유럽대륙에서는 체조 중심의 신체운동을 통해 강건한 신체를 육성한다는 취지로 실시되었다. 이후 영국을 중심으로 여러 가지 운동종목들과 무용이 활성화되면서 형식성과 경직성을 특징으로 하는 체조동작은 쇠퇴하거나 변모하였다. 19세기 중반 신체단련이란 용어가 유행되어 주로 신체적성을 강조하였다. 이것은 각종 스포츠 및 체력단련프로그램, 체조 등의 훈련을 통해 육체를 단련하는데 그 목적을 두었다. 신체육성 및 신체단련은 신체의 교육(Education of the Physical)이란 의미로 이해할 수 있다.

20세기 초반(1930년대) 미국의 진보주의 교육사상가인 존 듀이(John Dewey, 1859-1952)의 영향을 받아 체육학자 우드(Wood, T., 1892~1942), 헤더링턴(Hetherington, C.W., 1870~1942)은 'Education through the Physical'을 주장함으로써 신체단련에서 신체교육이라는 의미로 그 방향이 전환되었다. 이로써 체육은 '신체의 교육'이 아닌 '신체를 통한 교육'을 통해 육체와 정신, 마음 전체를 발달시키는 전인교육으로 정착하였다. 이는 체육이 인간의 운동 욕구라는 자극에 대하여 체계화된 신체운동으로 반응하는 과정에서 이루어지는 인간의 성장, 즉 건전한 인간육성 또는 심신의 조화적 발달을 도모하는 교육적 행위를 의미한다.

학자들에 따라 체육의 개념을 규정하는 주장은 수없이 많지만, 대표적인 몇 가지 주장들을 살펴보면 다음과 같다.

① Oberteuffer, D.(1951) : 체육은 신체적인 것을 매개로 하는 교육이다.

② Williams, J.F. & Brownell, C.L.(1951) : 체육이란 선택된 운동형태를 통해 일정한 목표를 유도하는 인체활동의 총체이다.

③ Nixon, E.W. & Cozens, F.W.(1952) : 체육은 활발한 근육활동과 그에 따르는 반응, 그리고 그 반응에 따른 개인들의 변화에 관련된 모든 교육과정의 현상을 말한다.

④ Shepard, N.M.(1960) : 체육이란 기초운동의 형식으로 행해지는 경험에 의하여 일으켜진 개인변화의 총체이다. 이 경험의 과정은 지도나 안내에 관계없이 또는 학교조직의 승인에 관계없이 진행한다.

⑤ Schmidt, F.A.(1970) : 체육은 모든 교육에서 중요한 부분이며, 학생에 대하여 유희 및 자유로운 운동의 영역을 확립하여 신체적·정신적 훈련을 촉진하며, 스포츠적인 활동의 즐거움을 자각하게 한다.

⑥ Soviet(1970) : 체육이란 인간의 건강을 증진하고, 바른 신체발달을 이룩함을 목적으로 하여 실시되는 교육이다.

⑦ Barrow(1977) : 체육은 교육의 목표가 부분적으로 달성되는 스포츠, 무용, 운동과 같은 대근활동을 통한 교육이다.

⑧ Bucher, C.A. : 전 교육과정의 통합적 부분인 체육은 체육목표의 실현을 도모하는 관점에서 선택된 자본적인 모든 활동을 매개로 하여 신체적, 정신적, 정서적, 사회적으로 적성을 갖춘 시민의 형성을 의도하는 하나의 영역이다.

⑨ 노희덕(1969) : 체육은 개인의 특성에 맞는 신체활동을 통해서 신체의 조화적 발달을 촉

진하고, 개인의 건강과 복리를 증진시키며, 나아가 정신적·사회적으로 보다 유능한 인간을 육성하는 교육이다.

⑩ 김종선(1979) : 체육이란 계획적인 신체활동을 통한 인간행동의 변화이다.

⑪ 가와무라(川村 英男 : 1974) : 체육은 인간의 신체적 활동, 즉 대근활동을 수단으로 하는 신체의 교육 및 신체에 의한 교육이다. 그는 이를 도식적으로 다음과 같이 제시하고 있다.

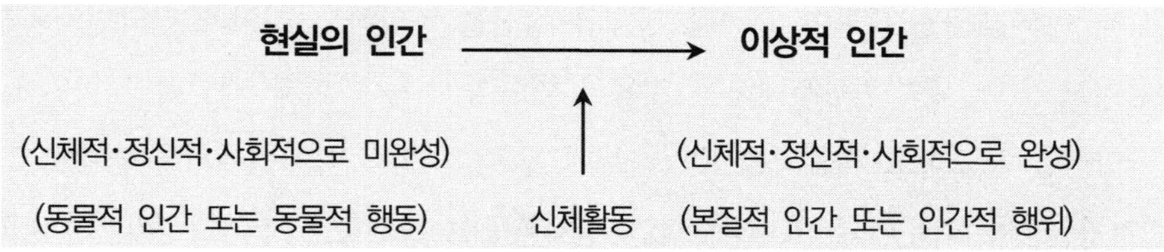

〈그림 1〉 **체육을 통한 인간형성**

위에서 인용한 몇 가지 체육의 개념들은 학자들에 따라 그 의미나 범위에 있어 차이점을 보이고 있다. 어떤 학자는 개인적 측면에서 개인의 변화를 강조하거나 또는 집단적 측면에서 개인의 변화가 사회의 형성에 관계한다고 주장한다. 또는 어떤 학자들이 체육을 교육과정의 한 영역으로 제한하는데 반해, 다른 학자들은 모든 신체활동을 통해 교육적 효과가 발휘된다고 주장한다. 이와 같은 주장들은 다르게 보일 수 있으나 그것의 핵심적인 내용에서는 동질성을 지니고 있다.

여러 학자들이 체육의 개념을 규정하는데 있어 공통된 의견은 신체활동이란 요소가 근간을 이루고 있다는 점과 교육으로서의 기능을 달성하는 것, 혹은 교육의 한 영역이라는 점이다. 여기에서 우리가 분명히 알아야 할 것은 체육에서의 신체활동과의 관계인데, 체육은 신체활동의 총체가 될 수 없으며 신체활동을 매개 또는 수단으로 하여 행해지는 교육의 형태라는 사실이다. 체육은 운동 자체를 목적으로 하거나 운동을 행하게 하는 활동이 아닌 운동경험을 통해 인간다운 사람을 만드는 데 있다.

다시 말해 체육이란 체조, 체력단련 프로그램, 스포츠, 놀이나 게임 등과 같은 인간의 신체활동, 특히 대근활동을 수단으로 하는 신체의 교육인 동시에 개인의 특성과 방법을 고려하여 선택된 신체활동의 잠재적 가치를 구현함으로써 바람직한 인간을 형성시키려는 작용 또는 교육적 행위라 할 수 있다. 이러한 과정을 통해 우리 인간들은 건강하고 안락한 삶을 영위할 수 있고, 사회적 · 국가적으로 기여할 수 있는 인간으로 거듭날 수 있다.

체육은 개인적 또는 사회적 활동의 원천이 되고, 모든 교육 중에서 가장 기초적인 교육이며, 심신이 조화롭게 발달된 인간육성을 위하여 신체활동의 잠재적 가치를 최대한 추구하려는 시도로, 인본주의에 그 바탕을 두고 있다. 이런 의미에서 볼 때 체육이란 "선별된 인체활동의 경험을 통해 긍정적 성과를 이끌어내려는 실천적 교육"이라고 환언할 수 있다.

현재 문화관광부에서는 전통적인 학교 체육의 개념을 적용하여 체육이라는 개념을 운동경기, 유희 및 야외활동을 통하여 건전한 신체와 정신을 배양하는 것이라고 국민체육진흥법을 통해 준용하고 있다. 문화관광부에서는 체육의 역할과 기능에 따라 개인적인 차원에서는 건강과 체력향상을 도모하고 적응력을 배양하는데 두고, 사회적인 차원에서는 명랑하고 건전한 사회분위기를 진작시키는데 두며, 의도적인 신체활동의 총체로 규정하고 있다. 이러한 개념 규정에 따라 체육의 범위를 스포츠 활동과 레저스포츠 활동으로 어느 정도 구분하고 있는 실정이다.

2) 스포츠의 개념

스포츠란 무엇인가에 대한 질문에 많은 사람들이 직관적으로 알고 있는 듯이 보이나 이를 명확히 정의하기란 쉽지 않다. 분명한 사실은 육상, 수영, 레슬링, 복싱, 축구, 골프, 태권도 등과 같이 일정한 규칙에 따라 대근을 이용하는 신체활동이 스포츠라는 주장에는 이견이 없을 것이다. 그렇다면, 낚시, 등산, 하이킹, 투계, 번지점프 등도 스포츠에 속하는가? 그리고 우리가 어린 시절에 즐겼던 놀이나 게임은 스포츠와는 어떻게 다른가? 예를 들어 바둑, 컴퓨터 게임, 포커, 고스톱 등은 스포츠의 범주에 포함되는가?

스포츠 및 체육을 연구하는 학자들은 이러한 물음에 대해 일관성 있게 답변하지는 못하고 있다. 어떤 학자들은 스포츠를 본질적으로 규정할 수 없는 것으로 인식하기도 하고, 다른 학자들은 스포츠의 개념과 구비해야 할 요소들을 제시하는 학자들도 있다. 이에 대한 학자들의 주장들을 살펴보면 다음과 같다.

① Slusher(1967) : 스포츠와 종교는 신비적인 헌신의 결과로서 존재의 수락과 현실화로의 길을 열어준다. "스포츠와 종교는 모두 어느 정도는 실제를 넘어선다" 현상학적 관

점에서 슬러쉬의 스포츠 개념은 통찰적이지만 형이상학적 개념에서 이해하고 있다.

② Luschen(1967) : 스포츠는 놀이와 일의 연속선 위에 위치해 있으며 경쟁적인 신체활동이 제도화된 형태라고 봄으로써 보다 조작적인 방법으로 정의했다. 스포츠는 신체활동으로 카드놀이 같은 보다 정태적인 활동은 제외된다.

③ Lawther(1972) : 스포츠란 쾌감과 여가선용을 위하여 활동 그 자체를 추구하며, 또한 보편적으로 일정의 전통적인 형태 혹은 일련의 규칙에 따라 수행되는 다소 활발한 신체활동이다. 그는 스포츠를 문화적 산물이며 놀이의 한 종류이나, 놀이의 특수범주에 속하는 것으로 이해한다. 이것은 광범위한 신체활동의 유형을 포함하고 있어 무용이나 아동들의 신체 활동적 놀이도 어느 면에서는 스포츠로 인정해야 한다고 이해할 수 있다.

④ Kenyon(1974) : 스포츠란 조직화되고 경쟁적인 총체로서의 신체활동이다. 즉 스포츠란 놀이나 게임보다 한층 체계가 잡혀서 고도의 조직성을 띤 경쟁적인 활동이며, 특히 그 활동이 신체의 일부분만을 구사하는 동작이나 운동에 그치는 활동이 아닌 인간의 전 행위가 동원된 신체활동이다.

⑤ Ibrahim(1975) : 스포츠는 인간표현의 한 형태인데 역사적으로 놀이로부터 유래하며, 문화적으로 시인을 받은 기본적인 여가활동이다. 스포츠의 목표는 미리 동의한, 따라서 중재되어지는 일련의 규칙을 통한 경쟁적인 상황에서 획득된다.

⑥ Singer(1976) : 스포츠란 경쟁, 도전 그리고 신체적 숙련에 의해 일차적으로 결정되는 뚜렷한 결과이다.

여러 학자들의 주장들을 토대로 스포츠를 정의하면 다음과 같다. 스포츠는 첫째 인간의 신체활동이다. 둘째 경쟁적인 요소를 지니고 있다. 셋째 그 대상은 제도화된 규칙에 의해 지배된다. 이러한 이론을 근거로 스포츠를 정의한다면, 특정의 조건 하에서는 어떤 활동들이 스포츠로 분류될 수 있지만, 다른 조건 하에서는 스포츠의 범주에서 제외될 수밖에 없다. 예를 들어 수영을 취미로 할 때와 경기할 때 두개의 경우를 스포츠에 포함시킬 수 있는가? 투계와 투견은 규칙과 경쟁을 하고 있지만 인간의 신체가 수반되지 않는다. 이것들을 단순히 게임이나 놀이로 규정해야 하는가? 포커나 바둑 같은 게임은 경쟁을 포함하나 인간의 신체활동이 매우 미약한 측면이 있다. 스포츠가 활발한 신체활동의 측면에서 일차적으로 또는 필수적으로 수반되어야 한다면, 현재 우리가 스포츠의 범주로 인정하고 있는 어떤 종목들은 범위의 대상에서 벗어날 수밖에 없다. 스포츠의 개념과 정의를 어떻게 규정하느냐에 따라 그 영역은 좁아질 수 있고, 한없이 광범위한 범주를 형성할 수도 있다. 이러한 스포츠 개념으로 오늘날 실재하는 다양한 신체활동의 유형들을 명확히 규정하기란 매우 어려운 상황이다.

스포츠의 개념을 명확히 규정하는 것이 불가능할지라도 가장 보편성을 담고 있는 스포츠 형태는 위의 세 가지 조건을 포함하는 것이라 할 수 있다. 이러한 스포츠는 게임 중에서 조직적이고 경쟁을 수반한 신체활동으로서 사회에서 공식적으로 인정(공인)을 받아서 경기화한 것을 말한다. 근본적으로 인류가 생존권을 위해 시작했던 투기를 비롯하여 인간이 유희로서 시작하여 게임이 경기화 되고 스포츠로 발전해왔다고 볼 수 있다.

영국의 경우 disport라 하여 "흥겹게 놀다"라는 말에 놀이의 행태가 경쟁이 되고 여기에서 지나친 경쟁을 막기 위하여 규칙을 두어 행하였으며 자발적이고 진지한 성격을 포함하였다. 이러한 스포츠가 교육, 윤리성, 도덕성을 가하여 스포츠교육이란 체제로 변화하였다. 스포츠교육은 신체를 통한 체육의 개념과 상통하지만 체육이라는 학문을 제기한 여러 학자들은 스포츠의 쟁쟁성에 관한 의미에 강한 부정적 관념과 학문적 논란의 대상으로 등장했으며 무엇보다도 학교의 교육적 의미에 많은 비중을 두었다.

스포츠의 가장 아름다운 요소는 Fair Play 정신의 발현이다. 공명정대하게 게임에 참여하여 자신의 기량을 최선을 다해 노력하는 과정에서 남을 위해 희생하는 마음은 인간의 고귀하고 아름다운 모습이다. 특히 단체경기에서 동료의 협조 없이는 탁월한 선수(Star Player)가 탄생할 수 없다. 묵묵히 자신의 임무를 다하는 행위는 그 사회를 건전하게 유지하는데 매우 중요하다. 비겁하게 규칙을 위반하면서 승리자가 되기보다는 차라리 떳떳하게 패함으로써 멋진 패자가 될 수 있는 것은 현대인에게 필요한 진정한 용기이다. 우리는 스포츠에 참여함으로써 이러한 품성과 덕목을 체득하고 실천할 수 있는 기회를 갖는다.

현대스포츠는 대중성과 다양성을 띤 운동종목들을 체험하게 함으로써 개인적으로는 체력과 건강의 유지와 증진, 인격함양, 사회적으로나 국가적으로는 스포츠 활동을 통하여 국민의 건강과 국민성 함양, 질서유지, 사회성 함양, 국가와 국가 간의 우호증진을 통하여 인류번영에 이바지하는 매개적 역할을 한다.

3. 스포츠와 체육의 어원적 유래

1) Sports

Sports의 기원은 Sport라는 말에서 그 유래를 찾을 수 있다. Sport란 용어는 15세기 말경 영국을 중심으로 정착되었다. 이후 수세기가 지나 19세기경 Sports를 탄생시켰고, 현재 스포츠는 공식 용어로 상용되고 있다. 서구 사회에서는 스포트가 체육 활동 및 스포츠 활동과 관련된 용어 중에서 포괄적인 의미로 사용되고 있다. 스포트는 인간의 신체운동과 관련한 여러 활동영역, 즉 사람들이 행하는 대부분의 놀이나 게임 활동, 스포츠의 전체를 포함하고 있으며 체육활동의 많은 부분들과 공유하는 등 광범위한 신체운동 영역을 차지하고 있기 때문이다.

스포트는 신체운동, 특히 야외에서 행하여지는 어떠한 형태의 게임이나 유희로 사냥이나 낚시 등의 야외활동도 포함한다(The Reference Dictionary, Oxford(1986):801)고 한다. 스포트의 개념은 그것의 어원적 유래를 통해 보다 명료하게 이해할 수 있다.

Sport는 1440년경 영국에서 처음 사용되었다. 구루게(Kluge)와 듀덴(Duden)의 어원사전에 보이고, 멜(Mehl, E)의 논문에서도 지적했듯이, 스포트의 어원은 라틴어 deportare(운반하다, 들고 가다)에서 유래하고, 프랑스어 desporter[(se)de(s)porter]로 변화되었다. 이 동사는 "To amuse oneself, To escape from labour, To carry away from work" 등의 파생어로 설명될 수 있다. 다시 desporter는 desporte로 변형되었다. 12~14세기경 중세영어의 동사 disporte로 나타났고, 15세기경 영국에서 disport로 변형되었으며, 이는 다시 어두 소실로 Sport가 되었다. 이렇게 하여 Sport라는 영어는 프랑스로 역 유입되어 스폴루(Sport)가 되고, 또 외래 독일어로서의 슈포르트(Sport)로 사용되었다. 1635년 이후 사냥과 낚시와 같은 행위를 통해 기분전환을 하는 야외활동 또는 게임과 운동의 의미로 사용되었다. 1863년경 스포트는 집단적 게임의 의미가 추가되어 오늘에 이르렀다.

스포트의 어원을 이상과 같이 간략히 정리할 수 있겠으나 그 어원적 의미에 있어서는 명확하지 않은 부분도 존재하고 있다. 그 이유는 deporte(~을 가지고 가다)라는 원의에서 암시되듯이, 성실한 것(일)에서 사람들을 옮겨서, 비일상적인 차원에서 어떤 것에 몰두시키는 것을 의미하는 것이다. 결국 그것은 놀이라든가 오락, 기분전환을 뜻하는 것이다. 따라서 당시의 스포츠는 농담이나 노래, 극이나 춤, 체스와 트럼프와 같은 일체의 즐거움이 포함된 것이니, 야외의 신체활동은 아마도 그 일부에 불과하였던 것이다. 이 같은 개념은 근대문화를 주도했던 영국과 독일, 프랑스 등 서유럽을 중심으로 형성되었다고 볼 수 있다. 이런 사정은 18세기 말의 미국에서도 마찬가지였다.

18-19세기경 유럽의 모든 사회영역에서 새로운 변화와 시도가 일어났다. 스포츠 및 체육 분야 역시 새롭게 변화하고 있었다. 지역적으로 행해지던 전승경기나 게임, 유희는 19세기경부터 기술과 규칙이 개선되고 공평, 안전, 흥미 등을 고려하면서 규격화 하여 전문화 및 국제화가 이루어졌다. 특히 경쟁적인 요소를 가진 운동의 형태로 정착하였고, 이것이 각 종목의 복수적 개념의 의미를 담은 Sports를 잉태시켰다고 할 수 있다. 따라서 유럽 및 미국사회에서 스포츠란 모든 운동경기종목의 총체로서 경쟁적이고 규칙적이며 신체활동이고 유희적인 특징을 포함하는 운동종목의 집합체를 의미하며 Sport에 포함된다.

2) Physical Education

체육(Physical Education)이란 말이 과거에 동일하게 불리지 않았다 해도 체육적인 신체활동은 인류의 역사와 더불어 공존해왔다고 볼 수 있다.

Physical Education은 고대 희랍어에서 그 기원을 찾을 수 있다. 고대 그리스에서는 'Gmnastikos'가 체육의 의미를 대신하였다. 이 용어는 활발 또는 활동, 나체 등의 의미를 지닌 'Gymnos'에서 파생된 용어이다. 이 말은 라틴어 'Gymnasticus'와 'Gymnastics'와 같은 용어이다. 이것은 신체의 움직임 또는 활발한 신체활동을 통해 신체의 발달에 목적을 두었다. 고대 희랍인들은 인체의 단순한 활동만을 의미해서 그 용어를 사용한 것이 아니라 신체활동을 통한 심신의 조화로운 발달을 추구하였다.

중세의 암흑기를 거친 이후 18세기 후반에는 독일을 포함한 서유럽을 중심으로 'Gymnastics'란 용어가 사용되었다. 근대체육의 아버지라 불리는 독일의 Johann Friedrich Guts Muths(1759~1839)가 1793년 〈Gymnastics for the young〉을 저술하여 학교 교육과정에 적용시키면서 그 용어가 대중화 되었다. 이때 'Gymnastics'란 용어는 현재의 체조의 의미뿐 아니라 현대적 의미의 체육체계를 형성하고 있었다. 이때 독일에서는 Leibesubung이라는 용어가 심신훈련이라는 의미로 사용되기도 했으며, 군대를 중심으로 영어로

'Physical Training'이 사용되기도 했다. 또한 유럽에서는 19세기 중반 'Physical Culture'라는 개념으로 불렸는데, 이것은 음악과 율동에 맞추어 체조를 통하여 몸을 아름답게 발달시키는데 역점을 두었다[1].

19세기 초반 미국의 Vanderzwaag와 J.C. Warren 등이 자신들의 논문이나 저서에서 'Physical Education'이란 용어를 사용했다. 특히 근대 미국체육의 선구자로 불리는 하버드대학의 생리·해부학 교수 Warren은 1830년 체육관 개관식에서 'The importance of Physical Education'이란 주제로 연설함으로써 공식 석상에서 이 용어를 처음 사용하였다. 이듬해 이것은 최초의 체육철학서로 출간되었다. 1840년 그는 〈Theoretical treatise on Physical Education〉이란 저서를 발간했고, 같은 해 A.L. Pierson이 〈Physical Education〉을 발간하였다. 이와 병행하여 체육이란 말은 미국의 체육관련 문헌에 빈번히 등장하였다. 위에서 언급했듯이 이때 유럽에서는 Physical Culture, Physical Training이란 용어가 체육을 대신하기도 했다. 19세기 중반 이후 Spencer와 Maclaren과 같은 체육학자들이 'Physical Education'이란 용어를 사용함으로써 점차 일반화 되었다. 20세기 초 Luther H., Gulick(1865~1918), Thomas Wood, Clark Hetherington 등에 의해 Physical Education은 건강과 교육적 가치를 강조함으로써 더욱 대중들에게 다가가는 계기가 되었다.

그러나 현대체육의 아버지라 불리는 Hetherington 이전까지만 해도 체육은 공식어로는 거리가 있었다. 예를 들면 1800년대 뉴욕에 Hygienic Institute & School of Physical Culture란 사설학교가 있었고, 1879년 서전트가 하버드대학에서 발령 받은 교수명칭은 〈Director of Gymnasium & Assistant Professor of Physical Training〉이었으며 1890년 Edward Hartwell의 직책은 〈Director of Physical Training for the Boston Public School〉이었다. 이 외에도 체육의 선구자인 Wood, Gulick, Jesse Williams, Jay Nash들의 스승인 여자 체육교수 Delphine Hanna도 1885년 받은 칭호가 〈Instructor in Physical Culture at Oberlin College〉이었으며, 그해 발표한 글의 주제는 〈Present Status of Physical Training in Normal School〉이라고 했다. 20세기 초반(1910)까지

---

1) 영국에서는 스포츠의 발달로 이 말이 사라져 갔으며, 현재는 'body building'의 의미로 간혹 사용되고 있다. 이 말은 근력운동을 널리 보급시키고 근육발달을 통하여 신체의 조화를 위한 일시적 유행에 따르는 사람들에 의하여 주로 쓰여진 용어이다.

Physical Education은 Physical Activity나 Physical Exercise 등과 같이 공존하면서 사용되었다.

체육은 신체 활동과 교육적 측면을 내포하는 의미로 표현되기 때문에 실기교육이냐 이론교육이냐의 여부, 교육학이냐 종합학문의 영역인가의 여부에 대한 논란이 일면서 많은 대체 용어들이 등장했다. Physical Education 대신하여 Kinesiology, Movement Education, Biokinetics, Ergonomics, Anthropokinesiology, Exercise Kinesiology 등의 용어들이 등장하였고, UCLA 등 여러 학교에서 Department of Physical Education 대신 Department of Kinesiology를 University of Massachusetts 체육대학 내에 Department of Exercise Science, Department of Sports Studies 및 Department of Professional Proportion을 두어 이론 중심의 체육학 전공과 실기 중심의 교사양성으로 나누고 있다. 한편 체육학자 Wynn Updike 및 Perry Johnson은 Physical Education이란 용어는 교육이 주이고 Physical은 종의 관계를 나타내므로 신체활동을 강조하는 의미에서 Department of Physical Activity를 사용할 것을 주장하였다.

1980년대 이후 미국에서는 Physical Education이란 용어가 상황에 따라 다른 용어가 대체되는 현상이 뚜렷이 나타났다. 방송매체에서는 Physical Education 보다는 Sports를 보다 자연스럽게 사용하고 있으며, 대학교 학과의 경우에는 Kinesiology, Leisure Recreation, Exercise Science, Diet, Health, Activity, Sport Studies, Sport Science, the Arts & Science of Movement, Sports Education 등과 같은 용어들로 대체되고 있다.

4. 체육과 스포츠의 범주

어떤 용어들의 어원적 유래와 의미가 어떤 개념이나 용어의 역사적인 맥락을 이해하는데 도움을 주지만, 유개념과 종개념의 의미에 있어서 참다운 정의를 제공해주지는 못한다. 이러한 현상은 이론과 현실이 항상 일치하지 않기 때문이다. 스포츠 및 체육의 어원적 의미와 여러 학자들의 개념에 대한 주장을 종합해 보면 다음과 같이 요약할 수 있다.

체육은 체계화된 신체활동을 통한 인간의 능력개발, 즉 인간의 교육적 측면을 강조한다. 체육이 일찍이 정립된 미국과 유럽에서는 그것에 대한 분명한 정의를 내리고 있다. 미국의 샤만(Shaman, J.R.)은 "체육은 인간의 신체적 활동, 특히 대근활동을 수단으로 하는 신체의 교육인 동시에 신체에 의한 교육"이라 하였고, 독일의 슈미트(Schmit F.A.)는 "체육은 전 교육 가운데서 중요한 부분을 이루며 학교의 학생에 대하여 유희 및 자유로운 활동의 영역을 포함하여 신체적·정신적인 훈련을 촉진하며, 스포츠적인 활동에의 즐거움을 확립하게 한다"라고 하였으며, 소비에트(Soviet)는 "체육은 인간의 건강을 증진하고 바른 신체활동을 이룩함을 목적으로 하여 실시되는 교육"이라고 정의하였다. 분명 체육은 교육적 측면에 많은 비중이 실려 있다.

스포츠는 제도화된 규칙에 따라 수행하는 신체활동, 즉 운동경기를 통한 즐거움을 추구하거나 심신의 회복을 추구한다. 스포츠는 운동경기종목들의 집합체 또는 총체적인 개념으로 복수의 의미를 지니고 있다. 따라서 스포츠는 경기형태와 규칙성을 지닌 전문적인 신체활동(Athletics)에 국한된 협의적 의미의 신체활동을 말한다. 그렇다면 현재 스포츠가 대중적으로 사용되는 이유는 무엇일까? 그것은 대중매체에서 사용하기 때문이다. 대중매체는 다양한 운동경기종목들을 중심으로 소식을 보도하기 때문에 그것들을 지칭할 때 스포츠란 말을 자연스럽게 사용한다.

스포트(Sport)는 온건성과 결렬성의 이중적인 요소를 지니고 있으며 경쟁적 신체활동 및 여가적인 신체활동을 포함한다. 스포트는 자연적 신체활동(놀이), 단순한 신체활동(게임, 오락), 전문적인 신체활동(운동경기 또는 스포츠), 일반적인 신체활동(여가활동, 기분전환), 신체활동을 통한 지적 활동(교양 및 이론) 등의 행위를 포함한다. 또한 야외활동, 유희, 도박 등의 요소를 포함하고 있을 뿐 아니라 신심(身心)훈련의 활동행위도 공유하고 있다. 따라서 스포트는 모든 스포츠 활동의 총체이며, 체육(Physical Education) 활동의 대부분에서 활용되고 있다.

그러나 한국에서 체육과 스포츠는 각기 지니고 있는 의미만으로 존재하지는 않는다. 이 둘은 문자의 의미상 다른 용어로 표현되지만 같은 의미로 사용되거나 어느 한쪽을 광의적 의미로 해석하는 경우가 종종 있다. 대중들은 물론이고 스포츠 관련 종사자들조차도 이 용어들의 고유한 의미를 혼돈하여 사용하고 있다. 어떤 상황에 따라 발음하기에 수월한 복합어를 만들어내고 있다. 예를 들어 체육대회, 스포츠뉴스, 운동경기, 스포츠영양학회, 체육학회, 체육학과 또는 스포츠학과 등 두 용어를 혼용해서 사용하고 있다. 한국에서 체육과 스포츠는 이론적으로 구별이 되지만, 실재 사용에서는 의미의 구별이 되지 않는다. 이러한 현상은 동양 문화권에서 비슷하게 나타나고 있다. 이와 유사한 현상은 다른 학문영역들, 예를 들면 철학, 과학, 신학 등 여타 학문 분야에서도 나타나고 있다. 그것들은 그 시대가 요구하는 관념에 따라 본래 지니고 있던 의미가 축소되거나 확대되면서 이러한 현상을 초래하였다.

그러나 서양세계에서는 신체운동과 관련한 이 세 가지 용어들이 보다 명확하게 구별되고 있다. 위에서 스포츠 관련 용어들의 어원과 개념을 살펴본 내용을 토대로 정리하면 다음과 같다.

스포트는 인간의 신체활동과 관련한 용어로 가장 포괄적인 의미를 나타낸다. 스포트란 모든 스포츠 활동의 총체이고, 체육활동의 대부분을 포함하고 있으며, 다양한 형태의 놀이와 게임을 포함하고 있다. 그러나 스포트에 속한 대표적인 영역들 스포츠, 체육, 놀이, 게임 등이 언제나 자신들만의 영역 안에서만 머물고 있지는 않다. 어떤 상황에 따라 그들은 각각 고유한 영역을 지니고 있을 뿐 아니라 다른 영역들과 공유하는 경우가 있다. 예를 들면 스포츠가 경쟁적 요소가 강하지만 학교에서 스포츠가 교육적 목적을 위해 실시될 때 체육에 속한다.

그와 반대로 학교체육에서 어떤 종목을 대상으로 대회를 가질 때 그것은 스포츠라 할 수 있다. 특히 스포츠와 게임은 많은 공통점을 지닌다. 그것들이 공유하고 있는 경쟁성, 유희성, 규칙 등이 이에 해당된다. 또한 유희적 요소와 허구성은 놀이에서 강하게 표출되는 현상이다. 따라서 우리가 이들 다섯 가지의 영역들을 구별할 수 있는 방법은 각각의 영역들이 중시하는 성향, 지향하는 목적에 따라 어느 한 영역으로 규정할 수밖에 없다. 물론 그 중에서 놀이와 게임은 가장 광범위한 신체운동의 영역을 포함하고 있다. 이 외에도 여러 유사용어들이 존재한다. 그것들은 자연과학적 또는 인문사회과학적 성향에 따른 학문적 측면, 교육적 측면, 유희적 측면, 활동적 측면, 문화적 측면 등 여러 측면에 따라 출현하여 사용되고 있다. 분명한 사실은 서구스포츠가 출현하여 정착된 유럽사회에서는 각 용어들이 어느 정도 명확하게 구분되어져 있으며 학문영역에서 Sport란 말을 사용하고 있다. 신체운동과 관련하여 놀이, 게임, 스포트, 스포츠, 체육 등의 범주에 대해 도식하여 살펴보면 〈그림 2〉와 같다. 이것은 최종삼 · 손수범(2011)의 〈스포츠·체육사의 이해〉에서 인용하였다.

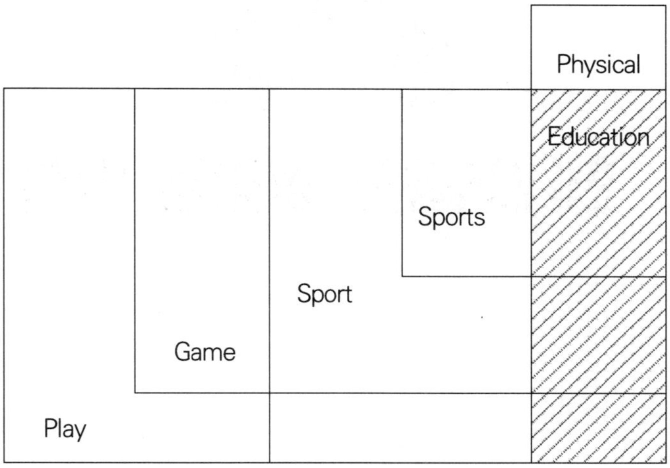

〈그림 2〉 **신체운동 영역의 범주**

체육과 스포츠의 갈등은 순수 체육의 의미냐 경쟁성도 체육에 포함시킬 수 있는가 하는 문제의 제기에서 발생된다. 체육과 스포츠는 시대적으로나 지역에 따라 약간의 차이는 있지만 많은 부분에서 유사한 측면을 보여준다. 단 프로페셔널리즘과 아마추어리즘을 구분해 직업성이 짙다면 스포츠는 스포츠의 교육적 의미는 상실된다. 결국 체육과 스포츠는 인간의 신체운동을 매개로 하여 실천한다는 맥락은 같으나, 그들 나름대로의 형식과 지향하는 목적에 있어서는 구별되어야 한다.

제2장

현대체육의 성립과 발전

현대체육은 19세기 후반부터 미국을 중심으로 그 체계를 구축해왔다고 할 수 있다. 물론 선사시대의 생활문화나 고대 문명국가의 체육에서 그 의미를 찾을 수 있다. 하지만 현대적 개념의 체육은 18·9세기 유럽의 체조와 영국의 스포츠에 영향을 받아 미국에서 형성되었다. 미국의 학교 체육프로그램은 미국의 문화형태, 신체활동에 대한 대중의 요구와 선택, 교육체계의 동향을 반영하여 왔다. 체육의 목적과 내용, 지도 방법은 지속적으로 발전되어 왔으며, 학교 프로그램의 구성방식과 교수, 학습과정의 전개방식에 새로운 접근이 시도되었다. 특히 20세기를 전후로 미국사회에서는 신체 및 신체운동에 대한 관심과 그 가치를 인정받게 되면서 체육의 정체성을 확보하기에 이르렀다. 한국체육은 미국의 생리·해부학자들에 의해 시도된 형식에 근간을 두고 있다.

1. 태동기(1750년대~1850년대)

1) 유럽의 체육

17세기 로크(John Locke, 1632~1704)는 "건강한 신체에 건전한 정신이 깃든다"고 하면서 신체운동의 가치를 인정하였고, 18세기 중반 루소(Rousseau, J.J., 1712~1778)는 자연주의 교육을 통해 체육의 가치를 강조하였다. 자연주의 교육사상[2]은 17세기 라트케, 베이컨, 코메니우스의 교육사상에도 나타났지만, 루소에 이르러 절정을 이루었고, 바제도우(Basedow, J.B., 1723~1790)와 잘츠만(Salzmann, C.G., 1744~1811)과 같은 범애주의자들의 교육원리에 응용되었다. 그리고 페스탈로치(Pestalozzi, J.H.)의 교육사상의 핵심을 이루게 하였으며, 현대 민주주의 교육사상의 기저가 되었다. 또한 프랑스혁명과 미국혁명, 산업혁명은 새로운 정부형태와 경제구조, 인구구조, 사회제도상에 변혁을 가져왔다. 그와 함께 스포츠 및 체육 분야의 전문직이 형성되고 사상적 기반 위에서 국가주의체육이 형성되었다.

19세기 초반 유럽 각국은 나폴레옹의 제국주의에 대항하여 애국심을 고취하고 국가를 재건하려는 의지의 표명으로 국가주의(민족주의)를 강조하였다. 이것은 독일과 스웨덴을 중심으로 하는 체조 중심의 유럽식 체조체계를 형성하게 되었다. 독일식 체조체계는 얀(Jahn, F.L., 1778~1852)이 고안하여 학생의 시민의식, 체력, 민첩성, 강인함의 육성, 그리고 군사적·정치적 목적으로 이용되었다. 그가 설립한 체조학교의 모토는 "체조는 활기차고, 즐겁고, 건강하고, 자유롭다"였다. 스웨덴식 체조체계는 링(Ling, P.H., 1776~1839)이 개발하여 노르만족의 정신과 웅대함을 되찾으려는데 그 목표를 두었다. 그는 덴마크 유학생활에서 펜싱을 익혀 병약했던 신체가 건강해졌다. 그는 체조의 목적을 적절한 신체발달 뿐 아니라 정확하고 미적인 동작을 중시하였다.

국력이 쇠약한 시절 독일과 스웨덴의 체조는 개인적 발달을 목표로 했지만, 집단적 단결과 더불어 군사훈련으로도 이용되었다.

19세기 영국의 체육은 귀족계층의 남자들이 재학하던 사립학교들(public school)이라는 특수교육 체계 속에서 팀 게임을 중심으로 한 스포츠교육을 실시하였다. 그것을 반영하는 것이 토마스 휴즈가 지은 1850년 베스트셀러 〈브라운의 학창시절[3]〉이다. 럭비학교장 토마스

---

2) 루소의 자연주의 교육(에밀)은 전제주의를 전복시키는 사상으로 낙인 찍혀 프랑스에서는 금서로 묶였으나 다른 유럽국가들, 특히 독일에서 많이 읽혀졌다. 루소는 인간은 선하게 태어나 사회에서 악하게 변한다고 믿었다. 그는 개인을 완전한 자유 속에서 자라도록 도와주는 자연적인 교육을 주장하였다. 특히 체조, 스포츠, 게임과 같은 신체활동에 관심이 높았다. 육체와 정신의 상호관련성에 대한 그의 생각은 듀이철학의 핵심이 된 총체적 관점에 영향을 주었다. 중간 사슬을 이은 바제도우는 1774년 독일에 박애학교를 설립하여 자연주의 교육을 실천하였다. 여기에서 체조, 게임, 스포츠, 놀이활동 등이 주요 교과목이었다. 그 다음 주요 인물로 Johann Heinrich Pestalozzi와 Friedrich Froebel이다. 페스탈로치는 모든 지식은 경험과 활동에 근거한다. 기본교육으로 경험학습을 이용하였으며 신체훈련을 중요한 교육내용으로 삼았다(스포츠, 게임, 체조, 육체노동). 프뢰벨은 삶의 총체성과 활동의 총체성을 믿고 있었다. 그는 유치원을 창안하였고, 유아교육에서 놀이 활동을 강조하였다. 또한 스포츠와 게임은 아동의 신체발달뿐 아니라 지력과 성격함양에 기여한다고 믿었다.

아놀드는 영국의 철학과 교육에 지대한 자부심을 가지고 있었다. 그는 남성다움, 용기, 애국심, 단체정신, 지적인 독립심을 기르는 교육이 중요하며, 이를 달성하기 위해 스포츠와 건강은 중요하다고 강조하였다. 또한 이것은 강건한 기독교적 윤리를 기반으로 성립된 스포츠교육이었다.

〈표 1〉 **유럽식 체조체계**

국가	목적	참여자	프로그램	기구
독일	국가재건, 강건·용맹한 청소년 육성	노동자와 하류층, 남자아동과 성인	개별화(기구사용≠맨손체조)	뜀틀, 평행봉, 평균대, 줄타기와 사다리
스웨덴	국가발전, 건강, 교육, 심미적 차원	군인, 교사	구령에 따른 동작, 자세교정	뜀틀, 막대 타고 오르기, 기울어진 로프타기
덴마크	민족주의	군인, 교사	구령에 따른 형식체조(단체)	뜀틀, 평균대, 줄사다리, 천정 사다리, 막대 타고 오르기

2) 미국의 체육

미국은 국가주의 초기 전쟁 중에도 체육을 군사적 예비훈련으로 이용하지 않았다. 당시의 체육의 목적은 건강과 체력의 발달이었다. 독립의 기초를 닦은 프랭클린(Franklin, 1707~1790)은 건강과 체육의 문제를 처음으로 제창하였다. 그는 1749년 〈펜실베니아 청년 교육에 관한 제안〉이라는 팜플렛에서 "대학은 청년에게 사회생활을 위해 준비시키는 것을 목표로 해야만 한다. 학교는 놀이터, 과수원, 광장들을 갖추고 학생이 게임, 달리기, 뛰기, 레슬링, 수영 등을 할 수 있게 준비하여야 한다"고 하여 체력강화를 위한 운동의 가치를 주장하였다. 또한 러시는 방과 후 어린이들에게 유희를 통한 신체단련이 매우 바람직하다고 하였다.

한편으로 라운드 힐 학교나 하버드대학 및 보스턴 체육장에서 체조가 행해졌는데 독일체조장의 전형적인 기구를 사용하였다. 특히 라운드 힐 학교의 학생들은 체조는 물론, 정기적

3) 이 소설은 교육자, 법조인, 일반 대중에 의해 광범위하게 읽혀졌다. 이들은 모두 스포츠가 도덕적 삶의 한 부분이라는데 동감하였다.

으로 달리기, 뛰기, 수영, 썰매, 스케이트, 야구, 풋볼, 레슬링, 승마, 댄스에 참여하였고, 하이킹, 캠프, 야외교육에도 상당한 시간을 할당하였다.

노아 웹스터는 1790년 〈청년 제군에게 고함〉에서 청년에게 운동의 가치를 강조하며 "경기력 학습을 통해 체력을 조정하고 발육단계의 골격을 강화하는 것은 젊은이의 의무"라고 기술하였다. 토마스 제퍼슨도 "적당한 운동은 신체적 가치 외에 정신적으로 대담성과 독립심을 길러준다"고 하였다. 이러한 미국의 체육체계는 유럽 국가에서 국가주의가 등장했을 때 중시했던 건강증진이나 사회적 경험을 그대로 받아들였다. 그 결과 운동장이 마련되어 학생들은 여가를 즐기면서 스포츠에 참여하였다. 그러나 18세기 미국의 학교체육은 시설이나 프로그램이 빈약했고, 조직적으로 전개되지도 못하였다.

미국에서 조직적인 체육활동은 독일체조가 도입된 19세기 초부터 시작된 것으로 보인다. 물론 프랭클린과 제퍼슨이 체육에 관심을 표명했지만 이는 가시화되지는 못했다. 독일식 얀의 체조는 1825년 칼 베크(Karl Beck), 칼 폴렌(Karl Follen), 리버 등에 의해 도입되었다. 포렌은 하버드대학에서 보조학생(체조조장)을 통해 체조수업을 시작하였다. 이 때를 같이하여 스웨덴 체조도 니센(Hartvig Nissen), 포세(Nile Posse) 등에 의해 도입되었다. 그리고 미국인 최초로 체조를 고안한 비쳐(Beecher)는 체육교사가 잘 훈련된 시범학생(반장)을 선발하여 체조를 순서대로 실시해야 한다고 하였다. 독일 출신의 체육가들(Beck, K., Follen, K.)을 중심으로 한 체조보급은 재정문제, 공립학교의 거부, 대중들의 흥미약화로 실패하였지만, 이 때 미국의 독자적인 체육체계가 형성되기 시작하였다.

특히 1840년 워렌과 피어슨은 각각 〈Theoretical Treatise on Physical Education〉과 〈Physical Education〉이란 저서들을 발간하였다. 이때 유럽에서는 신체육성과 신체단련이 강조되었고, 19C 후반까지 미국에서도 신체단련이란 용어가 사용되었다. 이를 나타내는 유럽식 체조체계와 영국식 스포츠 정신이 미국에서 확산되지 않았고, 19세기 중반까지도 현재 같은 체육형태는 존재하지 않았다. 그 당시 유럽과 미국에서 체육 및 스포츠는 상류계층의 남자들을 중심으로 행해졌을 뿐 여성에게는 완전히 개방되지는 않았다.

2. 정착기(1860년대~1940년대)

남북전쟁 이후 미국 공교육 체계가 확립된 가운데 체조가 확산되면서 체육의 목표와 내용에 관한 다양한 의견이 제시되었다.

1860년대부터 독일 체조가들을 중심으로 체조운동이 다시 시작되었다. 이것은 1825-50년 사이 Gymnastics, Sport, Exercise가 학교체계 속에 포함되기도 했으나 무엇보다 1848년부터 독일의 체조가 다시 시작되었기 때문이다. 1848년 유럽혁명이 실패로 돌아가자 〈48년의 사람들〉로 불려진 망명자들 가운데 체조가들[4)]이 체조를 보급하였고, 1880년대 스웨덴체조의 보급으로 더욱 가속화되었다. 얀의 독일체조와 링의 스웨덴체조가 주목을 받으면서 그 목적과 프로그램이 다른 두 가지 체조 중 어느 체조가 공립학교 체육교과과정에 채택할지를 결정하기 위해 1895년 보스턴학회가 개최되었다. 결국 교육청 및 학교 재량에 따라 체조 및 스포츠를 선택하도록 자율권이 주어졌다. 이것은 학교체육을 확산시킴으로써 신체의 교육시대가 열렸다.

히치콕(Hitchcock, 1828~1911), 서전트, 앤더슨 같은 학자들은 얀과 링의 체조와 과학적 운동을 기초로 체육체계를 확립해간 학교체육진흥운동의 선구자들이었다. 이들은 체육의 목적을 주로 건강 및 신체적성의 발달에 두었다.

히치콕은 생리학자로 아마스트대학에서 최초의 체육학과 주임이 되었다[5)]. 그에 의해 19세기 대학에서 유일하게 체육수업이 이루어졌다. 그는 미국의 구츠무츠라 불릴 만큼 체육에 공헌하였다. 그는 딱딱하고 형식적인 독일식 체조를 지양하고 기구와 음악을 동반한 가벼운 체조를 주장하는 한편, 인체측정의 개척자 역할을 하였다. 그의 체육수업은 전 학생을 대상으로 위생과 레크리에이션적 측면을 강조하였다.

서전트(Sargent,D.,1849~1924)는 하버드대학 헤멘웨이 체육관 주임(1879~1919)으로 근무하면서 교사교육 및 체육의 과학적 체계를 확립하는데 크게 공헌하였다. 그는 1879년 신체훈련의 목적으로 위생적 목적, 교육적 목적, 레크리에이션적 목적, 치료적 목적으로 분류[6)]

4) 남부 독일의 Baden주가 자유주의적인 헌법을 채택하려고 했을 때 프러시아와 다른 주들이 바덴주를 침공했고, 체조연맹은 바덴주의 입장에서 투쟁했으나 많은 체조가들이 처형당하고 약 600명의 체조가들은 스위스를 거쳐 미국으로 망명하였다. 그들 중 일부는 미국에서 체조클럽을 재건하여 그들의 원칙을 고수하였다.

5) 학과명 : Department of Hygiene & Physical Education at Amherst College.

6) 위생적 목적 : 신체의 조화적 발달, 신체의 해부, 생리학적 기능을 향상시킬 수 있는 운동(식사, 수면, 호흡,

하였고, 자기훈련과 인격형성을 주장했다. 또한 1883년 논문에서 "운동의 목적은 신체건강이나 미를 추구하며 병적인 정신상태에서 벗어나고 의기소침을 없애주며 명랑한 정신을 갖게 한다" 그리고 체육의 근본목적을 "개인을 체력이나 기능면에서 개발하는 것이다"라고 하였다. 그는 대학체육을 정규교육과정으로 다뤄야 한다고 피력하였고, 40가지 이상의 인체측정법을 만들고, 그것을 이용해 신체가 완전한 균형을 유지해야 한다고 하였다. 1885~1900년까지 인체측정의 관심이 절정에 달했고, 그의 측정표는 대학과 미국 체육진흥협회에서 널리 활용되었다. 그의 도움을 받아 YMCA는 국제적인 신체검사의 기초 자료를 만들 수 있었다.

앤더슨은 YMCA 활동을 통해 체육에 관심을 갖게 된 이래 브루클린의 아델리아 아카데미 체육주임과 예일대학의 체육학과 교수를 역임하면서 체육의 체계를 확립시키는데 공헌하였다. YMCA와 YWCA 또한 체육의 발전에 큰 영향을 미쳤다. 1885년 YMCA는 스프링필드 대학을 설립했으며, 이것은 국제적인 YMCA 지도자 양성학교가 되었다. 이보다 앞서 YMCA는 "우리는 모든 YMCA에 신체적 레크리에이션을 도입해야 한다"고 공표하였고, 5년 뒤 2개의 체육관이 완성되었다. 1870~80년대 루이스와 비처의 체조체계와 기구를 도입했고, 야구, 산책, 조정, 수영, 볼링 등도 도입하였으며, 1887년 체육부를 설치하였다. 네이 스미스가 농구를 창안한 것 또한 YMCA 공헌 중 하나였다.

〈표 2〉 미국식 체조체계

체조형태	목 적	지지자
히치콕식	가벼운 기구를 활용한 운동으로 건강과 위생을 강조	Carl Betz, C.G. Rathaman, George Brosius, William Stecher
서전트식	기구를 활용한 운동으로 위생적, 교육적, 교정적 효과를 추구	Hartving Nissen, Nils Posse, Amy Morris, Edward Hartwell, 여자대학
YMCA식	전인적 자질의 개발	YMCA 소장들
미국식 체조체계	다양한 체조체계를 변형시켜 절충적 체조를 개발	William Anderson

목욕, 의복 등 일상생활의 공부). 교육적 목적 : 골프, 수영, 스케이팅 같은 기능향상과 신체능력을 기르는 특수 체력단련. 레크리에이션적 목적 : 일상의 업무를 활기차고 편안히 수행하기 위한 개인 에너지의 활성화. 치료적 목적 : 신체의 이상이나 결함을 교정하고 손상된 기능을 회복하는 활동. 이러한 체육의 가치는 현재까지도 인정받고 있다.

1880~1900년 사이에 미국체육은 뚜렷한 변화를 보였다. 첫째 체육의 조직과 이론적 기초가 마련되었다. 1885년 미국체육진흥협회(AAHPERD) 설립과 1889년 보스턴학술회 개최, 1896년 체육·레크리에이션·무용저널의 창간, 1897년 대한체육주임협의회 결성 등은 체육의 교육적, 학문적 발전을 반영하는 예들이다. 둘째 체육이 정규교과로서 지위를 확보했다는 점이다. 1885~1917년까지 공립학교에 체육시설이 거의 완비되었고, 1898년까지 31개 주에서 체육을 필수교과로 지정하였다. 체조연맹이나 미국체육진흥협회와 같은 단체의 노력으로 1910년까지 체육은 정규교과목으로 지위를 확고히 다졌다. 이때 학교는 물론 사회기관, 클럽, 산업체, 종교계, 기업 등에도 스포츠를 필수적 활동으로 인식하였다. 스포츠 과외활동의 등장은 대학에서 1919년, 고등학교는 1925년 이후 전국으로 확산되었다.

우드(Wood, T., 1892~1942 : 스탠포드대학의 위생 및 체육교수, 후에 콜럼비아대학의 건강·체육부장)는 1893년 시카고 국제교육학회에서 신체육(new Physical Education)에 대한 견해를 발표함으로써 '체조 중심의 체육'에서 '신체활동을 통한 교육'으로 넘어가는 분수령을 마련하였다. 이것은 20세기 체육계의 지배적인 사상이 되었고, 진보주의 교육[7])이 신체육의 철학적 근거를 마련해주었다. 1904년 그는 시카고대학에서 콜롬비아대학으로 옮겨 사범대학 체육학과 학과장을 역임하였다. 이후 미국체육의 아버지라 불리는 헤더링턴(Hetherington, C.W., 1870~1942)이 가세하였다. 진보주의 교육의 영향으로 학교교육은 정규과목 외의 교과활동과 경험학습을 포함하면서 확장되었다. 이는 Physical Training의 개념이 Physical Education으로 바뀌는 계기가 되었고, 1910년 헤더링턴은 진보주의 교육에 입각한 〈근본적 교육〉이라는 논문을 발표하였다. 이 논문은 '신체를 통한 교육'의 관점을 체계적으로 표명한 최초의 논문이었다. 그는 기존의 체육을 신체육(new Physical Education)이라 명명하면서 그것의 네 가지 영역을 발표하였다.

- 인체기관 교육(organic education): 근육과 골격의 발달
- 심리운동 교육(psychomotor education): 근·신경활동을 통한 기능 발달

---

7) 미국 최고의 교육이론가이자 진보주의자 John Dewey는 아동 중심적이고 자연주의 교육을 통하여 사회를 개선할 수 있다고 주장하였다. 듀이는 민주사회에서 평화적 개혁을 가져오는 길은 교육뿐이며, 교육은 아이들이 적극적 참여자가 되는 의미 있는 경험이 되어야 한다고 믿었다. 진보주의 교육에서는 '하는 것(doing)'과 '아는 것(knowing)'이 동일하게 중시되었다. 그는 또한 인간의 총체성을 믿었고, 육체와 정신은 서로 분리될 수 없으며, 모든 교육활동은 지적·도덕적·육체적 결과를 동시에 가져다준다고 믿었다. 이러한 믿음으로 놀이, 스포츠, 게임 같은 활동들은 듀이와 그의 추종자들에게 환영받았고, 듀이는 체육의 강력한 지지자였다.

- 인격 교육(character education): 도덕성, 사회성 및 인성의 발달
- 지적 교육(intelligent education): 인지 및 표현력의 발달

미국 학교에서 체육이 정식교과로 채택된 것은 헤더링턴이 체육의 목적을 발표한 몇 년 후의 일이다. 1917년 발표된 Smith-Hughes 법령은 미국 공립학교 교육의 초석이 되었고, 미국교육의 7대 기본원리로 정착하였다. 또한 헤더링턴의 체육목적을 기초로 한 체육선언문은 교육의 7가지 원리 중 3가지의 교육영역에 해당하는 '건강과 안전, 여가선용, 도덕성'을 채택하였다. 이로써 초등학교와 중학교 체육프로그램에 새롭고 다양한 형태의 활동을 포함시킬 수 있었다. 헤더링턴의 4대 목적과 체육선언문의 3가지 목표들은 20세기 중반을 걸쳐 현재까지 이르고 있다. 이 외에도 구릭(Gulick, L.)[8], 윌리암스(Williams, J.F.)[9], 내쉬(Nash, J.B.) 역시 'Education through the Physical'이라는 신체육의 개념을 지지하였다. 이것은 단순히 어의적 표현의 차이를 넘어 체육을 필수교과목으로 위치를 합법화시키고, 다양한 교육과정과 교육내용을 폭발적으로 양산하게 하였다.

1920년대 검사와 측정 및 평가 도구가 체육의 방법으로 광범위하게 사용되었다. 이에 클라크(Clarke)는 "검사하는 것(Testing)은 계획을 효과적으로 세우고 능률적으로 지도하고 관리하는데 필요한 정보를 얻는 것이다"고 하였다. 검사와 측정은 개인의 건강상태를 진단하고 건강에 관한 자료를 통해 체육의 각종 목표를 달성하는 기초 자료로 이용할 수 있게 하였다.

20세기 초반은 전문체육인들에게 황금기였다. 당시 대통령에 당선된 루즈벨트(재임 1933~1945)는 활기찬 생활을 국민들에게 장려하였다. 의무교육이 확산되고, 학교에서 체육은 필수과목으로 채택되었다. 스포츠의 관심이 높아지면서 스포츠는 미국문화의 핵심 부분으로 정착되어 가고, 체육학 대학원 과정이 개설되었다. 1924년 콜롬비아대학교는 뉴욕대학과 협동 프로그램을 만들어 최초로 체육학 박사과정을 개설하였다. 1929년 헤더링턴의 제자인 내쉬는 뉴욕대학에서 체육학 박사학위를 취득했다. 이로써 체육학은 독립 학문으로서의 위치

8) 그는 운동을 교육, 치료, 레크리에이션의 3가지 목적으로 분류하고, 체육은 3가지 목적 중에서 교육 목적의 범주에 속한다고 하였다.

9) '신체를 통한 교육'이라는 어구를 최초로 만든 사람으로 이 견해를 지지하는데 평생을 받쳤고, 그의 해석은 '신체를 위한 교육'에 대한 반대 입장이다.

를 점유하게 되었다.

3. 확대기(1950년대 이후)

20세기 초까지 체육은 유희적·놀이적 요소를 간과하고 신체활동의 교육적 가치를 중시하여 신체훈련을 통한 건강 및 체력증진에 더 많은 관심을 두었다. 시대변화와 더불어 레크리에이션, 스포츠, 게임 등을 포함시키는 가운데 미국 체육의 목적은 끊임없이 논의되었다. 그리고 1950년경까지 진보주의 사조에 바탕을 둔 신체육, 즉 신체활동을 통한 교육이 체육의 유용한 개념으로 생각되었다. 그러나 1950년 무렵 체육계 내부의 변화와 사회적 변화에 따라 개념의 틀이 다양화되고 세분화되기 시작했다.

그 중 대표적인 것이 'Human movement' 철학의 등장이었다. 이 사조는 독일에서 이주해온 라반(Laban, L.)이 1937년 '무브먼트'가 체육 분야의 가장 기본내용이라 주장하였고, 1940년대 영국에서 지지를 얻었다. 1948년 라반은 〈현대교육무용〉에서 '인간 움직임'의 이론을 기술하였고, 1952년 영국의 교육부는 '휴먼 무브먼트' 철학에 근거하여 〈움직이며 성장하기〉를 발간하였다. 이 이론이 언제, 어떻게 미국에서 중요 개념으로 떠올랐는지는 모르나 체육지도자들은 제2차 세계대전 후 이 철학에 관심을 나타냈고, 1950년대 후반 이와 관련된 철학과 지침들이 고정적으로 등장하였다.

당시 대표적 학자로는 캐시디(Cassidy, R.)와 미시니(Metheny, E.) 등을 들 수 있는데, 1954년 미시니는 '휴먼 무브먼트'란 대근활동을 지칭하는 것으로서 일할 때 사용하는 인간의 신체활동은 제외되며, 주로 Play나 Sport를 할 때 사용하는 대근활동이라고 규정하였다. 그와 더불어 이 개념은 두 가지 방향으로 분화되어 체육의 발달에 기여하였다. 하나는 M.C. Resick와 B.L. Seidel이 체육의 정의를 규정함에 있어 human movement의 개념을 도입하여 인간 움직임의 예술과학(the arts & science of Human movement)이라 정의하였다. 여기서 과학이란 학문적 성격을, 예술은 미적인 동작표현의 성격을 띠고 있다고 하겠다. 다른 하나는 놀이 및 스포츠 교육의 가치를 정당화시키는 움직임 교육(movement education)의 사조로 이어졌다.

1958년 UCLA의 체육대학 교수들은 '휴먼 무브먼트' 개념에 기초하여 전문체육인을 양성하는 학부과정을 개발하기 시작하였고, '신체를 통한 교육'을 기반으로 하는 체육교사교육 프로그램만 고수해서는 안 된다는 이견이 제시되었다. 이것은 '체육학문화 운동(the disciplinary movement)'을 촉발시켰고, 스포츠심리학, 스포츠생리학, 스포츠사회학 등과 같은 체육학의 하위 학문분야들이 발전하기 시작하였다.

1966년 Warren Fraligh는 체육학의 기반이 되는 이론적 토대로 이 철학을 주장하였고, 1967년 Quest 저널은 이 철학에 대한 특집호를 발행하였다. 그는 〈The Perplex Profession〉이란 글에서 Human movement가 체육학의 핵심적 연구가 될 때 학문의 영역으로서 정당화 될 수 있을 뿐 아니라 대학에서 체육학과의 학문적 가치를 인정받을 수 있다고 주장하였다. 아울러 체육학의 이론을 인간의 기능과 수행과 관련한 인간 움직임(자연과학), 문화 및 사회와 관련된 인간 움직임(인문사회과학), 미적 경험으로서의 인간 움직임(예술성), Human movement as a source of human meaning & significance(심리, 철학) 등으로 분류하였다.

휴먼 무브먼트 철학은 학문의 세분화를 위한 기초, 학부과정의 틀, 초중고 체육교과의 개선을 위한 기반으로서의 역할을 하였다. 학교체육에서 'movement education'은 '신체를 통한 교육'에 대한 유일한 대안적 방법이었다. 체육과 움직임 교육 간에는 근본적 차이가 있다.

인간 움직임 사조는 초중고 체육의 개선을 위한 토대를 제공했으며, 특히 초등학생들을 위한 체육의 성격을 새롭게 하는데 큰 영향을 미쳤다. 전통적 체육에서는 교사가 주체가 되어 특정 종목(배구, 농구, 육상, 체조, 무용)을 교육과정 구성의 기초로 하여 단순한 운동기능에서 복잡한 운동기능을 진행하는 방식을 취했다. 하지만 움직임 교육은 신체적 지각, 공간, 움직임의 질과 같은 기본 원리 및 개념들이 모든 움직임을 이해하기 위한 구조적 조직형태를 지니고 있었다. 또한 어떤 활동이든 개념, 신체적 인지, 공간, 동작의 질이라는 측면에서 움직임의 원리들을 얼마나 잘 개발시켜 주는가에 기초해서 선정되며, 교사는 조력자의 위치에 있다.

움직임 교육과정은 교육체조, 교육무용, 교육게임으로 구분되기 시작했고, 탐색과 발견이 주된 교육방법으로 이용되었다. 수업은 비경쟁적이고 성취감을 얻을 수 있도록 운영된다. 현재 미국의 체육지도법 책들은 이러한 관점을 반영한 것들이다. 그러나 체육의 학문적 세분화가 강화되면서 Human movement에 기초하여 각 분야를 연결시키려는 경향이 나타났다. 스포츠라는 개념을 그 연결고리로서 이용하려는 경향이 점차 일면서 스포츠과학이나 스포츠 의학 등의 명칭이 체육과의 공식명칭으로 이용되고 있다.

1970년대 들어 일부 학자들이 체육활동은 그 자체로서 가치를 지녀야 한다는 입장을 제기하였다. 미시니는 오래 전부터 이 관점을 주장하였다. 이러한 생각은 시든탑(Seidentop, D.)과 같은 학자들에 의해 놀이교육이란 개념으로 구체화 되었다. 놀이교육의 목적은 아이들로 하여금 운동기술을 습득하고 신체활동에 대한 애정을 갖도록 돕는 것이다. 그러나 놀이교육의 개념은 학교체육 프로그램의 구성에는 실질적인 영향을 미치지 못했지만, 많은 지도자들이 신체활동 자체의 내재적 가치를 갖는다고 주장하였다. 이 개념은 1986년 스포츠교육이라는 명칭으로 주장되었고, 현재에도 각광을 받고 있다. 스포츠교육은 학생들에게 좋은 스포츠의 기능과 지식, 그리고 태도를 길러 학생들 스스로가 스포츠를 즐기고 참여하며, 보다 건전한 스포츠 문화의 창달에 적극적인 공헌자가 되도록 하는데 초점을 두고 있다. 스포츠 교육은 몇 가지 이론적 가정을 제시하고 있다. 첫째 스포츠는 놀이에서 유래한다. 스포츠는 경쟁성을 띤 운동놀이가 제도화된 형태이다. 둘째 스포츠는 문화의 중요한 한 영역이며 우리 문화의 건강과 생명력에 중요한 역할을 한다. 사람들이 좋은 스포츠에 참여할수록 문화는 점점 강화된다. 셋째 스포츠가 놀이의 한 단계 발전된 형태이며 문화의 건강에 중요한 역할을 한다면, 체육의 내용은 스포츠가 되어야 한다. 체육의 핵심과제는 훌륭한 스포츠인과 스포츠 문화를 발전시키는 것이어야 한다.

20세기 초반까지 미국인들은 농구, 배구, 테니스, 야구, 풋볼, 배드민턴, 골프를 많이 즐겼다. 학교체육에서 경쟁적인 스포츠가 증가하였으나, 1960년대 이후 체육활동의 유형과 수에서 급속한 성장이 이루어졌다. 지난 40년 동안 특히 최근 20년 동안 비 스포츠 또는 대안 스포츠가 폭발적으로 증가되고 있다. 뉴게임, 암벽타기, 플라스틱 원반던지기, 스케이트보드, 사이클, 인라인스케이트, 파도타기, 파워워킹과 같은 활동에 참여하는 사람들이 증가하고 있다.

1950~1990년까지 체육은 헤더링턴의 목적과 미국교육의 7대 기본원리가 혼합된 학교체육프로그램의 목적을 잘 표명하고 있다[10]. 이 시기에 스포츠 활동은 체육내용의 주류가 되

10) 1960년대 시든탑이 미국의 체육 문헌들을 조사한 결과, 약 70%의 체육학자들이 헤더링턴의 4가지 목적과

었고, 심동적 영역의 발달을 강조하였다. 그리고 개인 및 집단적 스포츠 참여를 통한 인성발달에도 높은 가치를 두었다. 1960년을 전후로 인지적 발달이 강조되었고, 1970년과 1980년대에는 아동의 낮은 체력수준이 퇴행성 질병을 증가시킨다는 연구결과로 신체기관의 발달 및 체력 향상이 강조되었다. 1990년대 들어 학교체육 프로그램은 새로운 시대에 맞게 체육의 목적과 목표를 설정해야 한다는 주장이 제기되었다. 1992년 NASPE(National Association for Sport & Physical Education)에서 발표한 보고서 '질 높은 체육프로그램의 성과'로 나타났다. 이 보고서를 수행했던 Blue Ribbon 위원회의 업무는 학생이 '신체교육을 받은 사람(Physically Educated Persons)'이 되도록 초중고 체육프로그램이 그들의 다양한 요구들을 수용해야 한다는 입장에서 이루어졌다.

- 다양한 신체활동을 수행하는데 필요한 운동기능을 학습한 사람이다.
- 신체적으로 건강한 사람이다.
- 신체활동에 정기적으로 참여하는 사람이다.
- 신체활동 참여의 효과와 그 결과를 아는 사람이다.
- 신체활동이 건강한 삶에 공헌한다는 가치를 아는 사람이다.

지금도 인간 움직임 철학은 미국 체육계, 특히 교사교육과 학교체육에서 강한 영향을 미치고 있다.

지금까지 체육의 역사를 통해 알 수 있듯이 체육의 개념은 많은 변화를 거듭해왔다. 신체적성운동, 신체육성 혹은 신체단련의 의미로 사용되다가 신체활동을 통한 신체적·지적·정서적·사회적으로 조화를 이룬 전인을 육성한다는 교육의 한 영역으로 정의되었다. 그러나 체육이라는 용어의 의미에 따라 이해한다면, 그것은 교육적인 측면만 강조되고, 하나의 독립된 학문의 명칭으로 사용되는데 문제가 있다고 여기게 되었다. 이러한 문제를 해결하기 위해 새로운 용어를 창출하려는 노력이 있었지만 그 결과는 만족스럽지 못한 것 같다. 그렇다면 현재의 시점에서 체육을 어떻게 정의할 수 있는가? 그것은 교육적 측면과 학문적 측면에서 이해할 수 있겠다. 교육으로서의 체육이란 계획적인 신체활동을 통한 신심의 조화로운 발달을 추구하는 교육의 영역을 의미하며, 학문으로서의 체육은 인간의 움직임 현상을 철학, 역사학,

---

완전히 일치하고 나머지 20%는 3개의 목적과 일치한다고 나타났다.

사회학, 경영학, 심리학, 영양학, 생리학, 역학적 측면에서 접근하는 학문의 영역을 의미한다. 따라서 현재 광의적 의미에서 체육이란 계획적인 신체활동을 통해 전인적인 인간을 육성하는 교육의 영역이자 인간 움직임 현상을 탐구하는 학문의 영역이라 할 수 있다.

제3장

체육의 목적과 목표

인간이 살아가는데 있어 신체활동은 필수적으로 병행되어지는 수단이다. 삶과 긴밀한 관계를 맺고 있는 신체활동은 체육의 핵심을 이루고 있다. 그것은 바로 체육이 인간의 생활과 깊이 연관되어 있음을 나타내는 증거이다. 이러한 의미에서 보면 체육의 목적과 목표를 설정할 때 그것에 대한 범위와 초점이 어느 정도 추상적이고 포괄적일 수 있다는 가정을 내릴 수 있다. 왜냐하면 체육의 목적과 목표는 인간 삶의 그것들과 관련지어 설정해야 하기 때문이다.

이러한 사정을 전제로 하고, 우선 목적과 목표에 대한 의미를 파악해보자. 목적과 목표는 불가분의 관계에 있어 혼동하기 쉬우나 엄격한 의미에서 그것들의 범위와 방향이 다르다. 그런데 많은 사람들이 목적과 목표의 개념을 뚜렷이 규정하지 못하고 사용하는 경우가 있다. Webster, R.W.는 목적(aim)을 순수하게 언어학적으로 분석하여 "pointing at something or directing one's effort toward attaining something"이라고 했다. 그리고 교육적 관점에서 "목적은 비교적 원거리에 있는 지점, 혹은 어떤 활동에 방향을 주고 행위에 동시를 주는 미리 알려진 결과"라고 했다. 이에 반해 "목표(objectives)란 어떤 사람이 애써 얻으려는 어떤 점(어떤 상태나 위치, 상대)을 의미한다"고 했다. 이돈희는 "목적은 프로그램의 결과들을 일반적으로 서술하여 목표보다 장시간에 걸쳐 성취되도록 설계되는 반면, 목표는 다소 단시간에 성취되도록 설계되는 것으로서 이들은 상호보완적 관계를 갖는다"라고 했다.

그러므로 목적이란 제한된 것이 아니라 방향성을 지닌 무한으로 향하는 이상이라 말할 수 있으며, 목표는 이 목적을 달성하기 위해 좀더 구체적으로 그 내용을 분석하고 실현 가능하게 설정된 항목이나 단계라고 정의할 수 있다. 결국 이 말은 목적의 의미보다는 목표의 의미가 보다 구체적이고 명확한 의미를 지닌다고 이해할 수 있다. 목적이 추상적이고 포괄적인 측면에서 나아갈 방향을 설정하는 상위개념이고, 목표는 설정된 목적을 위해 좀더 구체적으로 그 내용을 분석하고, 그 실현 가능성의 조항을 보다 명확하게 설계한 것이다.

1. 체육의 목적

우리가 세상을 살아가는데 있어서 신체활동이 지니는 의미와 가치는 매우 광범위하다. 이원론적인 사고가 지배할 때 신체활동의 가치는 올바르게 평가받지 못했으나, 그것에 대한 가치인식이 달라짐에 따라 체육은 인간의 활동영역이나 학문영역에서 중요한 위치를 차지하게 되었다. 우리는 이제 신체활동이 생명의 표현을 넘어 더 높은 가치성을 인식하게 되었다. 우리가 체육을 보다 가치 있는 영역으로 만들기 위해서는 분명한 목적의식을 가져야 한다. 메이저는 "만일 우리가 분명하지 않은 목적지를 향해 길을 떠난다면, 우리는 결국 우리 자신도 알지 못하는 곳에 이른다"고 말하고 있다.

현재 우리 인간은 신체운동을 통하여 그 생명을 유지할 뿐 아니라 내적 자아를 실현시켜 나가고 있다. 이 내적 자아의 실현은 근원적 경향성을 가지고 있기 때문에 잘 다듬어지지 않으면 반사회적 행동으로 표출될 수 있다.

체육은 이러한 반사회적 행동을 예방하기 위하여 인간의 활동을 변화시켜 바람직한 인간을 만드는 교육적 측면을 강조한다. 체육은 신체의 훈련인 동시에 신체를 통한 교육이다. 체육이 교육의 한 분야로서 필수적인 부분이라 규정한다면, 체육은 그 자체의 목적을 위해 존재하기보다는 오히려 교육의 목표를 달성하기 위해 존재한다고 말할 수 있다. 이러한 의미에서 체육의 일반적인 목적은 교육의 일반적인 목적과 일치한다고 볼 수 있다.

교육의 일반적인 목적은 인격의 완성에 있다. 인격을 완성하려면 먼저 신심이 건강할 뿐 아니라 노동의 능력을 가지고 언제나 자주적 정신에 의하여 자기 일을 스스로 생각하고 스스로 판단하며 스스로 행동해야 한다. 또한 사회의 구성원으로서 사회 및 국가발전에 공헌해야만 한다.

교육적 측면에서 체육의 목적은 운동 그 자체에 있는 것이 아니라 운동을 통해 인간다운 인간, 즉 전인을 육성하는데 있다. 체육의 목적은 매일 충실하고 건전한 생활을 지도하여 유능한 인격자를 양성하는데 있다. 이를 위해 체육은 조직적이고 체계적으로 설계되어야 하며, 그것을 통해 각 개인이 가지고 있는 잠재능력을 최대한 발휘할 수 있도록 발전시켜 나가야 한다. 체육은 운동을 통해 품성도야가 이루어져야 하므로 교육적 가치를 지닌 신체활동이어야 한다.

물론 현대체육이 성립된 이후 체육의 목적은 체육개념의 규정처럼 학자에 따라 상이한 주장이 제기되어 왔다. 하지만 체육의 근본적인 목적에 있어서는 모두가 유사한 주장을 제시하고 있다.

북월터(Bookwalter, K.W.)는 체육의 목적은 "사회적, 위생적 기준에 따라 선정된 전신활동에 참여하고 교육을 받음으로써 신체적, 정신적, 사회적으로 통합되고 적응된 개인으로 최적의 발달을 이룩하는데 있다" 샤만(Sharman, J.R.)은 "체육의 목적은 개인이 자기의 능력의 범위 안에서 사회에 잘 적응시켜 자기의 욕구를 증대시키고 개선하여 그 요구를 만족시킬 수 있는 능력을 발달시키는데 힘이 될 수 있는 정도까지 각자의 인생경험에 영향을 주는 것이다" 윌리엄스(Williams, J.E.)는 체육의 목적은 "개인이나 집단에 신체적으로 유익하고 정신적으로 만족스러운 자극을 주어 사회에 건전한 방향으로 행동할 수 있는 기회를 제공하는 것이다"라고 말하고 있다. Daugherty, N.는 민주사회에서의 체육의 목적이란 "각 개인의 전면적 발달단계를 통해 능력의 성취와 발달을 가져오며, 개인의 건강과 안녕에 기여하고 신체적, 정신적, 정서적, 사회적으로 긴급하면서도 장기적인 모든 삶의 문제에 적응할 수 있도록 하는데 있다"고 말한다.

많은 학자들이 공통적으로 주장하는 체육의 목적은 신체의 발달을 통해 정신적으로 성숙되고 사회적으로 바람직한 구성원을 양성하는데 두고 있다. 이렇게 볼 때 체육의 목적에서 바라는 이상적인 인간상이란 신체적인 능력만이 높은 인간이 아니라 심리적으로나 사회적으로 건강하고, 적극적인 능력이 있으며, 개인적으로 또는 사회인으로서 건전한 생활을 영위할 수 있는 인간을 의미한다. 이처럼 체육은 신체활동을 목적으로 하여 신체활동에 참가시키는 기회라기보다 이상적인 인간을 형성하는 노력의 과정이라 말할 수 있다.

이와 관련하여 우리나라의 체육의 목적은 "원만한 환경 밑에서 신체활동을 통하여 신체 각부를 고르게 튼튼히 발달시키고, 굳세고 아름다운 정신과 건전한 사회적 성격을 기르며, 위생생활을 습관화하여 민주적 사회활동에 자기의 최선을 다 발휘할 수 있는 능력을 가지게 한다"고 규정하고 있다. 이 말에서 의미하는 체육의 목적은 인간의 신체적 활동을 통한 신체의 발달과 건강의 증진, 심신의 조화 등 전인적 인간의 육성을 근본적 취지로 삼고 있다. 아울러 현재의 미숙한 인간을 정화하여 민주적인 사회생활에 적응할 수 있는 인간을 양성하는 교육으로서 그 중요성을 인정하고 있다.

2. 체육의 목표

체육의 목표는 신체활동을 통하여 추구해야 할 바를 보다 명확히 해준다. 여러 학자들과 각종 위원회에 따라 그 개념은 다양하게 제시되고 있다. 과거의 체육은 주로 건강, 체력 및 운동기능의 향상에 중요한 목표를 설정한 반면, 오늘날의 체육은 신체활동을 통해서 인간의 행동을 바람직한 방향으로 변화시키는데 그 의의를 찾을 수 있다. 물론 바람직한 행동에는 건강의 유지와 증진, 체력의 강화, 운동기능의 향상은 물론 이와 관련한 지식의 습득과 다양한 운동기술과 응용력, 정서 및 사회성의 발달 등 보다 확장된 의미를 포함하고 있다. 그렇다고 체육의 목표를 너무 과다하게 설정하는 것이 결코 바람직하지 않기 때문에 체육의 개념과 그 특징을 고려하여 그 목표들을 설정해야 한다.

이에 대하여 부처(Bucher, C.A., 1975)는 체육에서 목표의 필요성을 다음과 같이 제시하고 있다. 첫째 명확한 목표는 체육지도자나 체육교사들로 하여금 그들이 성취하고자 하는 것을 보다 분명히 이해하도록 도와준다. 명확한 목표를 세우고, 그 목표를 완전히 이해할 때에 무엇을 가르칠 것인지를 계획하고 수행할 수 있다. 이는 목표가 목적을 향해 올바르게 나아갈 수 있는 지침으로서의 역할을 하기 때문이다. 둘째 명확한 목표는 체육지도자나 체육교사들로 하여금 교육 내에서 체육이 지닌 가치를 더욱 분명히 이해하도록 도와준다. 체육의 목표는 일반 교육의 목표와 잘 융합되어야 한다. 체육교육이 지니고 있는 목표는 총체적인 교육에서 분리될 수 없으며, 사회교육의 목표의 기본적인 영역을 담당한다. 셋째 명확한 목표는 체육교육이나 지도 시 문제가 발생했을 때 바람직한 결정을 내리게 해준다. 예를 들어 체육의 목표를 이해하지 못하는 사람들이 체육계획에 부정적 영향을 미칠 때에도 체육의 목표를 정확히 이해하면 그들을 효과적으로 설득할 수 있다. 넷째 명확한 목표는 다른 교과의 교사와 일반인들에게 체육의 의미와 가치를 보다 잘 설명해줄 수 있게 도와준다. 체육의 이해부족이 체육 고유의 목표가 잘 알려져 있지 않은데 원인이 있지만, 체육지도자들의 체육 목표 인식이 부족하기 때문이다. 따라서 그것을 분명히 안다면 남들에게 그들의 계획을 정확히 설명해줄 수 있다. 다섯째 명확한 목표는 체육교사나 체육지도자들에게 체육교육이나 체육 프로그램을 실시하고 난 후 교육의 성과를 파악하고 평가하는데 도움을 준다. 목표는 하나의 성과 여부를 판단할 수 있도록 제시한 지침들로서 피교육자들이 그것들에 얼마나 도달했는지를 평가척도로 삼을 수 있다.

그와 더불어 우리는 체육의 목표를 설정할 때 여러 가지 여건들을 충분히 고려하여 명확한 항목들을 제시해야만 교육현장에서 시행착오 없이 진행되며 가치 있는 목표로 인정받을 수 있다.

웹스터(Webster, R.W.)는 체육의 목표를 설정할 때 다음과 같은 고려사항들을 제시하고 있다. 교육의 목표와 체육 목표의 기본적인 관계, 사회의 양상, 풍토(climate)의 종류, 이용할 수 있는 시설 및 용구의 수량과 종류, 자격증이 있는 유능한 교사 및 행정가의 수와 종류, 활동의 성격과 유효성, 교사, 행정가, 상담사, 심리학자, 사회학자, 인류학자 및 이들 여러 분야의 사람들이 학생들에 대해 갖고 있는 지식, 아버지와 어머니, 형제자매가 학생들에게 갖고 있는 지식 등과 같이 여러 요인들이나 주변 상황들을 예시하고 있다. 이어서 그는 체육의 목표가 너무 간단해서 흥미를 잃어버릴 수준이어서는 안 되고, 도전을 받기에 충분할 수준으로 어려운 수준이어야 한다는 점을 강조하고 있다.

체육은 인위적으로 개인의 신체적 능력을 끌어내어 재능을 개발하는 것이다. 즉 계획적이고 체계적인 신체활동을 통해 인간의 다양한 능력을 향상시키는데 목표를 둔다. 오늘날 체육의 목표는 학자들의 주장에 따라 다를 수 있지만 일반적으로 브룸(B.S., Bloom, 1964)이 분류한 세 영역을 수용하거나 그것을 토대로 새롭게 설정한다. 즉 심동적 영역(psychomotor domain), 인지적 영역(cognitive domain), 정의적 영역(affective domain)이 그것들이다. 심동적 영역의 목표는 체력 증진과 운동기능의 발달을 내용으로 하고 있다. 인지적 영역의 목표는 신체활동과 관련된 지식의 이해, 적용, 분석, 종합 및 평가의 능력을 신장토록 하는데 있으며, 운동, 보건, 건강 지식의 습득과 다양한 운동 상황에 대처할 수 있는 문제 해결력, 탐구력, 창의력 등의 고등정신 기능의 함양을 내용으로 하고 있다. 정의적 영역의 목표는 신체활동을 통해 얻을 수 있는 정서의 발달과 희생정신, 공정성, 협동심, 지도성, 시민 정신과 같은 사회성 발달 및 미적 감상력의 함양을 내용으로 하고 있다.

체육의 목표는 위에서 제시된 세 영역의 분류 방법 외에 심동적 영역을 신체적 발달과 운동동작의 발달로 구분하여 네 영역으로 분류한 방법이 자주 사용되고 있다. 이 분류는 브룸이 학습과정에서의 행동 특성을 바탕으로 하여 접근한 분류법을 기본으로 하면서도 체육의 특성을 살려 신체활동과 관련된 영역을 보다 강화한 의미로 해석할 수 있다.

다음은 김동규(2005)가 〈체육원리의 제 문제〉에 서술한 여러 학자 및 기관에서 주장한 체육의 목표들을 인용했거나 수정 및 첨가한 내용들이다.

- C.W. Hetherington(1910)
  - a. 기관 교육(organic education)
  - b. 심리운동 교육(psychomotor education)
  - c. 인격 교육(character education)
  - d. 지적 교육(intellectual education)

- C.W. Hetherington(1922)
  - a. 직접적 목표 - 아동들의 생활 적응을 위한 유희 생활의 구성을 강조
  - b. 간접적 목표 - 아동이 성장한 후 필요로 하는 성인집단생활에 쉽게 적응할 수 있는 능력의 배양을 강조
  - c. 발달의 목표 - 본성의 개발 : 성격특성의 발달
지적 발달 : 운동 조정력, 판단력, 통찰력의 발달
기관의 발달 : 정력, 활력, 소화능력, 저항력 발달
  - d. 사회적 기준에서의 목표 - 사회성 개발 및 사회에 관한 판단 능력의 발달, 건강한 학교생활의 발달
  - e. 건강 상태 조절의 목표 - 신체 각 기관을 튼튼히 하여 질병에 걸리지않고 건강 상태를 유지함을 강조

- T.D. Wood & R.F. Cassidy(1931)
  - a. 일반 목표 - 아동기에 자연스럽게 체육활동이라는 수단을 통해 흥미·잠재 능력과 같은 개인적인 자질을 조화롭게 발달시키는 것이며, 성인이 되었을 때 행복하고 건강한 생활을 할 수 있는 다양한 흥미와 좋은 습관, 그리고 훌륭한 이상을 조화롭게 발달시키는 것이다.
  - b. 특수 목표 - 일반 목표를 달성할 수 있도록 하는 것이다. 즉 생물학적인 면에서의 특수목표는 근육의 발달, 기관과 신경계통의 활력, 좋은 건강 습관, 신체결함의 교정, 정신위생 등을 말하며, 사회 윤리적인 면에서는 지적인 지도를 들고 있다.

- 미국체육협회 체육목표설정 위원회(The Committee on Objectives of the American Physical Education, 1934)

a. 체력(Physical Fitness)
b. 정신 건강과 능률성(mental health and efficiency)
c. 사회 도덕적 성격(social-moral character)
d. 정서 표현과 통제(emotional expression)
e. 판별력(appreciation)

● A. Stoodley(1947)
a. 건강, 신체 및 기관의 발달(health, physical or organic development)
b. 정신적, 정서적 발달(mental, emotional development)
c. 신경근의 발달(neuromuscular development)
d. 사회적 발달(social development)
e. 지적 발달(intellectual development)

● Jay B. Nash(1948)
a. 기관의 발달(organic development)
b. 신경근의 발달(neuromuscular development)
c. 이해력의 발달(interpretive development)
d. 정서의 발달(emotional development)

● 미국건강체육 레크리에이션학회(AAHPER, 1950)
a. 최대의 신체적 능률의 발달 및 유지(to develop and maintain maximum physical efficiency)
b. 유용한 기능의 발달(to develop useful skill)
c. 사회적으로 유익한 행동유도(to conduct oneself in socially useful ways)
d. 건전한 레크리에이션 활동(to enjoy wholesome recreation)

● Jesses F. Williams(1964)
a. 적성에 맞는 체조를 통한 불균형적인 자세의 예방 및 신체의 교정
b. 놀이나 스포츠를 통한 활동의 촉진
c. 무용을 통한 신체적, 정서적 발달의 촉진
d. 야외활동(하이킹, 캠핑, 낚시, 등산, 사냥 등)을 통한 건전한 레크리에이션의 영위
e. Self testing(stunts 및 격투기)을 통한 신체능력 및 투지력의 함양
f. 일상에 필요한 걷고, 달리고, 뛰고, 기어오르고, 던지고, 매달리고, 들어 올리고, 운반하는 등의 기본 운동의 습득
g. 학습 계획에 맞는 시설과 교사진을 통한 학생과 사회의 요구에 부응

● J. Nixon & Jewett(1964)
a. 인간 운동에 대한 기본적인 이해와 판별력의 발달

b. 개인의 적정한 근력, 근지구력 및 심폐지구력의 발달
c. 움직임을 통한 의사 전달력의 발달
d. 인지력 및 이해력의 발달과 움직임을 통한 민주적 행동의 학습과 사회성의 개발

● D. Oberteuffer & C. Ulrich(1970)

a. 단기 목표(쉽게 얻을 수 있는 목표) : 운동기능의 습득, 기관의 발달, 흥미의 발견
b. 장기 목표(쉽게 얻기 어려운 목표) : 성격과 사회성의 발달, 인간성과 인간관계의 이해, 민주적 생활방식의 이해, 반성적 사고의 개발 등

● S. Kleinman(1972)[11)]

a. 신체적 존재의 의식을 높인다.
b. 자아의식(self and consciousness)을 일깨운다.
c. 운동(movement)의 의미를 파악한다.
d. 사람과 사람의 만남이나 행위에 민감해지도록 한다.
e. 지금까지 애매했던 행위의 원경(Perspectives)을 발견하고, 운동 경험을 통해 인간의 존재에 대한 깊은 의미를 명확히 파악케 한다.
f. 궁극적으로는 자기의 의미 있는 목적을 지닌 자기실현이 가능한 운동을 통해서 자신의 경험을 창조할 수 있게 한다.

● E.S. Schurr(1975)

a. 왜 움직이는가를 이해한다.
b. 광범위하고 다양한 운동기능을 터득한다.
c. 자기 운동능력을 깨닫는다.
d. 운동 상황에서 일어나는 여러 문제에 대한 해결 능력을 기른다.
e. 운동에 참여하여 즐거움을 느낀다.

● C.A. Bucher & Deborah A. Wuest(1975)

a. 신체적 발달 : 신체 기관의 발달, 바른 자세와 적절한 체중의 유지, 근육과 근지구력의 발달
b. 신경근육의 발달 : 여러 운동기능의 발달과 신체적 효율성의 증진
c. 인지적 발달 : 신체와 관련된 지식의 발달과 신체적 효율성의 증진
d. 사회적, 정서적 발달 : 책임감, 자신감, 우정, 성취감, 협동심, 적응력, 지도력, 훌륭한 시민정신의 함양

● H. Barrow(1977)

a. 체력 및 신체기관의 발달
b. 스포츠 기능 및 심리 운동적 영역의 발달

---

11) 오하이오대학의 클라이만은 현상학적이고 실존주의적 입장에서 체육목표를 6가지로 들고 있다.

c. 스포츠, 운동 및 무용과 관련된 지식과 이해를 포함한 지적 발달
d. 정서적, 사회적 발달 및 정의적 영역의 발달

- C.E. Willgoose(1979)
  a. 체력과 운동기능의 발달
  b. 사회적 효율성의 제고
  c. 문화 습득
  d. 레크리에이션 능력의 향상
  e. 지적 능력의 발달

- K.W. Bookwalter(1969)의 체육 목표 분류

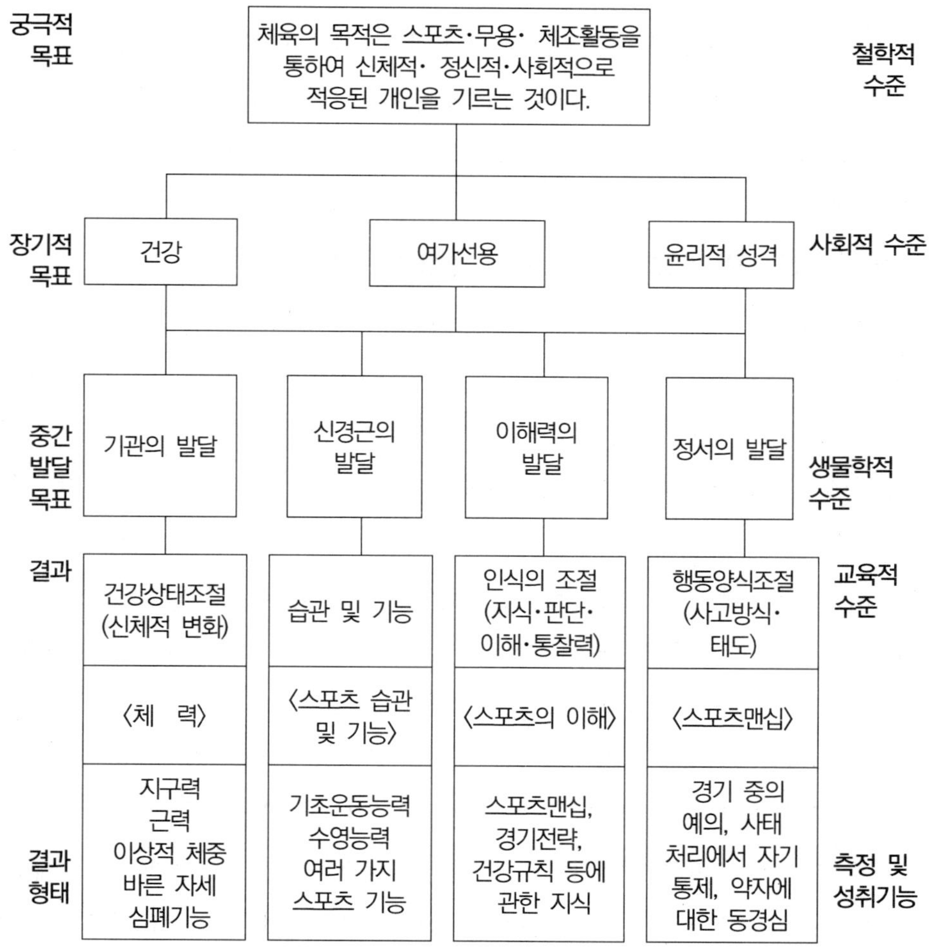

〈그림 3〉 **체육의 목표**

다음에서 제시한 체육목표의 내용을 세목별로 열거하면, 체력의 발달, 기관의 발달, 신경근의 발달, 운동기능의 발달, 표현력의 발달, 인지적 발달, 이해력의 발달, 감상력의 발달, 정서적 발달, 정서적 통제력의 발달, 사회성의 발달, 도덕성의 발달, 자아의식의 발달, 신체적 존재의식의 발달, 사회적 자기실현·증진의 발달 등으로 파악된다. 이러한 체육목표의 내용들이 학자들이나 위원회에 따라 상이함을 주지만, 근본적인 시각에서 보면 그 내용이 별반 다르지 않다. 이는 현대체육의 개념이 신체의 교육(Education for the Physical)에서 신체를 통한 교육(Education through the Physical)으로 변모되어 교육의 한 영역으로 정착된 것이 주요 원인이 되겠으나, 체육이 인간의 신체활동을 그 핵심으로 다루는 신체운동의 영역이라는 특성을 가지고 있기 때문이다.

지금까지 제시한 체육목표에 대한 여러 학자들의 주장과 1987년 Bucher와 Wuest가 저술한 'Foundations of Physical Education & Sport'에서 밝힌 4가지의 체육과 스포트의 목표들을 중심으로 그 내용을 이해한다면, 그것의 목표를 다음과 같이 제시할 수 있다.

1) 신체적 발달(Physical Development)의 목표

신체 발달의 목표는 신체적성(Physical Fitness)의 증진을 의미하는 것으로 체육의 목표 중 기본적이면서 가장 중요한 목표라고 볼 수 있다. 체육이라는 분야가 인간에게 제공할 수 있는 가장 선명한 영역이 바로 신체 발달의 목표이기 때문이다. 체육의 인지적, 사회적 목표가 성취 결과에 의심을 받더라도 체육이 신체를 발달시킨다는 목표만은 의심의 여지가 없다.

신체 발달의 목표는 신경, 순환, 호흡, 근육, 소화기관 등과 같은 인체 여러 기관의 효율적인 발달과 기능의 증대를 의미한다. 이러한 기관의 발달은 근력, 지구력, 유연성, 민첩성 등과 관련되며, 원활한 작업 수행 능력, 피로로부터 빠른 회복, 여가 선용, 긴급사태에 대비한 에너지 축적 등과 밀접한 관련이 있다고 볼 수 있다.

인체기관의 발달과 기능의 증대는 건강과 직접적인 관련을 맺고 있으므로 신체의 발달은 결국 건강하고 튼튼한 몸을 유지하는데 필수적 수단이 된다. 아울러 우리 인간은 운동을 통해 부실하고 허약해진 신체를 개선시키고, 올바른 신체자세를 유지·교정하는 동시에 여러 질병을 예방하거나 어느 정도는 질병을 치유하는 역할을 한다. 따라서 신체적 발달은 체력과 운동기능을 향상시켜 건강 증진 및 공중 보건에 대한 의식을 높이고, 안전한 생활을 할 수 있는 능력과 태도를 기르며, 평생토록 생활 속의 운동을 할 수 있는 능력과 태도를 체질화시키는 것이다.

2) 신경근 발달(Nuromuscular Development)의 목표

신경근의 발달 목표는 신체 기술(Physical skill)의 발달을 의미하는 것으로 적절한 신체 에너지의 사용을 통하여 선택된 신체 동작을 수행할 수 있는 능력의 개발을 목표로 한다. 이는 효율적인 방법으로 움직이는데 필요한 지각, 조정력, 평형성, 민첩성, 정확성 등의 요인과 관련되며, 스포츠의 기술은 물론 레크리에이션의 기술도 경우에 따라서는 포함된다.

신경근의 발달은 가능한 적은 에너지를 사용하여 우아하고 아름다운 동작 또는 효율적인 신체동작을 수행할 수 있으며, 신체기술의 발달을 통한 신체의 동작능력을 향상시켜 운동의 기능을 극대화시킬 수 있다.

3) 인지적 발달(Cognitive Development)의 목표

인지적 발달의 목표는 인체 및 신체활동의 중요성을 이해하는 것으로 올바른 건강 습관의 형성이 궁극적인 목표라고 볼 수 있다. 이는 인체에 대한 올바른 지식과 운동이 인체에 미치는 효과에 대한 지식을 토대로 건강유지를 위한 효율적인 운동방법을 익힐 수 있다. 인지적 발달의 목표는 이해, 분석, 종합, 문제해결, 의사결정 등의 심리적 특성 등과 관련을 맺는다. 또한 운동 경기의 역사, 규칙, 전술 등의 이해가 포함되며, 신체운동의 이해에 의한 자아표현과 긴장해소에 필요한 감정의 배출이 목표가 될 수 있다.

따라서 우리는 인지적 발달을 통해 사고능력, 신체에 대한 지식, 운동에 필요한 기초과학 및 전문지식을 이해하고 응용할 수 있다.

4) 사회 · 정서적 발달(Social-Emotional-Affective Development)의 목표

사회 · 정서적 발달의 목표는 체육활동을 통하여 건전한 사회적 경험을 얻는 것이 가장 중요하다. 사회적 경험에는 스포츠맨십, 자기수양, 이타심(利他心), 성실성, 정직성, 충실성 등의 요인이 강조된다. 이 밖에도 책임의식, 규칙 및 규정 준수의 태도, 협동과 분업의 조화,

귀속감, 도덕관, 긍정적 사고 등이 체육을 통하여 형성된다. 이는 건전한 여가선용을 유도하여 개인이나 집단이 사회의 구성원으로서 효과적으로 적응해 나가도록 하며, 또한 자기가 맡은 일의 수행에 필요한 태도, 가치관, 사회적 관습의 이해 등이 가능케 됨을 의미한다.

다시 말해 우리는 운동을 생활화함으로써 여가를 선용하고 정서를 순환하여 명랑한 성격과 활달한 기상을 기를 수 있으며, 다양한 운동을 경험함으로써 공명정대한 정신과 책임감, 지도력, 준법정신과 협동심을 길러 민주시민의 자질을 키울 수 있다. 이것은 일반생활에서 훌륭한 사회구성원을 양성하는데 기여한다.

5) 안전능력의 발달

체육은 위험에서 자기를 보호할 수 있는 능력, 즉 안전능력을 육성하며 이를 통해서 길러진 안전능력은 곧 생활의 안전 및 생명의 안전에 매우 유익하다.

체육의 장면은 행동과 사고를 수반한다. 주변의 상황에 대응하여 민첩하고 정확하게 사고하고 행동하는 것은 체육에서 중요한 행위이다. 어떤 상황에서 심사숙고하여 행동을 취하는 것이 중요하지만, 상황에 따라 시간적 여유가 없을 때도 발생한다. 우리가 생명에 위급한 지경에 빠졌을 때 무엇보다 빨리 상황을 관찰하여 판단을 내리고 행동을 취하지 않으면 안 된다. 이 상황에서는 우리의 사고와 행동이 신속하고 정확하여야만 이 위험을 벗어날 수 있다. 운동장에서의 구기운동, 체조, 격투기, 수영 등에서 얻은 반응의 경험은 자동차 혹은 위험물에 대한 대처, 자기방어, 익사방지를 위해 대처해야 할 행동이나 자질과 서로 관련성을 가지고 있다. 그러므로 신속한 반응을 요하는 운동을 이용한 운동신경의 훈련과 민첩성의 훈련은 중요하다. 우리는 항상 외적 환경에 대하여 적응함으로써 안전을 도모할 수 있다. 이것은 곧 안전교육의 중요한 훈련과정이 될 수 있다. 우리는 생존을 위해 체육을 배워야 한다.

우리가 보다 안전한 삶을 원한다면 신속정확한 사고와 판단에 의한 행동을 취할 수 있도록 운동신경을 발달시키고, 운동기능을 증진시키며, 운동기술을 체득시키고, 안전에 대한 지식을 갖게 하는 것이 중요하다.

6) 여가선용 기능의 발달

우리는 운동을 통하여 얻어진 모든 경험을 현재와 장래의 생활에 활용할 수 있도록 운동기술을 체득하고 여가활동을 즐길 수 있는 방법과 태도를 길러야 한다.

현대인들은 수준 높은 문화생활과 많은 여가시간을 통해 생활의 여유를 향유하고 있다. 시간적 또는 물질적으로 여유를 가진 현대인에게 참다운 인간적 교육을 위해서는 여가교육(leisure education)이 필요하다. 왜냐하면 물질적 풍요와 풍부한 여가는 자칫 잘못하면 타락과 병폐를 낳을 수 있기 때문이다. 선진국들에서는 국민들에게 문화생활을 영위하고 창조할 수 있는 인간적 교양을 심어주기 위하여 여가교육에 힘쓰고 있다. 체육이 여가교육과 관련하여 책임질 일은 그것의 건전성과 명랑성에 있다. 체육은 불건전한 향락문화에 대하여 신체형성이며 건강 증진적이며, 또한 강력한 의지와 감정의 안전성을 확보하고 유지하는데 극히 유효한 수단이 되므로 여가교육에 있어서 체육 및 스포츠를 중시하고 있다. 미국의 경우 Recreation Sports의 합리적인 증진을 위하여 학교체육에 많은 기대를 걸고 있다. 학교 당국은 이 기대에 부응하기 위하여 체육의 커리큘럼에 레크리에이션 스포츠 프로그램을 많이 포함시키고 있다. 여기에는 레크리에이션 스포츠의 기술향상과 여가선용에 대한 이해증진 및 그에 대한 습관과 태도형성에 목표를 두고 있다.

여가선용의 습관화를 위해서는 여가활동의 가치를 이해하고 방법을 배우며, 다양하고 유익한 운동과 스포츠 경험을 통해 흥미를 느껴야 한다. 흥미를 얻으려면 먼저 그 운동의 기술을 익혀야 한다. 그리고 그 기술을 습득하기에 가장 유리한 시기는 학창시절이다. 따라서 우리가 건전한 여가활동에 필요한 태도와 기능을 습관화하기 위해서는 학창시절 체육활동의 경험이 가장 효과적이다.

이처럼 체육은 체계적인 신체활동(운동경기, 체력단련, 보건, 체조, 게임 등)을 통해 인간의 전체적인 발달을 도모함과 더불어 현대의 삶의 수준을 향상시키는 목적을 두고 있다. 하지만 체육의 목표 중 인지적 발달과 사회·정서적 발달의 목표가 체육이 지향할 목표로서 타당한가에 대해 명확한 근거를 제시하기란 쉽지 않다. 이러한 문제와 관련하여 95서울 국제스포츠과학 학술대회에 참가한 S.K. Stoll은 “체육이 보다 생산적이기 위한 목표로서 신체적성에 치중해 왔음에도 불구하고 젊은 세대들이 예전보다 신체적, 정신적으로 건강하지 못함은 어찌된 일이냐?”고 의문을 제기하면서 체육의 외재적, 물질적, 단편적인 가치에 치우친 결과라고 주장하였다. 하지만 이 외에도 문명의 발달에 따른 안락하고 편리한 생활이 신체의 활용도를 약화시켰고, 자본주의에 따른 물질 만능주의가 인간생활에서 인간성의 타락을 양산

했다는 원인을 간과할 수 없다.

3. 한국의 학교체육의 목표[12)]

한국의 학교교육이 제도화된 것은 갑오개혁(1894)을 계기로 고종황제가 1895년 7월 16일 칙령 제45호로 내려진 소학교령이 공포된 때부터이며, 이 교육신서에서 교육의 실체를 덕육, 체육, 지육이라 공표하였다. 당시 소학교령에 나타난 체육과의 내용은 소학교 심상과(1-3학년) 과목은 수신, 독서, 작문, 습자, 산술, 체조로 하고(제8조), 소학교 고등과(2-3개년) 과목은 수신, 독서, ··· 체조로 함(제9조). 체조과의 목표는 건강한 신체, 건전한 정신, 사회성 도야(제10조)의 내용으로 소학교 심상과와 고등과는 각기 체조를 선택과 필수로 실시했다.

제10조에는 "체조는 신체의 성장을 균제건강케 하며 정신을 쾌활강직케 함을 겸하여 규율을 수하는 습관을 양함을 요지로 함"이라 했다. 지도내용은 병식체조 중심이었으나, 교재내용이나 목표에 대한 언급이 없었다.

1906년 8월 27일 칙령 제44호로 개정된 보통학교령 및 그 시행규칙에서 제6조는 체조를 정규 교과목으로 인정하였고, 제9조 제10항 시행규칙에서는 체조교육의 목표를 언급하였다. "체조는 신체의 각부를 고루 발육하게 하며, 사지의 동작을 기민하게 하여 전신의 건강을 보호 증진하고, 정신을 쾌활, 강하게 함. 아울러 규칙을 지키고 협동을 소중히 하는 습관을 기름을 요지로 함"

중학교 규칙(1900)을 개정한 1906년 학부령 제21호의 고등학교령 시행규칙 제4조에는 체조가 정규교과목으로 설정되어 있으며, 제5조 13항에는 당시의 고등학교 체조교육의 목표가 제시되어 있다. "체조는 신체를 강건히 하며 정신을 쾌활하게 하고 아울러 규율을 지키며, 협동을 소중히 하는 습관의 기름을 위주로 하여 보통체조와 병식체조를 적당히 교수함을 요함" 또한 1908년 학부령 제9호의 고등여학교령 시행규칙의 관계 조항은 한국 최초의 여성교육 기관인 고등여학교를 대상으로 여성만의 체조의 교육목표를 최초로 언급하였다. 제5조

12) 이 단락의 내용은 김동규(2005)의 〈체육원리의 제문제〉와 하남길(2002)의 〈움직임 예술과학의 이해〉를 중심으로 다른 참고서를 인용하여 정리하였다.

13항: "체조는 신체를 강건히 하며, 정신을 쾌활하게 하고 아울러 용의를 단정하게 하고 규율을 지키며, 협동을 소중히 하는 습관의 기름을 요함. 체조는 보통체조와 유희로 하되 보통체조는 교정술, 도수체조 및 기타로 함" 이것은 1909년 7월 5일 다시 개정된 그 시행규칙 제2장 제5조 제12항에 "체조는 신체의 각부를 고르게 발육시켜 강건히 하며, 그 동작을 기민하게 하며, 정신을 쾌활하게 하고, 아울러 용의를 단정히 하며, 규율을 지키어 협동을 소중히 하는 습관을 기름을 요지로 함. 체조는 유희학교 체조를 교수함이 가함"이라 표기하였다.

그 후 한국은 1910년 일본의 식민 통치로 조선교육령 내지 조선총독부령의 일본식 교육제도가 시행되었다. 이때의 교육목표는 일본의 통치수단에 입각한 내용을 설정함으로써 억압적이고 피동적인 것들이었다.

- 1911년 칙령(조선교육령) 제299호: 체조는 신체의 각부를 균제히 하여 자세를 단정히 하고 정신을 쾌활케 하며 겸하여 규율을 수하고 절제를 숭상하는 습관을 양함을 요지로 함.
- 1922년 총독부령 제90호: 체조는 신체의 각부를 생리적으로 발육케 하며 신체를 강건케 하며 동작을 기민케 하며 쾌활강직 견인지구의 정신과 규율을 수하여 협동을 상하는 습관을 양함을 요지로 함.
- 1941년 총독부령 제90호: 신체를 단련하고 정신을 연마하여 활달강건한 인고지구의 심신을 육성하고 헌신봉공의 실천력을 배양하여 전력의 증강에 자할 것을 요지로 함.

이는 태평양 전쟁에 기여할 일제에 대한 충성심과 군사적 능력을 요구하는 내용이다.

광복 이후 교육지침을 최초로 발표한 것은 1945년 9월 17일 미군정청 학무국이 각 도에 일반명령 제4호로 지시한 '신조선을 위한 교육방침'이다. 그 교육방침의 내용은 일제 잔재의 불식, 평화와 질서의 유지, 생활의 실제에 적합한 지식 및 기능의 연마 등으로 이루어져 있었다. 제8항에 "체육을 적극적으로 장려하여 강건한 기운을 함양할 것"을 지시하고 있다.

1945년 10월 1일 군정청 학무국은 중등학교 교과목 편제와 시간배당을 발표하여 교육방침에 의거한 교육내용에 따라 지도할 것을 지시하였다. 이 방침은 일제말기의 그것들을 근간으로 개정된 것이지만, 일제와 달리 체조 대신에 '체육[13]'이라는 교과명을 사용하여 2-3시간의 체육시간을 배정하였다.

미군정기가 끝나고 1948년 5월 10일 대한민국 정부가 수립되었을 때 가장 시급한 일은 건국이념에 맞는 교육법을 제정하는 것이었다. 그리하여 1949년 12월 31일 대한민국 법률 제86호로 교육이념과 교육목표를 공포함으로써 교육과정이 편성되고 교과서가 편찬되었다. 이에 따라 문교부는 교육과정 시간배당 및 교육과정을 새롭게 문교부령으로 정하게 되었다. 그러나 6.25전쟁으로 중단되었고, 1955년 8월 1일자로 각급 학교 교육과정을 공포함에 따라 자주적인 교육과정에 따른 체육목표가 탄생하였다.

1) 제1차 체육과 교육과정

1955년 문교부령 제44호로 고시된 제1차 체육과 교육과정은 종래의 지식 중심의 교육과정을 지양하고, 학생들의 경험과 생활을 존중하는 교육과정을 편성토록 한 점이 돋보인다. 여기에서 체육과의 교과명이 초등학교에서는 '보건', 중·고등학교에서는 '체육'이라 불리어졌다. 체육과 교육과정의 내용은 보건과 및 체육과의 목적, 보건과 및 체육과의 지도방침, 보건과 및 체육과의 지도상의 유의점, 고등학교 체육과의 목표, 고등학교 체육과의 지도내용으로 구성되어 있다.

중등학교 체육과 목표

보건과 및 체육과는 원만한 환경 밑에서 신체활동을 통하여 신체 각 부위를 고르게 튼튼히 발달시키고, 굳세고 아름다운 정신과 건전한 사회적 성격을 기르며, 위생생활을 습관화하여 민주적 사회활동에 최선을 다해 발휘할 수 있는 능력을 가지게 한다.

제1차 교육과정에서는 종합목표를 앞에 제시하고 구체적인 실천목표를 제시하였다. 가) 신체적 목표(8개 항목), 나) 사회적 목표(9개 항목), 다) 지적·정서적 목표(7개 항목), 라) 안전지도(4개 항목), 마) 레크리에이션 지도(1개 항목)로 세분화하였다.

고등학교 체육과의 지도내용은 맨손체조(맨손체조, 기계체조, 스턴츠), 스포츠(육상경기, 구

13) 국제적으로 Physical Education이 사용되면서 일본은 1870년경부터 체육 용어를 사용했다. 일본은 Physical Education을 번역하는 과정에서 '신체교육' 이라 직역하고, 이를 줄여 '체육 ' 이라 불렀다. 우리는 이것을 그대로 사용해오다 1964년 국제술어연구회의 보고서가 출판되면서 국제적인 체육개념의 공통이해로 '체육' 을 규정하였다.

기, 헤엄, 투기), 무용, 위생, 체육이론의 5개영역으로 구성되어 있다.

2) 제2차 체육과 교육과정

1963년 문교부령 제119호로 고시된 교육과정은 생활 중심의 교육과정 또는 경험 중심의 교육과정으로 학생들의 생활경험을 통해 교육함으로써 쓸모 있는 사회인을 육성하고 자활할 수 있는 실천인의 육성을 강조하였다. 즉 생활 또는 경험 중심의 교육과정이 도입되면서 운동, 스포츠 및 여가활동을 통하여 체육을 학습하도록 설정하였다. 이때 체육이 교과명칭으로 통일되었으며, 제1차 교육과정의 구성체계를 수정하여 목표, 학년목표, 지도내용, 지도상의 유의점으로 구성하였다.

중학교 체육목표

① 여러 가지 운동을 통하여 기초적 운동능력을 조장하여 신체의 모든 기관을 고르게 발달하도록 한다.

② 스포츠를 통하여 극기·자제하여 타인과 협력할 수 있는 사회성을 길러 페어플레이하는 정신을 기른다.

③ 건강생활과 각종 스포츠의 개요를 알려 감정과 의지의 통일 작용을 수련시키고, 미적 표현, 창작, 감상력을 통하여 정서를 순화한다.

④ 보건과 안전에 대한 지식과 기능을 길러 사회 안전훈련에 협력케 한다.

⑤ 레크리에이션 활동을 계획하여 윤택한 민주생활을 하도록 한다.

고등학교 체육목표

① 운동의 기능과 기술을 숙달시켜 신체 각 부위를 균형 있게 발달시키고 건강증진에 힘쓰게 한다.

② 스포츠를 통하여 명랑 성실한 성격과 페어플레이의 태도를 지니게 하여 솔선 실행하는 사회적 성격을 기른다.

③ 각종 스포츠와 신체적 표현의 개요를 알려 강인한 의지와 판단력을 기르며 정서를 순화하도록 한다.

④ 건강과 안전에 대한 지식, 습관, 태도를 길러 사회 안전에 이바지하도록 한다.

⑤ 레크리에이션 활동을 계획하고 참가 지도할 수 있게 하여 윤택한 민주생활을 추진하도록 한다.

제2차 교육과정의 지도내용은 체조(맨손체조, 기계체조, 스턴츠), 스포츠(육상경기, 구기, 헤엄, 투기), 무용, 레크리에이션, 보건위생, 체육이론 등의 6개영역으로 구성되어 있다. 제2차 교육과정은 제1차 교육과정과는 달리 맨손체조가 체조로, 위생이 보건위생으로 명칭이 바뀌었고, 특히 레크리에이션이 새 영역으로 첨가되었다. 또한 체조 및 스포츠 등 각 영역의 하위 영역마다 추구해야 할 목표가 학년별로 새로이 제시되어 있다.

3) 제3차 체육과 교육과정

1973년 문교부령 제310호로 고시된 제3차 교육과정은 학문 중심의 교육과정을 강조하였으며, 국민교육헌장 이념의 구현을 기본방향으로 삼고 국민적 자질의 향상, 인간교육의 강화, 지식, 기술교육의 쇄신을 기본방침으로 삼았다. 그리고 제2차 때의 지도내용의 명칭을 바꾸어 목표(일반목표, 학년목표), 내용, 지도상의 유의점으로 구성하였다.

중학교 체육목표

① 심신의 발달에 알맞은 여러 가지 운동의 특성을 이해하고 이를 실천하여 강건한 체력과 강인한 의지를 기른다.

② 일상생활에 있어서 운동이 차지하는 가치를 이해하고 합리적인 운동생활을 통하여 활발하고 명랑한 성격과 공정하고 협동하는 국민정신을 기른다.

③ 직업인으로서 건강, 안전, 여가선용에 대한 이해를 높이고, 이에 대한 기초지식을 습득시켜 건강과 안전생활을 영위할 수 있는 태도와 능력을 기른다.

고등학교 체육목표

① 각종 운동에 대한 이해와 실천을 통하여 체력과 운동기능을 높여서 왕성한 실행력을 가진 강건한 국민으로 자라게 한다.

② 운동경기의 자발적인 참여와 실천을 통하여 공명정대한 경쟁의식과 협동심, 준법성, 책임감 등의 건전한 사회적 태도를 기른다.

③ 심신의 건강과 안전생활에 대한 이해와 실천을 통하여 공중보건 의식을 높이고 안전능력을 기른다.

④ 운동을 생활화함으로써 여가를 선용하고 정서를 순화하여 명랑한 성격과 활달한 기상을 지니게 한다.

제3차 체육과 교육과정의 지도내용은 순환운동, 체조(맨손체조, 기계체조), 육상경기(달리기, 뜀뛰기, 던지기), 구기(농구, 핸드볼, 배구, 축구, 럭비), 투기(유도, 씨름, 태권도), 계절운동(수영, 빙상운동), 무용(여), 체육이론, 보건 등의 9개영역으로 구성되어 있다. 제3차 교육과정의 특징은 제2차 때의 6개영역이 9개영역으로 세분화되고, 순환운동 영역이 첨가된 점이다.

4) 제4차 체육과 교육과정

1981년 문교부령 제442호로 고시된 제4차 체육과 교육과정은 건전한 심신의 육성, 지력과 기술의 배양, 도덕적인 인격의 형성, 민족공동체 의식의 고양 등을 강조하였다. 상단에 교과목표를 간결하게 포괄적으로 진술하고, 그 밑에 4개항으로 나누어 구체적인 목표를 기술하고 있다. 즉 형식과 체제는 상위목표와 하위목표로 구별되는 형식으로 일반목표를 제시하고, 지도내용에 앞서 학년목표가 명시되어 있다. 제4차 교육과정에서는 제2, 3차 교육과정과 달리 교과목표, 학년목표 및 내용, 지도상의 유의점 등으로 구성되어 있고, 교육과정 구성체계 내에 평가항목이 처음으로 제시되었다.

중학교 체육목표

여러 가지 운동을 통하여 체력과 다양한 운동기능을 기르고, 건강과 안전 및 운동에 필요한 지식을 습득하여 일상생활에서 활용하며 운동을 통한 건전한 정신을 기른다.

① 여러 운동을 적극 실천하여 체력을 기르고 운동기능을 향상시킨다.

② 건강생활과 신체활동에 필요한 지식을 습득하며, 이를 생활에 활용하는 능력을 기른다.

③ 운동경기를 통하여 규칙과 질서를 지키고 서로 협력하며 공정하게 운동하는 태도를 기른다.

④ 운동을 통하여 여가를 선용하고 정서를 함양하며 명랑한 성격을 기른다.

고등학교 체육목표

적성에 맞는 운동을 합리적으로 실천하여 체력과 전문적인 운동기능을 향상시키고 운동, 보건, 안전에 관한 지식을 생활에 활용하는 능력을 기르며, 운동을 생활화하며 건전한 생활 태도를 가지게 한다.

① 여러 가지 운동을 합리적으로 실천하여 체력과 운동기능을 향상시킨다.

② 스포츠의 기초과학과 보건안전지식을 운동과 생활에 적응할 수 있는 능력과 태도를 기른다.

③ 자율적으로 운동경기에 참여하여 공명정대한 정신과 협동심, 준법성, 책임감 등의 민주적인 생활태도를 기른다.

④ 평생 동안 운동을 생활화할 수 있는 바탕을 마련하여 여가를 선용하고 정서를 함양한다.

제4차 교육과정의 지도내용은 육상운동(달리기, 뜀뛰기, 던지기), 체조(맨손체조, 기계체조), 구기(농구, 배구, 핸드볼, 축구, 소프트볼, 럭비), 평생스포츠 및 야외활동(크로스컨트리, 등산, 캠핑, 낚시), 투기(씨름, 태권도, 유도, 복싱, 레슬링), 수영, 무용(민속무용, 창작무용), 체육이론, 보건 등의 9개영역으로 구성되어 있다. 제4차 교육과정은 제3차 때에 비해 다양한 운동경험을 할 수 있도록 활동의 폭을 넓히며, 평생 동안 즐겨 실천할 수 있는 스포츠의 기본기능과 소양을 갖출 수 있도록 평생스포츠 및 야외활동 영역을 강조하였다. 특히 체육의 목표 영역별 기본체계가 확립되어 보다 짜임새 있는 내용선정 및 구성이 이루어지도록 하였다.

5) 제5차 체육과 교육과정

제5차 체육과 교육과정에서는 인간 중심의 체육철학, 운동발달의 단계적 이론, 움직임 교육과정 이론 및 학문 중심 교육과정 이론을 중심으로 개발되었다. 체육의 목표는 내용 조직상에 일반적이고 포괄적인 표현으로 체육의 종합적인 목표를 먼저 제시하고 구체적인 실천목표를 4개항으로 분류하여 진술하는 제4차 교육과정의 형식과 동일하다.

중학교 체육 목표(1987년 문교부 고시 제87-7호)

여러 가지 신체활동을 통하여 운동능력을 기르고 운동과 건강에 필요한 지식을 이해·적용하며, 바람직한 사회적 태도를 가지게 한다.

① 경기를 즐길 수 있는 운동기능과 체력을 기르게 한다.

② 신체적인 표현능력을 기르게 한다.

③ 운동과 건강 및 여가선용에 필요한 지식을 습득하고, 적용하는 능력을 기르게 한다.

④ 정서를 함양하고 바람직한 사회적 태도를 가지게 한다.

고등학교 체육 목표(1988년 문교부 고시 제88-7호)

① 종목별 경기특성에 따른 운동기능과 체력을 기르게 한다.

② 신체활동을 통하여 사상과 감정의 표현 및 감상능력을 기르게 한다.

③ 운동, 건강, 안전 및 여가선용에 필요한 지식을 습득하고 생활에 적용하는 능력을 기르게 한다.

④ 운동에 대한 올바른 가치관을 가지고 운동을 생활화하며, 민주적 시민태도를 가지게 한다.

제5차 체육과 교육과정의 내용은 구체적인 지도내용을 제시하지 않고 학교에 의사 결정권을 부여하였고, 운동기능에 있어 브룸이 분류한 심동적 영역(운동기능), 인지적 영역(지식), 정의적 영역(태도)에 기초하여 제시하고 있다. 심동적 영역은 육상, 체조, 수영, 구기, 무용, 투기, 평생스포츠, 야외활동, 체력 운동 등의 9개 단원으로 구성되었으며, 그 목표는 종목별 경기특성에 따른 운동기능을 숙달하고 체력을 육성하여 운동능력을 높이는데 있다. 인지적 영역에는 체육이론과 보건 등 2개의 단원을 두어 운동의 방법, 효과 및 적용에 관한 지식의 이해와 건강, 안전 및 여가선용에 관한 지식을 습득하도록 하였다. 정의적 영역은 별도의 단원으로 구성하지 않고 심동적 영역과 정의적 영역의 지도시 정의적인 면에 유의하여 지도하도록 하였다.

6) 제6차 체육과 교육과정

제6차 체육과 교육과정은 1992년 6월 30일 교육부 고시 제1992-11호와 1992-19호에 의하여 1995년 3월 1일부터 시행되었다. 제6차 체육과 교육과정은 운동능력의 개발과 건강을 추구하는 성격을 지니고, 이를 토대로 신체적 능력의 개발과 환경에의 적응능력을 체육의 중요한 목적으로 삼았으며 그 구성은 체육과의 성격, 목표, 내용, 방법, 평가 등의 틀로 이루어졌다. 제6차 교육과정에서는 자주성, 자율성을 중시하고 탐구능력을 강조하는 교육과정에 따라 운동기능이라는 내재적 가치와 각 개인의 건강이라는 외재적 가치 모두를 추구하고자 하였다. 이에 체육의 목표는 신체활동보다는 개개인의 요구를 바탕으로 한 자아실현에 두었고, 운동기능의 숙달보다는 운동에 대한 개인적 능력 및 건강한 생활의 영위에 초점을 두었다.

중학교 체육목표

여러 가지 신체활동을 통하여 경기에 참여할 수 있는 운동능력과 건강한 생활을 영위할 수 있는 능력을 기르게 한다.

① 경기에 참여할 수 있는 운동기능과 건강에 필요한 체력을 기르게 한다.

② 신체적인 표현능력을 기르게 한다.

③ 운동과 여가활동 및 건강에 필요한 지식을 습득하여 실천하는 능력을 기르게 한다.

④ 바람직한 운동 태도와 사회적인 태도를 가지게 한다.

고등학교 체육 목표

여러 가지 운동을 통하여 경기를 즐길 수 있는 운동능력을 개발하고 건강한 생활을 향유할 수 있는 능력을 기르게 한다.

① 운동경기를 즐길 수 있는 운동기능과 건강에 필요한 체력을 기르게 한다.

② 신체활동을 통하여 사상과 감정의 표현능력을 기르게 한다.

③ 운동과 건강 및 여가활동에 필요한 체계적인 지식을 이해하여 실천하는 능력을 기르게 한다.

④ 운동에 대한 올바른 가치관을 가지고 운동을 생활화하며 바람직한 사회생활 태도를 가지게 한다.

제6차 체육과 교육과정의 내용은 실기와 이론의 통합을 위하여 운동단원에 기능뿐만 아니라, 운동을 하는데 필요한 운동의 주된 원리를 학습내용으로 제시하고 있는데, 내용영역으로는 육상, 체조, 수영, 구기, 무용, 투기, 평생스포츠, 야외활동, 체력운동, 이론, 보건 등의 11개영역으로 구성하였다. 또한 제6차 교육과정은 심동적, 인지적, 정의적 영역으로 구분한 제5차 교육과정과는 달리 영역별로 기능, 지식, 태도, 항목 등을 두어 내용 영역별로 달성하고자 하는 학습목표를 제시하여, 교육과정 운영에서 교사의 창의성과 자율성을 제고하고자 하였다.

7) 제7차 체육과 교육과정

21세기 미래사회는 정보화, 세계화 사회이고, 여기에 발맞춰 교육은 세계시민으로서 협동하고 경쟁할 수 있는 능력 있는 인간의 육성문제가 커다란 과제로 등장하게 되었다. 이에 교육개혁위원회에서는 '신교육 체제'를 구상하여 교육개혁을 추진하였다. 그 일환으로 1997년 12월 30일 교육법 제155조 1항에 의거하여 제7차 초·중등학교 교육과정 개혁방안을 고시하였다. 2000년 3월 초등학교 1, 2학년을 시작으로 시행하게 된 새 교육과정은 이전의 교육과정과는 달리 여러 가지 특징을 갖고 있다. 첫째 국가수준의 공통성과 함께 지역, 학교, 개인 수준의 다양성을 추구하는 교육과정, 둘째 자율성과 창의성을 신장하기 위한 학생 중심의 교육과정, 셋째 교육부, 교육청, 학교, 교원, 학부모, 학생 등이 함께 실현해나가는 교육과정, 넷째 학교의 교육체계를 교육과정 중심으로 개선하기 위한 교육과정, 다섯째 교육의 과정과 결과의 질적 수준을 유지, 관리하기 위한 교육과정 등의 기본적인 성격을 표명하고 있다. 제7차 교육과정은 자율과 창의에 바탕을 둔 학생 중심의 교육과정이라 할 수 있는데 그 추구하는 인간상은 다음과 같다.

첫째 전인적 성장의 기반 위에 개성을 추구하는 사람
둘째 기초능력을 토대로 창의적 능력을 발휘하는 사람
셋째 폭넓은 교양을 바탕으로 진로를 개척하는 사람

새 교육과정에서는 체육과 교육의 성격을 1~10학년(초등1~고1)까지의 국민공통교육과정과 11~12학년(고2~3)까지의 일반선택과정에 따라 명확히 제시한 다음 통합적인 체육과 교육의 목표를 제시하고 있다.

교육부는 체육의 성격에서 그 목적의 개념을 "체육은 움직임 욕구의 실현 및 체육 문화의 계승과 발전이라는 내재적 가치와 체력 및 건강의 유지·증진, 정서순화, 사회성의 함양이라는 외재적 가치를 동시에 추구함으로써 삶의 질을 높이는데 공헌한다"라고 밝히고 있다. 학제별 체육의 성격을 보면 다음과 같다.

① 초등학교(1~6학년) 체육의 성격 : 초등학교 체육은 아동의 움직임 욕구를 실현하고, 다양한 신체활동을 수행하는데 필요한 기초 운동능력과 체력을 기르는데 중점을 둔다. 또 건전한 생활을 영위할 수 있는 지식의 습득과 운동을 즐겁고 적극적으로 참여하는 실천적 태도를 형성한다. 초등학교 체육은 아동의 움직임 욕구를 충족시킴으로써 신체활동에 대한 흥미를 유발하여 중학교 체육에서 강조될 다양한 스포츠 활동을 수행할 수 있는 기반을 마련하는 기초단계의 성격을 지닌다.

② 중학교(7~9학년) 체육의 성격 : 중학교 체육은 다양한 운동을 경험하며, 보다 향상된 기능을 발휘하고, 체력 및 건강을 증진한다. 그리고 체육의 이론적 기초지식을 학습하여 체육현상에 대한 보다 올바른 이해를 증진하며, 실제 운동 참여시 지식을 적절하게 활용할 수 있는 초보적인 적응력을 기른다. 또 운동을 통하여 개인적으로 정서적 만족을 얻어 자아실현을 추구하고, 사회적으로 바람직한 태도를 기른다. 중학교 체육은 초등학교에서 습득한 학생들의 신체활동에 대한 적극적인 흥미를 발전시켜 고등학교 체육에서 강조될 평생스포츠 활동의 학습을 조직하도록 하는 단계로서의 성격을 지닌다.

③ 고등학교(10~12학년) 체육의 성격 : 고등학교 1학년 체육은 다양한 운동에 참여하여 보다 전문화된 운동기능을 발휘하고, 체력의 향상 및 건강의 증진을 추구한다. 그리고 체육의 이론적 지식을 학습하여 운동 참여시 이를 적절하게 활용할 수 있는 능력을 기른다. 또 운동을 통하여 개인적인 정서의 함양과 사회적으로 바람직한 윤리적 규범을 습득한다. 고등학교 1학년의 체육은 국민공통교육과정이 완성되는 단계로서, 중학교에서 학습한 내용을 보다 심화시키거나 새로운 내용을 다루어 다양한 운동을 경험하게 한다. 고등학교 1학년의 체육은 고등학교 2~3학년의 일반선택 교과목인 체육과 건강을 학습할 수 있는 기반을 마련하는 성격을 지닌다.

제7차 교육과정에서 학교 체육과의 기본적인 목표는 "다양한 신체활동을 통하여 학생 개

개인의 움직임 욕구를 실현하고 운동을 수행하는데 필요한 기능과 체력을 증진하며, 운동과 건강에 관한 지식을 이해하고, 사회적으로 바람직한 태도를 함양한다"는 것이며, 구체적으로 다음과 같이 적고 있다. 첫째 다양한 운동에 적극적으로 참여해 운동기능과 체력 및 심신의 건강을 증진한다. 둘째 운동과 건강에 대한 다양한 지식을 이해하고 활용하는 방법을 익힌다. 셋째 운동을 통해 사회적으로 바람직한 태도 및 문화적으로 가치 있는 규범을 익힌다.

이에 따른 중고등학교의 체육목표는 다음과 같다.

중학교 체육 목표

신체활동을 위한, 신체활동에 관한, 신체활동을 통한 교육으로서 체, 지, 덕이 조화롭게 통합된 전인의 육성에 기여한다.

① 심동적 영역: 운동기능 발휘 능력, 심미적 표현 능력, 건강 관련 체력

② 인지적 영역: 운동, 건강, 여가, 안전에 관한 초보 지식의 이해와 활용

③ 정의적 영역: 운동의 규칙, 선수, 심판에 대한 태도와 사회적 규범 습득

고등학교 체육목표

신체활동을 위한, 신체활동에 관한, 신체활동을 통한 교육으로서 체, 지, 덕이 조화롭게 통합된 전인의 육성에 기여한다.

· 1학년

① 심동적 영역: 심화된 운동기능의 발휘, 미적 표현의 능력, 체력의 향상 및 건강 증진

② 인지적 영역: 운동, 건강, 여가, 안전, 보건에 관한 지식의 이해와 습득, 실제운동 및 실생활에 활용

③ 정의적 영역: 운동의 규칙준수, 선수, 심판에 대한 태도와 사회적 규범, 즉 개인의 정서 함양과 사회적으로 바람직한 태도 및 윤리적인 규범의 습득

· 2, 3학년

① 심동적 영역: 운동경기 참여 및 감상능력의 습득, 건강생활을 위한 체력의 증진, 즉 건강

과 여가를 위해 운동경기의 참여능력 배양

② 인지적 영역: 운동을 통한 건강 및 여가선용에 대한 지식 이해와 활용

③ 정의적 영역: 운동경기 참여 및 운동의 생활화로 건전한 생활태도 함양

기존의 교육부 검정 각종 교과서 및 교사 지도서에 제시된 일반적인 체육목표를 열거하면 다음과 같다. 예1) 체육의 목표는 '신체적인 면, 정신적인 면, 지적인 면, 사회적인 면'으로 분류된다. 예2) 체육의 목표는 '신체적 목표, 지적 목표, 정서적 목표, 사회적 목표'로 분류된다. 예3) 체육의 목표는 '건강과 체력 증진, 운동과 건강에 대한 지식 습득, 정서 순화, 사회성의 함양' 등으로 분류된다. 위의 체육목표들의 내용은 외국의 사례들과 국가에서 제시된 체육목표의 내용들을 근거로 설정되었음을 알 수 있다.

제4장

체육과 스포츠의 가치

가치란 어떤 대상에 대한 인간 주체와의 관계에 있어서 그것이 가지는 의의를 말한다. 스포츠 · 체육의 가치란 그것들이 우리 인간들에게 기여하는 긍정적 역할을 의미한다. 인간은 본능적으로 신체활동을 추구한다. 신체활동은 내재된 욕구의 표현이고 이를 통한 체육활동은 현대사회의 여러 특성에 비추어 그 가치가 점증되고 있다. 어떤 체육철학가들은 스포츠를 인생에 비유하거나 체육을 삶 자체로 받아들이기도 한다.

체육은 인간의 신체활동을 주요 수단으로 한다. 체육은 신체활동을 통하여 건강을 증진시키고, 신체를 단련하여 운동기술을 향상시켜 인간의 잠재능력을 최대로 발휘한다. 그러나 체육은 신체적 활동뿐만 아니라 지적·정서적 그리고 사회적 활동까지를 포함한 전인적 인간활동이다. 그러므로 체육활동은 개인의 신체적·정신적 건강을 유지하고 증진하는데 기여함과 동시에 인격의 형성, 교양의 연마, 인생의 본질적 경쟁에 대한 준비, 전통문화의 창달 및 사회적 결합의 강화에 이바지 한다.

다시 말해 체육은 신체에 관련된 직접적인 가치보다는 신체적으로나 정신적으로 결함이 없는 완전한 인간을 기른다는 간접적인 가치를 보다 중요시한다. 그러므로 체육은 한 국가의 문화를 가늠하는 척도로서뿐 아니라 건전한 사회를 이끌어가는 긍정적 수단임을 강조한다. 그리고 오늘날의 체육은 스포츠를 중심으로 짜여져 있다.

스포츠는 자기표현과 자기실현의 수단으로서 인류가 스스로를 위해 만든 문화적 소산이다.

스포츠는 학문, 예술, 종교 등의 여타 문화와 관련되어 있으면서도, 그 자체가 고유의 영역과 가치를 지닌 문화에 해당된다. 인간의 오랜 역사와 더불어 발생하고 존속되어 온 체육 및 스포츠는 현대생활에 있어 개인적, 사회적 가치를 지니고 있다. 이 장에서는 교육적 측면에서 체육 및 스포츠의 가치를 생리적, 심리적, 사회적 가치로 구분하여 현대생활과 어떠한 관련이 있는지를 살펴보았다.

1. 생리적 가치

생리적 가치란 건강한 신체의 발달과 신체능력의 발달·유지에서 오는 가치를 말한다. 인간은 적당한 운동을 실천함으로써 생리학적으로 좋은 변화를 일으켜 건강한 신체를 유지하면서 행복하게 살 수 있다. 운동의 생리적 효과는 매우 다양하며 그 효과는 크게 호흡계, 순환계, 근육계, 골격계, 신경계 등으로 분류할 수 있다. 운동이 호흡기 계통에 미치는 효과는 신체운동을 통해 폐의 용적을 크게 하여 폐활량을 증가시키며, 이로 인하여 폐환기량, 산소섭취량, 산소부채능력 등이 향상되어 최대산소 소비량이 증가함으로써 에너지 발생의 효율성이 증가된다. 신체운동이 순환기에 미치는 효과는 인체 내의 혈액순환 촉진, 심근강화(심박출량 증가), 심장의 용적 증가, 헤모글로빈 양의 증가로 인한 산소운반 능력이 향상됨으로써 젖산 축적량이 감소한다.

우리는 신체운동을 통해 근력을 강화시킬 수 있다. 운동을 통해 근육을 단련하면 근섬유가 굵어져 근력이 증가한다. 근섬유가 굵어져 근육이 붙게 되면 에너지원인 글리코겐, 크레아틴, 아데노신 등이 증가하여 미오글로빈을 증가시켜 근력과 근지구력을 증대시킨다. 그와 더불어 모세혈관의 수가 증가하여 산소와 영양분 공급능력을 향상시키며 신체적으로 미적인 효과를 얻을 수 있다.

또한 운동은 칼슘, 단백질 등의 영양분을 각 기관에 원활하게 공급해줌으로써 뼈의 성장과 발달의 촉진, 연골의 기능향상, 인대와 힘줄의 강화 등 골격기 계통에 긍정적인 영향을 미친다. 아울러 신경기능을 향상시켜 동작을 민첩하게 만들고 신경계의 흐름을 원활하게 하여 협응력을 향상시킨다.

신체운동의 생리적 가치는 신체의 성장과 발달의 촉진, 체력의 향상, 운동기능의 발달, 신체 미관의 발달, 올바른 자세의 유지, 신체 결함의 교정, 비만의 예방과 치료 등으로 요약된다. 이 모든 것들은 신체적으로 건강한 상태와 관련되어 있다. 체육은 건강한 신체를 제일의 목표로 삼는다. 건강한 생활을 영위하기 위해 전문가들이 지적하는 사항들을 종합하면 다음과 같다.

첫째 심취할 수 있는 일을 갖고, 매사에 긍정적인 사고로 즐겁게 생활하며 명상을 통해 자아를 확립해야 한다.

둘째 생활은 절제가 있어야 하며, 식사는 소식을 하고, 질병은 사전에 예방해야 한다.

셋째 전신에 고르게 자극을 가하는 운동을 규칙적으로 실시해야 한다.

이 중 세 번째 항의 균형 있는 운동을 규칙적으로 해야 한다는 이야기는 하나의 진리처럼 알려져 있다. 과학문명이 고도로 발달한 사회에서 우리가 행복하게 살아가기 위해서는 신체적으로 건강해야 하며, 신체적인 건강을 유지하기 위해서는 올바른 생활습관과 더불어 균형 있는 운동, 즉 체육 및 스포츠 활동에 참여해야 한다.

스포츠, 놀이, 게임 등의 운동행위는 현대인 모두에게 가장 필요한 활동이다. 특히 스포츠 활동은 인간의 전신근육과 관절을 모두 격렬하게 움직여야 하기 때문에 운동량이 가장 많은 종합적인 체육활동이라 볼 수 있다. 다음은 표면상 신체에 나타나는 생리적 영향에 대해 알아보자.

1) 신체의 성장과 발달의 촉진

인간은 신체활동을 본능적으로 요구한다. 신체활동의 정도와 내용이 연령별 또는 개인차에 따라 다르기는 하나, 인간은 근본적으로 운동을 하고 싶어 한다. 이러한 운동이 계획적으로 수행될 때 신체의 성장과 발달은 더욱 촉진된다. 우리 몸은 사용하는 기관만이 발달하고 사용하지 않으면 쇠퇴한다. 내쉬(J.B. Nash)는 “정상적인 아동은 최고의 성장발달을 위해 연령에 따라 2~6시간의 신체활동을 필요로 한다”는 사실을 연구를 통해 증명하였다. 라마크(J.B. Lamak)가 “신경계를 가지고 있는 동물들은 일상생활에서 사용하는 기관만이 발달·강화·증대되고, 그렇지 않은 기관은 약화·축소된다”고 언급한 것과 루(W. Roux)는 “신체를 적당히 사용하면 증대·강화되고 사용하지 않으면 약화되며, 지나치게 사용하면 지장을 초래하게 된다"고 한 말은 인체의 성장과 발달에 신체활동이 필수불가결한 것임을 강조한 것이라 하겠다. 계획적인 신체활동은 근육과 골격의 성장을 촉진시킬 뿐 아니라 소화, 순환, 호흡, 근육, 골격 등 제 기관의 조화로운 발달을 촉진한다. 특히 아동 및 청소년기의 규칙적이고 적당한 운동은 신체의 성장과 발달에 커다란 효과가 있다.

2) 체력의 향상

체력은 신체적 활동의 기반이 되는 신체적 능력으로 Physical Fitness, 즉 신체적성으로 해석된다. 미국건강체육 레크리에이션학회(AAHPERD)에서는 효율적으로 직무를 수행할 수 있는 능력의 차이를 가늠할 수 있는 지표로 신체적, 정신적, 정서적, 사회적, 도덕적 적응력이 포함된다고 하였다. 일반적으로 체력의 저하는 운동부족에서 야기되며, 이런 경우는 무중력에 노출된 우주비행과 장시간의 침상생활이 대표적이다. 이러한 우주비행과 병상생활은 근육과 골격을 약화시키고, 심장의 활동도 위축되어 순환기능이 약화된다. 이러한 비활동은 신체조직과 신체기능에 나쁜 영향을 미쳐 일일 손실되는 근육무게가 8g, 일일 최대산소섭취량의 감소율 0.8%, 일주일간의 칼슘 손실률 1.54%, 그리고 일주일간의 혈장량 감소율이 10~15%에 달하게 된다.

일상생활에서 우리는 운동부족에 따른 체력의 저하를 쉽게 감지하지 못한다. 이는 인체가 일상생활에 필요한 능력과 최대의 노력을 발휘했을 때 보이는 능력과의 차이인 예비력을 갖고 있기 때문이다. 대부분 자신의 체력이 저하되었음을 자각하는 것은 30대 후반이나 그 이후이다. 체력의 저하는 그 체력이 가지고 있는 생리기능의 저하를 의미하며, 생리기능의 저하가 더욱 진행된다면 일상생활에 지장을 주므로 건강유지가 어렵게 된다. 결국 체력의 저하는 여러 질환을 직·간접적으로 증가시킨다.

그러므로 우리가 역동적인 삶을 영위하기 위해서는 기본적인 체력이 필요하며, 적절한 운동을 통해 순발력, 근력, 지구력, 유연성과 같은 기초체력을 향상시켜야 한다. 유산소 운동은 심폐지구력을 향상시키며, 각종 스포츠 활동은 체력, 유연성 등과 같은 건강 체력을 향상시키는 수단이 된다.

3) 운동기능의 발달

인간이 체육활동을 하면 신경계통이 발달되며, 정확한 동작을 신속하게 수행할 수 있는 능력이 향상된다. 이를 세목별로 열거하면 다음과 같다.

① 근력과 근지구력이 증가한다.

② 최대산소섭취량과 심폐지구력이 향상된다.

③ 기계적 작업의 능률이 증가한다(일정한 작업을 수행하는데 산소의 소비량이 적어진다).

④ 일정한 작업에서 혈액 속의 젖산의 축적이 줄어든다.

⑤ 피로하기 전에 젖산을 신속하게 배출하는 능력이 증가한다.

⑥ 중간 정도의 운동을 수행할 때 맥박수의 증가가 적은 범위에서 그친다.

⑦ 운동 후 맥박이 원래 상태로 돌아오는데 신속해진다.

⑧ 대뇌피질의 지각능력과 통합능력을 증대시키며 근지각, 자세지각, 운동지각을 개선하여 신경기능을 향상시켜 동작이 민첩하고 정확해진다.

적절한 운동을 통해 인간의 감각기관과 운동기관이 조화를 이루고 의도한 대로 몸을 잘 움직일 수 있는 순발력, 조정력, 협응력, 민첩성, 평형성, 유연성 등이 향상되며, 정확한 동작을 반복함으로써 각종 운동기술이 향상된다.

4) 기타의 효과

① 신체 미관의 발달: 체조나 무용, 보디빌딩과 같은 운동은 아름다운 몸매나 조화롭게 발달된 체격을 형성하는데 효과가 있다.

② 신체 결함의 교정: 교정체조, 요가 등과 같은 운동은 바람직하지 못한 생활습관이나 작업환경에서 비롯된 신체적 결함을 교정시켜 주고 자세를 바르게 유지시켜 준다.

③ 비만의 예방과 치료: 비만이란 인체가 소비하는 에너지보다 인체에 섭취된 에너지가 많을 경우 체내에 남은 에너지가 축적됨으로써 체중이 과다에게 증가한 상태이다. 따라서 유산소운동을 규칙적으로 하는 것이 좋다. 유산소운동은 체내에 축적된 에너지원을 연소시켜 비만을 예방하거나 치료하는 효과가 있다.

④ 성인병의 예방: 성인병이란 주로 성인에게 발생하는 만성 퇴행성 질환으로 장기간 서서

히 인체의 기능을 저하시키는 각종 질환이다. 규칙적인 운동은 동맥경화, 고혈압, 심장병, 뇌졸증, 당뇨병 등과 같은 성인병 질환을 예방하는 효과가 있다.

2. 심리적 가치

심리적 가치란 인간 내면의 욕구를 충족시켜 줌으로써 자기 극복의 정신을 갖게 하고, 의욕적인 삶을 살아가고 건전한 정신의 소유자가 되게 하는데서 오는 가치를 말한다. 이러한 가치는 운동을 통해 다양한 인간의 욕구가 충족됨으로써 발휘되는 것이다.

인간의 행동은 심리적으로 분석해보면, 개인과 개인을 둘러싸고 있는 환경과의 역동적 상호관계를 이루면서 일어난다. 레윈(Lewin, K.)은 인간의 행동(behavior)은 개체(person)와 환경(environment)과의 함수관계에 있는 것으로, B=F(P·E)라는 공식으로 나타내어 그 인자의 변동에 따라 행동이 나타난다는 것이다. 따라서 인간은 그 자신의 요인(유전, 경험, 성격, 심리적·생리적 욕구상태)과 그를 둘러싸고 있는 환경(사회적)의 요인에 따라 행동을 달리한다. 운동은 바로 신체활동의 욕구, 자기표현의 욕구, 자기 과시의 욕구, 집단생활의 욕구와 같은 욕구발로의 수단이 된다.

욕구불만은 스포츠 활동에서 이루어지는 여러 가지 경기와 기교를 통해 정서를 조정하고, 기술의 발전과 기록향상의 성취감에서 만족을 얻음으로써 해소될 수 있다. 또한 불가능의 해소 노력과 인내로서 얻은 성취감은 생활의 원동력이 되어 적극적인 성격을 갖게 한다. 따라서 궁극적으로 운동은 정신위생 면에서도 많은 도움을 주게 된다.

인간의 행동은 적어도 의지적 노력과 정신적 긴장, 감정의 변화 등을 수반하게 됨으로써 심리적인 측면에서 높은 가치를 지닌다. 체조, 무용, 육상, 등산을 비롯한 각종 스포츠 활동은 정서적 안정, 욕구충족, 스트레스 해소, 정신력의 강화, 자신감의 증진, 견인불발의 기백 함양 등에 기여함으로써 교육적으로 매우 큰 의미를 지닌다.

1) 정서적 안정

정서란 인간이 신체적·심리적인 존재 의식과 연관되어 일어나는 심리적·신체적 격동 상태이다. 정서에는 즐거움, 성취감, 자신감, 행복감 등과 같은 긍정적인 정서가 있는가 하면 노여움, 공포, 우울증, 불쾌감 등과 같은 부정적인 정서도 존재한다. 물론 체육활동을 통해 행복감, 자신감, 성취감을 느낄 때도 있으나 노여움과 두려움을 느낄 때도 있다. 예를 들어 팀 스포츠에 참여할 경우 경기가 자신의 의도와 다르게 전개될지라도 상황에 따라 자신의 감정을 억제하고 팀을 위한 플레이를 펼쳐야 한다. 또한 격투기 종목의 경우 큰 타격을 허용했을 때 화 또는 공포를 느낄 수 있다. 그러나 어떤 경우라도 보다 나은 경기를 위해서는 침착해야 한다. 그러므로 정서적 흥분을 통제하는 능력이 향상될 수 있다.

일반적으로 규칙적인 운동은 정신적인 불안감을 해소시킬 뿐 아니라 신체 및 정신적인 인내력의 향상을 가져와 정서적인 건강에 유익하다. 실제로 우리가 땀을 흘리면서 운동을 하고 나면 육체적으로 약간 피곤함을 느끼지만 마음이 상쾌해지고 긴장감이 해소된다. 운동을 하게 되면 뇌 조직으로 가는 혈류량이 증가하여 뇌에 신선한 산소를 공급하고, 그 양도 증가시켜 신체의 전반적인 안정상태를 유지해줄 뿐 아니라 정신적·정서적인 평안함을 기대할 수 있다. 또한 운동은 땀에 의한 염분배출로 인해 체내 생리적 안정을 가져온다. 그리고 운동은 수면을 증진시켜 불면증의 개선에도 도움이 될 뿐 아니라 우울증 치료에도 도움을 줄 수 있다.

2) 욕구의 충족

인간은 자극에 반응하는 경향을 가지고 있는데, 이를 근원적 경향(original tendency)이라고 한다. 이 근원적 경향이 그대로 발산되면 반사회적 경향이 나타난다. 따라서 소유욕이나 공격성의 욕구를 그대로 나타낼 경우 생활의 안정을 해치고, 사회질서를 무너뜨릴 수 있다. 우리 인간은 생리적, 심리적, 사회적으로 다양한 욕구를 지니고 있으며, 그 중 파괴욕, 투쟁욕 또한 인간의 원천적인 욕구들이다. 이러한 욕구들은 교육을 통해서 정화되어지고 있으나 잠재적으로 내재되어 있다.

인간은 욕구가 충족되지 못하거나 제어되면 욕구불만으로 이어져 정서적 긴장을 일으켜 심리장애 또는 여러 가지 심신장해를 가져와 비행의 원인이 될 수 있다. 욕구불만에 따른 정서적 긴장은 비관과 자학, 원망과 불평, 흥분과 분노, 불안과 초조, 발작과 공격, 변명과 책임 전가 등 반사회적 행동을 유발시킬 위험을 내포하고 있다. 따라서 이러한 욕구들을 적절한 방법으로 정화시키고, 직·간접적인 방법으로 충족시켜 주기 위해서는 스포츠, 야외활동, 레크리에이션, 취미활동 등과 같은 각종 체육활동이 반드시 필요하다.

3) 스트레스의 해소

스트레스(stress)란 정신적 압박감 또는 긴장감으로, 외계로부터 각종 자극을 받았을 때 생체 속에서 발생하는 일정한 일그러짐 현상이다. 우리는 이 스트레스를 '인체의 항상성 또는 건강유지를 방해하는 부정적인 심신의 상태'라고 정의할 수 있다. 스트레스는 현대문명의 발달과 복잡한 생활환경으로 인해 더욱 증폭되고 있으며, 각종 정신적·신체적 질환의 원인이 되고 있다. 이와 같은 불안과 스트레스를 해소시키는 방법으로 스포츠와 놀이, 게임 등의 건전한 운동이 가장 적합하다.

우리는 운동을 통해 에너지를 발산시켜 인간의 기본적 욕구인 활동욕구를 충족시킬 수 있고, 심신의 정화(카타르시스)를 경험할 수 있다. 즉 운동을 하면 혈액을 통해 운동에 필요한 에너지인 산소를 신체 각 부위에 더 많이 전달해주게 되고, 신체 각 부위에서 생성된 노폐물이 적절히 배출되기 때문에 신체 각 부위의 신진대사가 원활하게 이루어지게 되며, 각 세포들은 이상적인 상태로 활성화 되어진다. 그러므로 우리의 심신상태는 신선함을 느낄 수 있다. 또한 운동에 집중함으로써 자신을 괴롭히는 문제에서 벗어나는 계기가 된다.

4) 의지력의 강화

의지(意志)란 활동하는 자아(自我), 또는 사려·선택·결심하여 의도된 요구를 실행하는 능력을 말한다. 인간의 행동은 반사운동, 충동운동, 유의(有意)운동으로 분류할 수 있고, 그 중 유의운동은 의지와 깊은 관계가 있으며, 각종 체육활동은 유의운동으로서 의지력의 강화에 큰 효과가 있다.

인간의 행동은 장면(場面)에 지배된 행동과 통제된 행동이 있으며, 어떤 행동을 하기 전에 항상 갈등 상황(conflict situation)이 일어난다. 이때 장면의 힘에 자신이 지고, 그 방향으로 행동이 일어나면 현상적으로 그 행동은 장면에 지배된 행동이 되며, 자신의 힘이 클 경우 장면의 힘을 통제하고 자기가 지향하는 방향으로 행동할 수 있다. 이 통제 행동을 자주 반복하면 점차 갈등은 사라지고 자신의 의지에 의한 행동이 습관화되는데, 그 과정이 의지의 발달이다.

스포츠 · 체육활동을 통한 의지력의 강화는 갈등 상황의 극복을 위한 훈련이다. 예를 들어 장거리 달리기, 경보, 수영, 등산 등을 비롯한 각종 극기 훈련 과정에는 끊임없는 갈등 장면이 연출된다. 힘든 신체활동을 장시간 수행하는 과정에서 산소의 결핍, 젖산의 축적과 같은 원인으로 인하여 수행자는 극도의 신체적·정신적 피로로 고통을 겪는다. 그리고 운동 수행자는 성취와 관련된 + 유인(승리, 명예, 자아충족)과 - 유인(고통)이 갈등을 일으키게 된다. 그 상황에서 고통을 극복하려는 노력 자체가 장면의 힘을 스스로 통제하는 것이며, 이러한 노력을 통해서 의지력이 강화될 수 있다.

또한 고행의 경험을 수반하는 등산, 오래달리기, 야외활동, 축구, 럭비, 극기 훈련을 비롯한 각종 체육활동에서 특정과제를 성공적으로 수행하게 되면 의지력뿐 아니라 자신감, 용기, 성취감, 강인한 정신력 등을 강화시켜 준다.

3. 사회적 가치

사회적 가치란 운동을 통하여 공동생활을 영위하는데 필요한 사회성 함양과 여가선용으로 건전한 삶을 영위하는데서 오는 교육적 가치를 말한다. 교육의 일반목적이 인격완성에 있듯이 체육의 목적도 일상의 충실한 생활, 완전한 생활을 할 수 있도록 지도하여 유능한 인격자를 육성하는데 있다. 체육은 신체운동을 매개로 하여 개인의 신체적 성장발달과 인지적 발달은 물론 사회적 성격을 육성하는데 기여한다.

인간은 하나의 개체만으로 살아가는 게 아니라 상호 의존 속에서 사회를 구성하여 그 집단에 적응하며 살아간다. 체육은 사회적 가치를 개인에게 전달해주는 매개체 역할을 하기도 하고, 인간의 집단 감정, 일체감, 통합 등의 요인으로 인식될 수가 있다. 보일(Boyle)은 스포츠가 갖는 중요성을 언급하면서 "스포츠는 현대사회의 여러 수준에 침투하여 지위, 인종관계, 직업생활, 자동차의 디자인, 의복의 스타일, 영웅주의, 언어, 윤리적 가치 등 전혀 관계가 없는 영역과도 관계를 맺고 깊은 영향을 미치고 있다"고 하였다.

원시시대는 먹이를 구하는 방법을 알고 그 기능만 있으면 살 수 있었으나, 오늘날은 그렇지 않다. 과학문명의 발달은 교통수단 및 매스컴의 발달을 가져와 사회생활을 보다 편리하게 만들었지만, 반대 급부적으로 인간끼리의 무한경쟁시대를 만들었다. 이와 같은 사회 현실에 대처하기 위해서는 많은 지식과 좋은 체력을 갖추어야 한다.

체육활동은 축소된 사회의 장으로서 경쟁과 협력을 배우고 공동목표를 위해 노력하면서 책임과 의무를 배우게 된다. 즉 스포츠 규칙을 준수하고, 자신의 감정을 억제하며, 동료를 위해 협력하는 스포츠 정신은 바로 준법정신이며 사회성 함양에 지대한 기여를 하는 것이다. 즉 협력, 책임, 사교, 예의, 주종의 질서와 규칙의 준수, 약속의 이행과 시간엄수 같은 덕성을 배양하며 동정, 자제, 관용의 태도를 익히게 된다. 이러한 경험은 사회생활에서 예의를 지키며 인간관계를 원활히 하고 명랑하고 생산적인 사회로 발전시키는 원동력이 된다.

1) 사회성의 함양

"인간은 사회적 동물이다"는 말은 인간이 혼자서 살아갈 수 없으며 사회에 잘 적응해야만 인간답게 살아갈 수 있다는 말이다. 인간은 출생과 더불어 인간관계를 가지면서 살아간다. 가족이라는 집단에서 출발하여 이웃, 학교, 사회라는 커다란 집단으로 발전하게 된다.

인간은 개인으로 존재하는 동시에 사회적 관계를 형성하여 서로 상호작용하며 집단 속의 개체로 존재하면서 살아가고 있다. 그러므로 사회적 보편성을 가진 요구를 소유하는 것은 당연한 의무이다. 이를 위해서 많은 교육학자들은 여러 가지 방안을 제시하였다. 특히 스포츠, 놀이, 게임 등의 신체운동은 사회적으로 인간관계 형성에 많은 영향을 미친다는 것이 일반적인 견해이다.

첫째 체육활동은 사회집단의 원칙, 규범, 태도, 행동양식을 습득케 함으로써 유능한 사회인의 자질을 갖추게 한다. 규칙의 준수는 바로 사회생활에 필요한 준법정신과 통하고, 자기의 위치에서 성심껏 자기의 역할을 다하는 것은 사회생활에서 책임을 완수하는 것과 같다. 스포츠에는 규칙이 있고, 심판이 있으며, 페어플레이, 스포츠맨십과 같은 행동철학이 있다. 그와 함께 팀 성원 간에 협동하지 않으면 이길 수가 없다. 또한 자기나 자기 팀의 인격만 중요한 것이 아니라 상대의 인격도 중요하다. 이러한 행동의 경험은 개인적으로는 책임과 인내심, 극기와 자제력, 지도자적 성격과 이타적인 성격, 창조력 등의 건전한 정신과 태도 육성의 계기가 되며, 대인관계에 있어서는 예의, 동정, 관용, 상대방의 권리존중, 존경심 등의 미덕을 함양할 수 있다.

둘째 단체생활을 수반하는 신체운동은 원만한 인간관계를 꾀할 수 있다. 단체생활에 있어서 단체의 운영계획과 규칙에 대한 준법정신, 공정성 등의 합리적이고도 민주적인 사회성 함양과 자질 향상의 기회가 된다. 흔히 스포츠의 장면을 인간사회의 축소판이라고 말하는 이유가 여기 있다. 스포츠 장면은 운동선수와 관중에게 공동체 의식을 심어줄 수 있는 기회를 제공하는 사회적 가치를 지니고 있다. 즉 개인과 개인, 집단과 개인, 집단과 집단 상호 관계에서 원만한 인간관계를 이루며 훌륭한 구성원이 될 자질을 스포츠를 통하여 함양시킬 수 있다는 점에서 스포츠는 생활의 실천 도장이다.

운동의 경험은 원래 경쟁과 협력의 기회를 주어 그 속에서 복잡한 인간관계를 가지게 하고, 공동목표를 위하여 노력하면서 자기의 의무와 책임을 다하는 능력과 태도를 기르려는 목표를 가진다. 스포츠나 체육활동에서의 경쟁은 대결이 아니라 합의된 경쟁으로 협력이 이루어지며 상대는 적이 아니라 동지이고, 대치가 아니라 협조의 관계에 있다. 다시 말해 운동경기에서의 상대는 그 경기를 계획하고 운영할 수 있는 기회를 조성한 상호 간의 협조적 관계이다.

2) 여가의 선용

현대사회는 여가 시간이 날로 증대되기 때문에 여가활동은 개인의 행복은 물론, 건전한 사회발전에 중요한 요소이다. 여가활동은 자유시간에 행하는 활동으로 노동, 가족, 사회의 의무로부터 해방되어 휴식이나 오락을 위해 또는 지식, 자발적 사회참여, 창조적 능력의 자유로운 실현을 위하여 스스로 행하는 활동을 말한다. 현대인들은 이러한 여가활동에 많은 시간을 투자한다.

현대인들은 건강, 행복 등 삶의 질을 높이기 위하여 여러 유형의 사회 문화적 활동에 참여한다. 그 중 가장 유익하고 일반화된 방법 중 하나는 스포츠에 참가하는 것이다. 건전한 스포츠 활동은 모든 구성원들의 신체적, 정신적 건강의 추구를 기본으로 한다는 점에서 풍요로운 삶을 영위할 수 있는 바탕을 제공한다. 요즈음 많은 사람들이 산과 들을 찾아간다. 도시의 답답하고 복잡한 생활을 벗어나 자연 속에 묻혀 자신만의 자유로운 시간을 가지려는데 그 목적이 있다. 한편으론 오염된 곳을 벗어나 잠시나마 깨끗한 자연 속에서 평소 부족했던 운동을 보충해서 건강에 보탬이 되게 하려는 의도도 있다. 이와 같은 활동은 기분을 전환하고, 생기를 북돋아 내일의 삶에 활기를 불어넣고, 일의 능률을 높여준다.

우리는 체육활동을 통해 다양한 평생스포츠를 접하게 됨으로써 건전한 여가활동을 위한 토대를 마련할 수 있다. 인간의 욕구는 다양하며 끝이 없다. 건전한 여가를 즐길 수 있는 준비가 되어 있지 않은 사람은 자칫 쾌락적이거나 도박성이 강한 놀이에 탐닉하기 쉽다. 현대인은 여가를 어떻게 활용하느냐에 따라 행복한 삶의 척도가 된다고 볼 때 많은 여가활동 중에서도 스포츠 · 체육활동은 여가 선용을 위한 적절한 선택이 된다는 점에서 사회적 가치를 지닌다.

3) 운동문화의 계승과 발전

문화란 인간 행동 양식의 총체이다. 스포츠·체육활동, 즉 운동문화는 신체활동과 관련된 인간 행동의 양식의 총체로서 노동과는 구별된다. 운동문화란 스포츠·체육활동과 관련된 제도, 규칙, 습성, 신념체계, 시설과 용구, 복장, 기술 등을 총칭하는 것으로 계속해서 계승·발전해 왔다. 따라서 체육활동은 이러한 인류의 문화를 몸에 익히고 계승·발달시켜 가는 계기를 제공한다는 측면에서 문화적 측면의 가치가 있다. 예컨대 운동을 통해 스포츠맨십이나 바람직한 매너를 기르는 것이나 우리의 전통적인 놀이나 스포츠, 무용 등을 계승·발달시키는 일은 문화적 측면의 의미를 지닌다.

4) 국가 및 인류의 화합

체육활동은 국민의식, 국가의식을 고양시킬 수 있다. 체육활동의 국가주의적 경향은 정치와 관련되어 아마추어리즘을 손상시킨다는 비판도 있으나, 체육활동은 국민의 단결심을 고취시키고 국제 외교의 사절로서 그 역할이 증대됨은 부인할 수 없다.

스포츠 활동은 이념과 체제를 극복한다. 고대 그리스의 올림피아 제전은 종교적 의미가 내포되어 있었지만, 모두가 헬렌의 후예라는 동족의식을 토대로 제전경기를 통해 도시국가 간의 평화를 이루려는 정치적 의미를 담고 있었다. 우리 역사에서 일제시대의 민족주의적 운동 형태는 일제에 대응하여 우리 민족을 하나로 묶어주는 역할을 했으며, 남북한의 스포츠교류 또한 상호 간의 이해와 평화적인 분위기를 다지는데 크게 기여했다. 아울러 2002 월드컵은 동질의식과 민족의 자긍심을 나타내는 역할을 했다. 국제적으로 근대올림픽은 인류의 평화와 단결, 화합을 추구해 왔으며, 88서울올림픽은 동서화합을 이루는 계기를 마련했다. 21세기는 보다 다양한 국제경기가 활성화될 것이며, 스포츠·체육활동은 세계인이 평화로운 삶을 영위하는데 공헌하게 될 것이다.

이 외에도 체육 및 스포츠 활동은 사회적 계층변화, 즉 사회적·경제적 상향 이동의 기회를 제공한다. 스포츠는 구조기능 주의적 입장에서 운동기능의 수준, 팀의 공헌도, 교육과 훈련기간에 따라 성별, 연령, 인종을 막론하고 명예, 금전적인 보상을 얻는 현시적 기능을 수행한다.

체육의 가치를 체육의 목적과 목표에 비추어 표로 제시하면 〈그림 4〉와 같다.

종 류	가 치	내 용
생리적 가치	인체의성장과 발달의 촉진 신경근육의 조직화적 발달	체력, 자세, 근력, 민첩성 심폐지구력, 평형성, 유연성
심리적 가치	욕구의 충족 근원적 경향성의 정화 스트레스 해소	운동의 욕구, 참여의 욕구 파괴욕, 투쟁욕 과시의 욕구, 참여의 욕구
사회적 가치	실천적 행동력 양성 사회성 함양 최선을 다하는 태도의 육성	준법정신, 질서의식 책임감, 협동심, 지도력 희생정신, 의지력

〈그림 4〉 **체육의 목적과 목표**

체육의 목적은 일반적으로 크게 목적적 가치와 수단적 가치로 나누어진다. 국가적 차원에서 체육의 목적적 가치는 체육 및 스포츠를 통한 국민건강 및 우호증진이고 수단적 가치는 체제의 우월이나 국력과시 또는 이를 통한 경제적 이익을 추구하는 것이다. 개인적 차원에서 체육의 목적적 가치는 체육을 통한 자아의 실현과 인격의 완성이고, 수단적 가치는 체육을 통한 개인의 사회적, 경제적 지위를 얻는데 있다.

신체활동은 손과 발을 사용하는 전신운동을 통하여 인간의 건강을 증대시키고, 불의의 사고로부터 자신 또는 가족과 이웃을 보호할 수 있는 신체적 호신능력의 배양은 물론, 수련과정에서의 인내, 예의, 극기, 집중력, 창의력, 자신감, 용기, 절제, 성취감 등의 다양한 정신적 가치를 체득할 수 있는 활동으로서 가장 가치 있고 바람직한 인간형성의 노력이라 할 수 있다.

21세기는 튼튼한 몸과 예의바른 사람의 능력을 필요로 하고 있으며, 건전한 정신과 건강한 신체를 가진 사람이 중심이 되어 창의성을 바탕으로 다양한 능력을 발휘할 수 있으며, 또한 이러한 사람들이 보다 나은 삶을 영위할 수 있는 사회를 건설해 나갈 것이다.

제5장

스포츠론

스포츠는 전형적으로 지역적 또는 문화적으로 형성된 게임에서 진화되어 발생된 것이다. 게임에 일정한 규칙이 성립되고, 수행과정과 결과가 정확히 기록되고 성문화됨으로써 게임은 스포츠가 되는 것이다. 새로운 놀이나 게임이 하룻밤 사이에 고안될 수도 있다. 그러나 단숨에 고안되는 것이 아니라 신중하고도 간접적인 진화과정을 통하여 형성되는 산물이다. 이러한 스포츠는 인간의 신체운동과 규칙성과 더불어 경쟁이라는 요소는 스포츠 정의의 또 다른 핵심요소를 이루고 있다.

1. 스포츠의 발생설

스포츠는 어떻게 발생하였는가? 오늘날 스포츠교육이나 체육이 스포츠를 주요 내용으로 활용하고 있기 때문에 스포츠의 기원은 매우 흥미로운 문제로 다루어질 수밖에 없다. 그리고 스포츠가 인간의 삶과 밀접한 관련을 맺고 있다는 점에서 우리는 고대인들의 생활방식을 알아야 한다. 야오야나기는 고대인들의 행동측면으로 세 가지를 들고 있다. 첫째 생존을 위한 기본적 행동(식량을 위한 농경과 이에 따른 노동), 둘째 종교와 의례에 관한 행동(농경에 관한 주술), 셋째 여가행동을 들고 있다. 고대인들의 여러 행동측면 속에는 스포츠나 체육의 문화가 내재되어 있으며, 이러한 행동양식 속에서 스포츠 및 체육이 기원했다고 볼 수 있다. 물론 지금까지 스포츠의 기원에 대해 명확한 발생설은 없으나, 유희에 관한 설과 더불어 몇 가지 발생설이 자주 거론되고 있다.

우선 스포츠가 유희에서의 발생했다는 설이다. 유희설은 노동과 상반되는 근원적인 범주로서 이해할 수 있겠으며, 스포츠가 유희의 세계에서 발생하였다는 설로 대표적 학자로는 호이징거와 구로오스 및 카이요와 등을 들 수 있다. 호이징거는 인간의 모든 문화를 유희의 의미로 이해하였고, 구로오스는 인간운동의 기원을 유희의 본능에서 찾을 수 있다고 하였으며, 카이요와는 유희를 문명의 알기 쉬운 모델이라고 하였다. 그리고 심리학 또는 동물행동학에서는 스포츠가 동물에서 일차적으로 인정되는 유희충동에서 기인하는 현상으로 이해하기도 한다. 예를 들면 짐승을 잡기 위해 던져지는 창이 누가 먼 거리를 던지느냐의 다툼에서 경기적인 창던지기로 발생하였고, 물고기를 잡기 위해 노를 저어 나가던 배는 속도를 겨루는 경조(競漕)로서 즐기게 되었다. 또는 사냥물을 서로 빼앗던 것이 단체경기로서 발생했다는 것이다.

둘째는 스포츠가 노동에서 발생했다는 설로 사회주의 이론에 근간을 두고 있다. 이 주장은 엥겔스의《원숭이가 인간이 됨에 따른 노동의 역할(1879)》에서 전개되는 내용에서 제기되었다. 인간과 동물 사이에 질적인 차이를 준비하고, 신체단련이나 스포츠를 인간의 고유한 행동으로 보는 관점에서 출발하고 있다. 인류가 도구를 만들어 이것을 이용하여 노동을 시작한 것이 계기였다. 도구의 제작과 사용은 인간만의 능력으로 동물에서는 찾을 수 없는 행동이었고, 인간은 새로운 습관을 몸에 익힐 필요가 있었던 것이다. 선천성으로 다룰 수 없는 임의의 목적을 정하고 그 목적에 따라 일정한 행동을 반복하는 행위, 즉 연습이라고 하는 습관이다. 이 습관 덕분에 인류는 점점 더 본능과 환경에 구속되는 동물의 영역에서 탈피하게 되었다. 이러한 노동과정 속에서 노동의 효과를 높이기 위한 준비로서 최초로 게임이나 신체수련을 통해 신체기능 및 도구조작법을 향상시켜 나갔다. 그리고 생산방법과 도구의 개선에 의해서 잉여 생산이 가능해져 생활에 여유가 생겼을 때, 생산기술이 놀이적 기술로 변화되었다. 예를 들면, 도구(창이나 활)의 조작단련 등에서 신체단련이나 스포츠가 분화되고, 생산유용성에서 해방됨에 따라 독립하게 되었다. 물론 원시시대의 노동이란 인간의 일반적인 본성으로서의 노동으로 마르크스에 의하면 "인간이 자연과의 물질대사를 그 자신의 행위에 의해 매개하고, 규정하며, 조정하는 과정이다. 이것에 의해 그 자신의 자연 속에 잠재해 있는 능력을 발현시키고, 그 잠재능력 활동을 자신의 통제에 복종하는 활동이다"라는 가장 광의적인 노동인 것이다. 따라서 이 이론에 의하면 스포츠나 신체단련은 한정되지 않는 인간이 만든 모든 문화에서 기원한 것이 된다.

셋째 서독에서 주장하는 설로 스포츠가 제사의식에서 발생했다는 것이다. 이것은 노동에서의 발생설에 반대하여 제기되었다. 이 설은 민속학을 배경으로 하고 있는데, 원시사회에 있어 스포츠나 신체수련이 단지 제사의식에서 행해졌다는 사실에 입각하고 있다. 세크너(1984)는 제사의식과 연극의 상위 개념으로 performance(각종 놀이, 스포츠, 일상생활에서의 조우 등을 포함하는 넓은 개념)를 설정하고, 제사의식과 연극을 동일 선상에서 그 상호 관련성에 대하여 논하고 있다. 종교적 의례로서의 performance는 성스러움과 세속성을 연결하는 중요한 놀이의 역할을 한다. 오리구치는 "놀이는 일본의 고어로는 진혼(鎭魂)의 동작이다"라고 했으며, 야나기다는 "일본 재래의 운동경기는 거의 전부가 이러한 제사의식에서 시작되었다"고 주장한다. 특히 고대 한국과 이집트의 제사의식이나 경기회 또는 그리스와 로마의 제전경기를 보아도 우리들은 짐작할 수 있다. 또한 이러한 제사에서의 발생설은 역사적 입증이 전술한 바와 같이 되는 것이고, 민족학이 가진 선사의 구조성 능력의 한계라고 하는 방법론적 제약을 크게 받고 있다.

넷째 스포츠가 채집, 수렵, 농경, 노동과 더불어 전투적 행동에서 발생하였다고 추론할 수 있다. 전투적 행동에는 민첩성, 순발력, 근력, 유연성, 지구력, 협응력 등을 요구하는 맨손격투 및 무기술을 요구하며 이러한 행위들은 오늘날의 스포츠행위에 필요한 신체적 능력과 유사하다. 또한 전투적 행동에는 속도감, 명중감, 도약감, 격투감과 같은 미적 체험이 내재되어 있다. 이러한 미적 행위는 오늘날 다양한 스포츠 종목들에서 대중들이 멋진 장면과 동작들에 감탄하는 결과를 가져왔다.

이러한 주장들을 역사적으로 뒷받침하기 위해서는 인류사 초기에 있어 스포츠 및 신체수련의 관계 자료가 필요하지만, 역사학, 고고학, 민족학 등은 이런 자료를 제시하지 못해 확실한 논의는 조건을 붙이거나 추측에 의존하고 있다. 따라서 현재로서는 스포츠에 대한 관계 자료가 부족하기 때문에 그것에 관하여 명확하게 결론내릴 수 없다.

2. 스포츠의 본질

한국에서 스포트(Sport)와 체육의 용어는 그 개념에 있어 혼란을 겪고 있다. 예를 들어 과거의 대한체육회(Korean Amateur Sports Association)와 현재의 대한체육회(Korean Sports Council)에서 Sports를 체육으로 명기하고 있고, 전국체육대회, 스포츠사회학 또는 체육사 등 각종 행사나 하위학문의 표기에 있어서도 통일된 용어를 명확히 제시하지 못하고 있다. 이제 스포츠가 현대사회의 한 문화영역으로 자리 잡은 이상 스포츠의 본질적 개념과 정의를 보다 명확히 이해할 수 있어야 한다.

스포츠 및 그 유사개념을 크게 세 영역으로 구분해서 고찰할 수 있는데 그것은 놀이(Play), 게임(Games) 및 스포트(Sport)이다(Ibrahim, 1975:34).

1) 놀이(Play)

우리 모두는 놀이를 한다. 우리는 재미나 환상, 흥미진진함을 느끼기 위해 놀이를 한다. 어떤 경우 놀이는 자발적이고 창조적인 것으로 보인다. 다른 경우 좀더 규제되어 있고 질서정연하게 보인다. 그러나 그것이 어떤 형태를 취하든 간에 놀이는 일상생활의 실제적 사건들을 초월하는 것처럼 보인다. 놀이하는 동안 우리는 시공(時空)의 한계와 나름대로의 목적 및 특수한 강조점을 갖고 있는 하나의 현실에 몰입되어 있는 것 같다. 놀이는 우리들로 하여금 일 중심의 생활에서 중요한 것들을 완전히 하찮은 것으로 생각하도록 혹은 반대로 사소한 것들에 대해서 매우 심각해질 수 있도록 해준다. 어떤 경우든 우리는 그러한 표면상의 자유를 마음껏 즐기기 때문에 놀이의 표출적 특성과 창조적 자율성을 찬양하기 쉽다.

물론 인간의 놀이에는 표면상의 표출의 자유, 절정의 경험, 혹은 초월적 환상 이상의 것이 존재한다. 놀이는 비현실성의 향기(추상적 형식)를 갖고 있지만, 그 형식의 본질과 의미는 상이한 사회구조적 관계 및 문화적 구성체의 영향을 크게 받는다. 사람들이 편을 나누어 놀이를 조직할 때, 그들은 모든 놀이꾼들을 구속하는 놀이 기준들의 규정을 목적으로 하는, 그리고 그 활동을 사회일반으로부터 격리시키는 규칙들을 만들어낸다. 이런 규칙들은 개별적인 창조물이 아니라 참가자들의 집단적인 사회 경험으로부터 나온 문화적 산물이다. 따라서 규칙의 목적이 현실로부터 놀이를 분리시키고자 하는 것이 있는 반면, 규칙을 만드는 행위 자체는 놀이를 기존의 사회관계의 논리 속에 깊이 끌어넣는, 따라서 그것의 자율성을 감소시키는 효과를 갖는다. 그러므로 놀이는 인간의 행동 혹은 행위의 독립적이고 자발적인 측면인 것 같은 인상을 주는 동시에, 그것의 종속적이고 피규제적 측면인 것 같은 인상을 주는 것이다.

다음은 네덜란드의 문화사학자 호이징거(John Huizinga, 1872~1945), 독일의 체육학자 칼 딤(Carl Dime, 1882~1962), 프랑스의 사회학자 로저 카이오와(Roger Cillois, 1913-1978)의 놀이이론을 살펴보자.

호이징거는 놀이를 다음과 같이 정의하였다. "놀이는 그 전체의 성격이 하나의 자유 활동이다. 그것은 진지한 활동이 아닌 일상생활의 테두리 밖에서 성립하는 것으로 간주되며, 동시에 놀이하는 사람의 마음을 강렬하고도 철저하게 사로잡아 몰두케 한다. 놀이는 물질적 이해관계가 개입되어 있을 수 없는 활동이며, 따라서 아무런 소득이 없다" 또한 그는 〈Homo Ludens, 1938〉에서 모든 문화는 놀이에서 비롯된다고 주장한다. 그는 언어, 심화, 의식, 민속, 철학, 무용, 음악, 연극, 법, 심지어 전쟁의 규칙까지도 놀이에서 출발한다고 기술하고, 사회생활을 끝없는 게임이라고 표현했다. 호이징거의 주장처럼 놀이는 인간 삶의 중요한 부분으로 자발적으로 조직되었건, 합리적인 것이건, 불합리한 것이건 인간생활 범주의 중요한 부분을 차지하고 있으며, 놀이는 교육적인 측면에서도 큰 의미를 가지고 있다.

딤은 〈스포츠의 본질과 기초〉에서 "놀이란 목적에 얽매이지 않는 행위이고, 일과는 달리 그 자체를 위한 행위이다. 우리는 놀이를 즐거움과 즐겁지 않음에 따라 도입되고 조작되는 자연의 조정 장치로 이해한다" 놀이는 자발적인 것으로 행위자의 자유 의지에 근거한다. 그리고 행위자는 인간 본래의 완성 욕구에 의해 놀이를 하며, 여기에서 즐거움을 느끼고, 성공의 즐거움에 충만되고, 삶의 보람을 몸 전체로 느끼며 놀이한다. 딤의 놀이관의 특징은 놀이의 존재를 생명 질서의 근원에 있다고 인식한다. 그리고 인간이 자기의 놀이를 선택하는 이유로 미의 이상을 들고 있다. 즉 인간은 자기의 놀이를 만들고, 자기의 미의 개념에 따라 놀이를 선택한다고 주장한다.

카이요와(1955)는 "놀이의 몇 가지 근본적 성격을 훌륭하게 분석하고, 문명의 발전에서 그 역할의 중요성을 명확히 한 것은 호이징거의 공헌이다. 그러나 그는 놀이의 서술과 분류를 무시하고 있다. 놀이는 모두 같은 요구에 응하고, 같은 심적 태도를 표현하는 것처럼 그는 생각하고 있다" 하여 놀이의 서술과 분류의 불충분함을 지적하고 있다. 그는 놀이의 특징을 ① 자유로운 활동, ② 격리된 활동(사전에 미리 규정되고, 확정된 공간과 시간의 한계 내에서 이루어지는 제한된 활동), ③ 미확정성 활동, ④ 비생산적 활동, ⑤ 규칙적인 활동, ⑥ 허구적 활동(비현실성)의 여섯 가지로 분류하고 있다. 카이요와는 놀이의 다양한 특징을 열거함으로써 놀이를 지지하는 의식의 전제가 되는 성질을 명확히 하려고 했다.

또한 에드워즈(Edwards, 1973)는 놀이란 "임의의 공간적, 시간적 한계 내에서, 그리고 일상생활의 역할, 관심사 및 영향을 벗어나 분리된, 또한 놀이 그 자체의 한계와 맥락 내에서 요구되어지는 것 이상의 진지하고 의도적이며 현실과 분리된 개별의 활동이다"라고 정의하였다. 다시 말해 놀이란 허구적이고 비생산적이며 자유롭게 쾌락을 추구하는 인간의 활동인 것이다.

통상 놀이란 일정한 규칙이 없이 이루어지는 자유로운 유희활동이며, 게임과는 달리 엄격한 규칙이 없는 허구적, 비생산적, 쾌락적 성격을 지닌 자발적인 활동이다.

2) 게임(Game)

게임은 놀이가 지닌 특성을 모두 지니고 있다. 카이요와는 호이징거가 놀이에 대한 정의를 내리는데 실패했다고 보고 놀이를 정의하기 위해 놀이의 특성을 자유성, 분리성, 허구성, 비생산성, 규칙성, 미확정성 등으로 규정했지만, 그가 제시한 놀이의 특징은 오히려 게임의 특징에 가깝다. 넓은 의미에서 게임도 놀이의 범주에 속하기 때문에 카이요와가 제시한 놀이의 특성이 틀린 것은 아니지만, 놀이는 게임보다는 경쟁성이 약하고 결과와 무관한 놀이도 많다. 게임이 놀이의 범주에 속하지만, 놀이보다 더 조직화된 규칙이 있고, 경쟁적이며, 결과가 미확정적이라는 특성을 지니고 있다. 더 체계화된 규칙이 있다는 것은 경쟁성이 강하게 내포되어 있다는 것을 의미한다.

게임의 특성에 대한 로이(J.W. Loy, 1969)의 정의에서도 경쟁이 강조되고 있다. 그는 카이요와가 제시한 놀이의 6가지 특성(자유성, 분류성, 미확정성, 비생산성, 규칙성, 허구성)에 경쟁성을 추가하고 "게임은 단순 혹은 복잡한 신체기능, 전술 또는 확률에 의하여 결과가 결정되는 놀이 형태의 경쟁이다"라고 밝히고 있다. 그는 경쟁성을 "둘 또는 그 이상의 상대 사이에 발생하는 패권을 위한 겨룸"이라고 정의하고, 둘 또는 그 이상의 상대를 광의로 해석하여 생물이건 무생물이건 모두 포함시켜서 인간과 자연의 타대상물 간의 경쟁까지도 이에 포함시키고 있다.

여기에서 경쟁관계는 인간 대 인간 또는 자연, 그리고 동물과 동물 등을 포함하는 것이다. 개인 간의 경쟁(권투, 100m 경주), 팀 간의 경쟁(하키, 요트경주), 개인 및 팀과 자연의 생물(투우, 노루사냥), 개인 및 팀과 자연의 무생물(카누시합, 등산), 개인 및 팀과 절대적인 기준과의 경쟁(경주에서 신기록을 수립하려는 개인, 최고득점을 달성하려는 농구팀) 등이 그 예들이다. 그리고 관념적 기준과의 경쟁은 시간 및 공간 대 인간 또는 자기 자신에 도전하는 인간으로서 개념화되는 경우도 많다.

Roberts, Arth & Bush(1974)가 문화인류학적인 입장에서 게임을 논하였듯 이 과학적 연구(인류학)는 게임의 역사적 발달에 관한 지식과 설명을 가능케 하였으며, 게임의 세계적 분포상황과 다양한 여러 사회에 있어서 게임의 기능적 의의를 규명할 수 있게 하였다고 보고하였다. 이와 같은 지식의 축적은 사회에 있어서의 게임의 위치를 파악하는데 크게 도움이 된다. 또한 그들은 게임의 특징을 다음과 같이 제시하였다. 다시 말해 ① 조직화된 놀이, ② 경쟁, ③ 둘 또는 그 이상의 상대편, ④ 승부결정을 위한 기준, ⑤ 규칙의 인정 등을 소유한 Recreation 활동이라고 하였다. 그래서 그들은 이와 같은 정의를 충족시키지 못하는 Recreation 활동, 즉 비경쟁적인 수영, 팽이치기, 실뜨기 등은 행락으로 구분하고 있다.

한편 Ibrahim(1975)은 이를 다시 종합하여 게임 중에서 주로 신체 기능적 게임을 대상으로 정의하기를 “게임은 양측 혹은 그 이상의 상대 사이에 승부의 결정기준이 미리 정한 규칙에 의거한다고 동의한 조직이며 경쟁적인 신체 운동적 놀이”라고 하였다.

통상적으로 게임은 허구적이고 비생산적이며, 현실생활과 분리된 비현실의 세계이고 그 결과는 예측할 수 없으며 규칙에 의해 통제되며 결과는 신체기능, 확률 또는 전술적 사고능력에 의해서 결정되는 경쟁적인 인간 활동이라 할 수 있다. 환언하면 게임은 허구성, 분리성, 미확정성, 비생산성, 자유성, 쾌락성과 같은 놀이의 특징과 더불어 일정한 규칙과 경쟁적 활동을 가지며, 단순 혹은 복잡한 신체기능, 전술, 확률에 의해 결과가 결정되는 놀이 형태의 활동이다.

3) 스포트(Sport)

앞서 설명했듯이 스포트(Sport)의 어의는 기분전환, 장난, 위로, 유희 등 여러 가지 뜻을 포함하고 있다. 1933년 〈Shorter Oxford Dictionary〉에는 Sport가 1440년 기분전환 또는 오락이라는 의미로, 1635년 이후에는 야수나 물고기를 죽이거나 잡는 행위로 기분전환을 하는 활동, 게임이나 운동, 특히 야외활동이라는 뜻으로 사용되었으며, 1863년 집단적 게임의 의미가 추가되었다고 기록하고 있다. 스포츠의 발생지인 영국의 경우 Sport와 Game은 유사한 용어로 사용되었으며, 스포트는 왕실과 귀족들의 동물 추적(사냥)과 낚시를 비롯한 여가활동을 의미했다. 19세기까지도 스포츠맨이란 사냥꾼을 의미하는 말이었다. 영국에서는 오늘날까지도 스포트의 개념은 매우 자유스런 분위기에서 즐거움을 동반한 여러 유형의 활동을 망라하는 의미로 사용되고 있다.

19세기 중반까지 영국에서 스포츠맨이란 상류계급, 즉 젠틀맨(gentleman)을 상징하는 말이었고, 아마추어(amateur)란 말은 진정한 신사를 의미하는 젠틀맨과 동의어로 사용되었다. 이때 스포츠의 참여는 순수한 여가생활의 일부였으며, 오늘날의 프로스포츠나 국가주의 사상을 토대로 성장한 엘리트스포츠처럼 참여의 의무나 강제성은 전혀 없었다.

스포츠는 산업주의와 국민국가를 특징으로 하는 근대사회 속에서 많은 변화를 거듭해왔다. 스포츠가 주로 경쟁적인 운동 유희의 의미로 쓰이게 된 것은 19세기 이후이다. 이러한 입장에서 현재의 스포츠의 개념도 규정되고 있다. 프랑스의 질렛(B. Gillet)은 스포츠의 개념을 구성하는 세 가지의 요인을 들었다. 그 첫째는 놀이, 둘째는 경쟁, 셋째는 심한 신체활동이라 규정하고 있다. 그가 놀이를 한정하는 스포츠적 최대 요인으로서 신체적 활동을 들고 있는 점은 대단히 근대적인 해석이라 하겠다. 거기에다 그는 그 신체활동에 심한(intense)이라는 조건을 가하고 있는 것은, 스포츠가 단순히 소근적 운동을 넘어선 대근활동을 수반하는 놀이라는 것을 강조하고 있는 것은 주목할만한 일이다.

1975년 유럽의 스포츠 표어 'Sport for All' 헌장에는 "스포트는 여가로 행하여지는 자발적인 신체활동으로써 고유의 스포트와 어떤 종류의 노력을 필요로 하는 그 밖의 여러 가지 신체활동을 포함한다"고 규정하고 있다. 그리고 구체적인 내용으로 경쟁적인 게임 및 스포츠(competitive game & Sports), 야외 활동(outdoor pursuit), 예술적 운동(aesthetic movement), 건강 운동(conditioning activity) 등을 포함하고 있다.

영어의 Sport란 말은 지적인 활동과 신체적인 활동을 포괄하는 것으로 여가시간에 즐거움을 갖고 추구하는 활동을 총칭하는 것이었으나, 시대의 변화에 따라 개념이 변천되어 경쟁과 즐거움을 동반한 신체활동이란 의미로 쓰여지게 되었다. 즉 일에서 벗어나 즐기는 야외활동, 하이킹, 등산과 같은 여가 및 오락을 포함하는 넓은 의미도 있으나 축구, 야구, 테니스, 배드민턴 등과 같은 경쟁성이 있는 신체활동을 뜻하게 되었다고 하남길(2002)은 밝히고 있다.

이와 관련하여 스포츠는 협의적 의미의 스포츠와 광의적 의미의 스포츠로 분류하여 정의할 수 있다. 협의적 의미의 스포츠(Sports)는 놀이나 게임보다는 한층 체계가 잡혀 고도로 조직화된 경쟁적인 신체활동의 총체이다. 따라서 게임이 지니는 허구성, 비생산성, 분리성, 규칙성, 미확정성, 경쟁성과 같은 특징을 지니며, 전술과 단순 혹은 복합적인 신체기능에 의해 결과가 결정되는 활동이다. 광의적 의미의 스포츠(Sport)는 각종 운동경기 및 야외활동을 포함하며 인간이 즐거움을 찾기 위하여 추구하는 모든 신체적 활동이다. 우리가 폭넓은 의미로 사용하는 스포트(Sport)는 원래 사냥과 낚시에서 유래된 말로 엄밀한 의미에서는 경쟁을 수반한 신체활동이지만, 넓은 의미에서 보면 경쟁성을 지니지 않는 야외활동까지 포함하고 있다.

그렇다면 운동경기(Athletics)와 스포츠(Sports)는 어떻게 다른가? 대개 운동경기와 스포츠는 같은 말로 사용되기도 한다. 스포츠가 지니는 흥미, 경쟁, 신체적 역량과 기술 등과 같은 요소가 운동경기에서 적용되기 때문에 양자는 다를 바 없다. 우선 순수한 스포츠는 아곤(Agon)적인 요소를 가지면서 본질적으로 놀이와 오락의 성격을 강하게 지니고 있다. 그러나 운동경기는 스포츠의 영역에 포함되나 경기의 결과를 매우 강조한다. 예로 프로경기는 스포츠이지만 노동으로서의 성격이 강하다. 아마추어 운동경기 역시 출세의 수단이기도 하다. 그러므로 순수한 스포츠는 오락이며, 그 속에는 기쁨, 즐거움, 환희, 관용이 있다. 그러나 운동경기에서는 헌신, 희생, 강인한 정신력, 승리를 더 중시한다. 따라서 순수한 스포츠와 운동경기는 개념적으로 약간의 차이가 있다.

스포츠는 비록 놀이나 게임의 특징들을 가지고 있다 하여도 그것과는 다른 개별의 존재이다. 스포츠의 가장 두드러진 특징은 항상 인간의 신체적 운동에 관련된다는 점이다. 이처럼 스포츠의 신체적 운동의 측면은 결코 간과할 수 없는 필수적인 요소이다. 그러나 근래에 들어 대근활동을 배제한 신종 스포츠가 등장하고 있는데, 이것은 광의적 의미의 스포츠, 즉 스포트(Sport)로 이해해야 할 것 같다.

4) 스포츠와 놀이 및 게임의 관계

현대생활에 있어서 놀이로 간주되는 것 가운데 많은 것들의 성격이 제도화되어 있다. 게임이나 스포츠는 그것들이 고도로 체계화되고 제도적으로 규정된 사회적 실천이라는 본질 때문에 빈번히 과잉 규제되며, 도구적이어서 종종 가장 단순한 표현 형태에서도 단지 명목적으로만 놀이와 관련된 것처럼 보인다. 우리들은 흔히 게임과 스포츠를 놀이한다(played)라고 말하지만, 이런 활동 가운데 많은 것들의 규칙, 관습, 방식 및 목적은 그것들을 틀 지우는 사회적·문화적 환경에 의해 거의 결정되는 것처럼 보인다. 어떤 경우 엘리트스포츠나 프로스포츠에는 놀이의 자유나 창조적 표출성이 거의 존재하지 않는 것 같다.

표면상 놀아지는(played) 활동들(게임, 스포츠)에 있어서 자발적이고 독립적인 측면 대 규제되고 종속적인 측면의 과제는 많은 학자들의 관심을 끌어 왔으며 항상 그들을 혼란시켰다. 첫 번째 혼란은 놀이라고 분류할 수 있는 인간 활동의 범위가 지극히 넓다. 거리의 휴지통을 걷어차기, 목욕하며 노래 부르기, 공상, 아동의 게임, 단체 레크리에이션, 고도로 조직된 경쟁적 스포츠(운동경기) 등과 같이 다양한 활동들이 포함된다. 이러한 예들에서 놀이와 스포츠의 경계선은 사회구조적 혹은 문화적 힘이 어떤 유형들의 놀이를 제도적으로 양식화하는(즉 놀이라는 하나의 방식이 그 놀이의 유일한 방식으로 되는) 방식에 의해 결정되는 것 같다. 그러나 그 경계선을 구분하기란 항상 어렵다. 그리고 일류급의 스포츠가 본래부터 놀이적(playful)이라는 주장이 가능할까?

두 번째 혼란은 놀이, 게임 및 스포츠가 사회생활 및 개인생활에 있어서 인간행위와 자유라는 좀 더 넓은 문제와 어떤 관계에 있느냐는 것이다. 놀이는 인간의 개인적 권능을 확대하고 직접적 환경에 대하여 통제력을 행사하려는 표출적 행위인가? 아니면 단지 환상, 현실 도피일 뿐인가? 어떤 상황에서 스포츠는 놀이의 부정으로 간주되며, 혹은 거꾸로 놀이의 본질적 특성이 사회 속의 제도적 삶이라는 넓은 영역 속으로 확장된 것으로 간주될 수 있는가? 또한 놀이, 게임, 스포츠가 본질적 속성을 가지고 있다고 말할 수 있는가? 어떤 스포츠 연구자들은 게임과 스포츠가 자유의 자발적 표출, 창조적 습득, 향락, 그리고 인간 개발을 위한 주목할만한 장(場: forum)이라는 극적인 선언을 하고 있다. 그러나 많은 학자들은 이런 가정에 비판적이다. 예를 들어 어떤 이론에서는 스포츠가 사회적 혹은 문화적 힘에 의해 인간의 자유와 인간의 창조적 능력으로부터 분리되는 방식으로 결정된다고 보고 있다. 다른 이론에서는 스포츠가 변혁을 필요로 하는 불의의 세계에서 정치적으로 행동하는 인간능력의 발전을 희생시키고, 단지 명목적 혹은 환상적 자유만을 제공한다고 보고 있다.

Singer(1976)는 스포츠심리학자란 유리한 입장에서 스포츠, 게임, 놀이를 정의내리고 있다. 스포츠는 특정의 행정적 조직과 관계되며, 인간행동의 목적을 정의하고 그것의 유형을 제한하는 규칙의 역사적인 배경이다. 그것은 경쟁, 도전, 그리고 신체적 숙련에 의해 일차적으로 결정되는 뚜렷한 결과와 관련된다. 게임이란 인간행동 유형의 목적을 정의하고 그것의 유형을 한계 지우는 규칙으로서 합의 하에 시간, 공간, 그리고 지역을 조직한 활동이다. 승자와 패자의 결정은 객관적인 점수나 성적을 합하거나 모아서 이루어진다. 놀이는 개인적인 목적이나 표출적인 충동에 따라 스스로 시작한 행위에서 파생되는 즐길 만한 경험이다. 그것은 동작능력의 모든 범위를 포함하며 그 규칙들은 자연적이다. 그것은 일시적인 연속성을 가지기는 하지만 그 결과가 사전에 결정되어 있지는 않는다. 그것은 어떠한 실질적인 결과나 승리, 보상으로 나타나지는 않는다.

놀이, 게임 및 스포츠에 대한 많은 이론들이 제기되는 가운데 그것들에 대한 보편적인 이론을 어떻게 설명할 수 있을까?

놀이(Play)는 인간의 기본적 욕구인 재미나 유희를 목적으로 행해지는 가장 원시적 형태의 활동이다. 이것은 가장 소박하고, 단순하며, 미발달된 수준에서 이루어지는 인간의 기초 활동이다. 그리고 놀이는 허구성, 비생산성, 자유성, 쾌락성을 지닌 가장 광범위한 형태의 활동을 포함하고 있으며, 게임과 스포츠의 기초단위가 된다.

게임(Game)은 놀이가 발달하여 좀더 체계화되고 역할 분화가 이루어진 형태의 인간 활동이다. 질서개념이 뚜렷하지 못한 놀이에 규칙을 적용시켜 조직화하고, 쾌락성을 소유한 놀이가 경쟁의 요소를 도입하여 규칙과 경쟁의 요소들을 조직화하여 정립시킨 것이 게임이다. 또한 게임은 놀이에서 Sport 및 Sports, 운동경기(Athletics)로 가는 중간단계에 있는 스포츠적 성격이 강하게 내재된 인간 활동이며 스포츠의 기초단위가 된다.

한편 스포츠(Sports)는 게임이 더욱 체계화되고, 역할의 분화가 다양하며, 다양한 형식과 규범을 갖춘 인간의 표현활동으로 가장 근래에 발달된 형태이다. 스포츠는 신체기능과 그

능력을 제시하는 측면을 강조한다는 점에서 다른 두 유사현상과 구별된다. 즉 놀이나 게임은 정신적, 그리고 확률적인 형태의 활동이 비교적 상당한 부분을 차지하고 있으나, 스포츠에는 주로 신체적 활동을 위주로 하여 신체적 기량을 중심으로 행하여지는 활동인 것이다. 또한 스포츠(Sports)는 스포트(Sport)라는 광범위한 신체활동의 영역에서 운동경기(Athletics)의 성격을 강하게 표출하는 형태로 나타난 것이다.

〈표 3〉 **놀이·게임·스포츠의 특성**

놀이(Play)	게임(Game)	스포츠(Sports)
1. 허구성 2. 비생산성 3. 자유성 4. 쾌락성	1. 허구성 2. 비생산성 3. 분리성 4. 쾌락성 5. 미확정성 6. 규칙성 7. 경쟁성 8. 단순 혹은 복합적인 신체기능, 전술 또는 확률에 의한 결과의 결정	1. 허구성 2. 비생산성 3. 분리성 4. 쾌락성 5. 미확정성 6. 규칙성 7. 경쟁성 8. 전술에 결합된 단순 혹은 복합적인 신체기능에 의한 결과의 결정 9. 신체적 기량(자연의 방해물을 극복 하는 대근활동의 맥락 내에서 발달된 신체기능과 그 능력)

지금까지 놀이, 게임 및 스포츠에 관련된 이론과 주장들을 살펴보았다. 이들을 토대로 간단하게 재정리하면 다음과 같다. Sport는 매우 광범위하며 놀이, 게임, Sports, 운동경기와 많은 공통점을 지니고 있다. 그러나 Sport는 게임의 하류부류(subset)에 속하고, 게임은 놀이의 하류부류라 할 수 있으며, Sports는 Sport의 복수개념이면서 엄격한 규정과 신체기량을 강조한다.

3. 현대스포츠의 성립

현대적 스포츠가 시작된 때는 19세기 후반이다. 스포츠가 전근대성을 버리고 완전한 방법으로 근대화를 완료한 시기는 각 스포츠 종목마다 다르다. 각 종목들이 근대 스포츠로 환생하는 최종적인 단계는 지역간 또는 계층 간에 달랐던 규칙들이 하나로 통일되는 것이었다. 그리고 규칙의 통일을 위한 협의를 진행하여 가는 가운데 스스로 조직화되고 교류경기의 영역도 확대되며, 곧이어 각 종목별 경기단체가 조직되어 선수권대회의 개최로 진전되어 갔다. 여기서 주목할 것은 두 팀 간의 합의 하에 사적으로 행해지던 대항전의 형식을 탈피하여 제3자적 입장의 주최자가 많은 팀에 호소하여 주최자가 지정하는 시간, 장소, 편성, 규칙에 입각하여 경기하는 소위 선수권대회 형식이 등장한 것이었다. 이러한 선수권대회 형식의 국제경기가 개최된 것은 1877년 전영국 오픈테니스선수권대회(윔블던대회), 1890년 전영국 오픈골프선수권대회 등이다.

규칙의 통일과 선수권대회의 개최는 스포츠의 대중화와 국제화에 크게 공헌하였다. 이러한 점에 착안하여 1896년 쿠베르탱(Coubertin, P.D.)은 청소년 교육과 국제평화의 이상을 내걸고 근대올림픽경기대회를 제창하였다[14]. 당초 경기운영상 어려운 시대가 있었지만, 오늘날 세계 각국의 관심이 고조되어 왕성하게 행해지고 있다. 이리하여 영국에서 발생한 근대스포츠는 초기 서유럽 공유의 재산에 지나지 않았으나 지리적·민족적으로 확대되어 문자 그대로 세계의 공유재산으로 변모되었다.

1) 영국의 스포츠

세계 각국에서 영국 스포츠는 근대스포츠의 원점으로 인식된다. 영국 스포츠는 각국의 근대적 스포츠의 뿌리이며, 스포츠 정신이 환원되어야 할 곳이다.

르네상스 이후 종교개혁이나 지리상의 발견, 시민혁명으로 인해 국가적·사회적 변동이 전개되면서 근대적 스포츠는 영국을 중심으로 전개되었다. 18세기를 맞이하여 그 동안 마음 편하고 온화한 놀이나 오락, 게임들이 점차 스포츠로 변모해갔다. 영국에서는 경마나 골프 및 크리켓 등이 상류계층 사람들의 오락으로서 급격히 활기를 띠었으며, 일찍이 그 통괄조직을 가지게 되었다. 경마가 1750년, 골프가 1754년, 크리켓이 1788년에 설립되는 등 스포츠적인 체제가 대륙국가에 비해 영국에서 보다 일찍 형성되었다. 이러한 정황은 영국이 유럽대

14) 19세기 유럽 국가에서 중시되던 아마추어리즘과 페어플레이 정신에 의거하여 프랑스 남작 쿠베르탱은 고대올림픽의 웅장함과 신화적 의미를 재연시켰다. "올림픽 게임에서 중요한 것은 승리가 아니라 참가하는데 의의가 있다"라는 모토는 승자에게만 상이 돌아갔던 고대 그리스에서는 웃었을 것이다.

륙에서의 여러 정치적인 분쟁에서 벗어나 있었고, 17세기 중엽 청교도혁명 이후 왕정복고(1660)와 의회정치의 성립으로 다른 대륙 국가들보다 비교적 빠르게 안정된 사회를 구축했기 때문이다. 그러나 평민들의 스포츠 참여는 두드러지지는 않았다. 산업혁명은 영국사회의 양상을 크게 바꾸어 놓았다. 산업화로 인해 인구는 농촌에서 도시로 집중하였고, 노동자들은 비위생적이고 열악한 시설의 공장에서 장시간 노동에 시달렸다. 이로 인해 빈곤, 건강약화, 질병, 도덕적 퇴폐와 같은 사회악이 심화되었다. 그것에서의 해방이나 건강회복에 신체활동이나 스포츠가 유용한 방법이라고 생각하는 경우는 거의 없었다. 스포츠가 체력증대, 건강증진, 도덕성 함양의 수단으로서 인식되는데 상당히 긴 세월이 흘러야 했다. 그러한 새로운 인식은 퍼블릭 스쿨에 있어 스포츠에 의한 인격도야 교육의 성공이라고 하는 사실을 인식한 때부터이다. 특히 이것을 뒷받침하고 있는 것은 웰링톤 장군이 구릭 전투의 승리에서 "이튼 운동장에서 승리의 기초를 확고히 다졌다"고 한 말에 잘 표현되어 있다.

영국에서는 19세기 중반부터 각종 경기가 퍼블릭 스쿨 간이나 옥스퍼드·케임브리지 대학 사이에 빈번히 행해졌으며, 근대스포츠라는 새로운 형태를 확립하고 있었다. 오락으로서의 야외활동은 크게 변모하여 일정 규칙을 가진 게임으로 성장하여 정기적인 대항 경기회를 가졌다.

1805년 이튼교와 하로교 사이의 크리켓 대항시합과 1827년 옥스퍼드와 케임브리지대학의 크리켓 대항시합이 열렸고, 1829년 옥스퍼드 대 케임브리지대학의 보트 경주가 시작되었다. 14세기경부터 기록이 남아있는 풋볼은 난폭한 기술로 1314년 칙령으로 금지되기도 했으나 차차 보급하여 19세기경 이튼교, 럭비교, 웬체스터교는 각각의 규칙에 따라 풋볼을 실시하였으며, 19세기 후반 Association football과 Rugby football이라는 두개의 전국적 통할협회가 생겼고, 그것이 오늘날 세계로 보급되었다. 이러한 Athleticism(운동경기 열광)은 영국을 시초로 하여 각국에서 각 스포츠 종목들의 협회가 결성되는 결과를 가져왔다.

영국에서는 19세기 후반 대부분의 스포츠 전국통할조직이 완성되었으나, 다른 국가들의 경우 영국에 비해 수년에서 몇 십년 정도 늦게 만들어졌다. 이것은 바로 영국 스포츠가 전세계적으로 보급된 증거이며, 수입한 국가들은 나름대로의 국가사정이나 국민성이 있어 같은 상태로 동화되지는 않았다. 특히 영국의 스포츠를 추진하는 사회계층이 중상류층이어서 스스로 귀족적인 정취를 가지고 있었고, 이것들은 상류계층에서 하류계층으로 보급되는 특징을 보였다.

〈표 4〉 스포츠 종목의 창립연도

종목 \ 국가	전국 조직 창립 연도 영국	미국	독일	스웨덴	일본	한국	영국의 조직창립과 각국의 차이(年) 미국	독일	스웨덴	일본	한국
경마	1750					1945					195
골프	1754				1924	1965				170	211
크리켓	1788										
등산	1857				1946	1962				89	105
축구	1863		1900	1904	1921	1921		37	41	58	58
육상	1866					1945					79
	1880	1888	1898	1895	1925	1924	8	18	15	45	48
수영	1869	1878	1887	1904	1924	1930	9	18	35	55	61
럭비	1871				1927	1929				56	58
요트	1875				1932	1979				57	104
싸이클	1878	1880	1884	1900	1934	1937	2	6	22	56	59
스케이트	1879	1888	1888	1904	1929	1925	9	9	25	50	51
보트	1879	1872	1883	1904	1920	1920	-7	4	25	41	41
복싱	1884				1926	1931				42	50
하키	1886				1923	1947				37	61
테니스	1888	1881	1902	1906	1922	1921	7	14	18	34	34
배드민턴	1895				1946	1957				51	62
펜싱	1898				1936	1947				38	49
스키	1903	1904	1904	1908	1925	1932	1	1	5	22	29

주 1. 이 표는 P.C. McIntosh의 〈Sport in Society, 1963〉의 p.63과 p.85를 인용했음.
2. 일본의 경우는 〈スポーツの 科學的 原理, 1972〉을 참조.
3. 영국의 육상경기조직은 Amateur Athletic club에서 Amateur Athletic Association이 주도.

일반적으로 그리스 이후의 스포츠 흐름을 보면, 영국에서 크게 싹이 튼 스포츠의 특색은 팀 게임이 많아 그것에 따라 팀에의 충성심이나 팀에의 몰아 등 페어플레이의 덕이 경기 자체의 기능으로서 중시된 것은 당연한 것이었다. 교육제도를 시작으로 운동경기 전반에 걸쳐 귀족주의적인 색조가 항상 흐르고 있었다. 그리고 중상류계층에서 촉진되어 융성하게 된 스포츠는 그러한 계층의 자제교육에 바람직한 성과를 가져왔다. 즉 신체적으로 체력을 증강시켰고, 정신적으로는 명랑하고 불효 불굴한 기개를 기르며, 용기, 팀에의 충성심, 곤경에 대한 인내심 등을 기르고 서적에 의한 지육에서는 기대할 수 없는 수많은 덕성을 연마하는 효과가 인정된 것은 세상 사람들이 동감하는 것이었다.

영국에서 발생한 근대스포츠는 근대올림픽으로 승화되는 모델이다. 영국은 국제올림픽 위원회의 주요 임원을 매회 차지하고 있으며, 올림픽과 별도로 영연방 경기대회를 개최하고 있다. 영국은 스포츠의 선진국이다. 예를 들어 아마추어 문제를 보아도 노동자계급의 대두에 맞추어 풋볼협회는 프로를 인정하고, 이를 보호하고 있다. 그리고 스포츠 기술의 고도화에 대응하여 크리켓 연맹은 1962년 아마추어 규정을 폐지했다. 테니스는 1968년 아마추어 규정을 폐지하여 윔블던의 전영 선수권대회를 오픈제로 변경했다. 조직에는 아마추어와 프로가 양립하고 있다. 아마추어와 프로의 합동에 의해 테니스 협회는 고도화된 스포츠 수준에 대응했다.

2) 미국의 스포츠

미국의 개척시기(1600~1700)에는 생존의 위협과 종교 계율상 스포츠 활동이 금지되었지만, 지방에서는 내기경기가 유행(경마, 투계, 곰 다루기, 카드놀이, 당구, 볼링, 권투, 레슬링, 사격 등)하였다. 이후 스포츠클럽이 탄생하고 성장하였다(1700~1850). 특히 1734년 Schuykill Fishing Company가 필라델피아에서 미국 최초로 조직되었고, 1776년에는 여우 사냥클럽이 뉴저지 주에서 생겨났다. 18세기 후반 크리켓, 골프클럽 등이 결성되었으며, 일반인들은 권투, 곰소 다루기, 투계 등을 관람하였다. 스포츠는 주로 상류계층이 독점하였다.

이즈음 미국식 스포츠의 하나인 야구가 탄생하였다. 13세기 영국에서 시작된 크리켓이 라운더즈가 되었는데, 영국에서는 19세기 전반 방망이와 공을 사용하는 놀이가 성행하여 라운더즈, 피더, 포코너즈 등으로 불렸다. 이것이 미국에 전해졌다. 1830년 보스턴에서 라운더즈를 모방한 타운볼 경기가 시작되었고, 1831년 Town Ball 클럽이 창립되었으며, 1833년경 필라델피아와 뉴욕에서 내용이 약간 다른 타운볼이 선을 보였고, 1845년 Knickerbocker 클럽에 의해 야구경기로 발전하였다. 당시 스포츠는 경쟁보다는 여가활동 및 사교적 수단이었다. 이후 미국에서 스포츠는 건강적 기독교주의와 교내경기를 중심으로 하여 크게 확대되면서 중요한 대중문화로 자리를 잡았다.

(1) 건강적 기독교주의

영국식 스포츠교육은 청교도적인 전통이 강한 미국에 확산되어 건강 중심적 기독교주의를 형성하는데 영향을 미쳤으며, 19세기 후반 미국의 스포츠 발전을 촉진시켰다. 건강 중심적 기독교주의는 체력과 운동능력을 정신적, 도덕적, 종교적 목적이 개발되고 유지되는 중요한 통로라고 주장한다. 당시 스포츠 참여가 윤리적 효과에 긍정적이라는 생각은 청교도주의 철학과는 상반되었지만, 점차 사람들에게 인정받기 시작하였다.

건강 중심적 기독교주의는 종교, 스포츠, 건강을 하나로 통합시킴으로써 새로운 시민종교를 탄생시켰다. 1860년대 어느 영국 작가는 이 철학을 "신도들로 하여금 하나님을 가장 무섭게 여기도록 하고 4분 30초 만에 1.6Km를 뛰도록 하는 종교를 만들었다"고 말했다. 스포츠에 대한 미국인들의 태도와 실천은 영국의 영향을 받았다고 할 수 있다. 19세기 후반 스포츠가 부흥하자 뜻 있는 사람들은 'Amateurism'과 'Fair play'을 구현하고자 하였다. 이러한 정신은 영국의 상류층에서 중시하던 윤리적 미덕이었다. 이러한 미덕들이 유럽이나 미국의 부유한 스포츠광들에게 전파되었다.

1866년 뉴욕의 YMCA에 체육관이 건립되었을 때, 그것의 의미나 심신이원론의 관계 등 본질적인 논의는 없었다. 막연히 체육관이 청년들의 신체발달과 건강에 일조할 것이라는 인식이 있었을 뿐이다. 그리고 체육관의 감독, 지도자는 기독교인이 바람직하다고 생각했다. 당시 급격한 도시화 및 공업화로 인해 노동자의 체력에 중대한 악영향이 발생했다. 이에 청년들은 YMCA의 보디빌딩에 건강의 희망을 두고 연일 체육관에 왔다.

이 무렵 처음으로 내부에서 기독교 신앙과 신체의 문제가 논의되었다. 뉴욕 YMCA의 체육지도자 스미스 박사는 YMCA의 1887년 연차 회의에서 "체육관은 YMCA의 네 가지 목표(신체적, 도덕적, 지적, 정신적 발달)를 필수적인 요소로 지도하고 있으며, 신자가 청년들에게 영향을 주고 있다"고 보고했다. 그리고 스프링필드의 체육지도자 양성학교의 목적 중에는 "① 성서의 진리에 대하여 충분히 훈련되고, 시련을 끝낸 기독교인을 체육지도자로 배치한다. ② 이들 지도자는 내용, 방법, 목적을 이해한 지적인 교사가 될 것이다. 이 영역에 기독교인 체육지도자를 배치하려는 목적은 이 일을 통하여 신에 봉사하기 때문이다"라는 내용이 있다.

육체와 정신, 영혼과 육체, 신과 스포츠 활동의 문제에 대해 근본적으로 논의하고, YMCA 체육사업의 사상을 정립시키려 시도한 사람이 Luther H. Gulick(1865~1918)이다. 구릭이 1887년 스프링필드의 체육지도자 양성학교의 교사로 부임했을 때, YMCA를 지지하였던 많은 신도들은 스포츠가 활발히 행해졌던 마을을 악마의 마을이라고 할 정도였다. 이러한 상황에서 그는 YMCA 체육사업에서 기독교의 전교적(傳教的) 의의를 명확히 하려고 했다. "우리의 신체는 예수의 신체의 일부이다. 고린토인들에게 보낸 첫째 편지의 제6장 15절에 여러분은 자기의 신체가 그리스도의 지체(肢體)라고 주장하듯이, 육체는 성스러운 영혼의 자리이다. 그리고 육체는 영원한 것이다" 이와 같이 구릭은 종래의 영육(靈肉) 이원론에 대해서 성서의 말을 인용하여 논박한다. 당시 그는 의학과 생리학, 특히 심리학을 연구하면서 인간의 심신 일원에 확신을 갖고, 이 같은 신체관을 1891년 연차 총회에서 발표한다. "인간은 육체, 영혼, 지성이 정선된 완전한 통일체로 모든 인간에게 필요하고, 그리스도 형성에 필수적인 부분이며, YMCA는 YMCA 프로그램의 핵심으로 스포츠사업을 준비해야 한다"

또한 구릭은 사상 형성에 있어 단지 신학과 심리학의 연구 등 사변적이고 관념적인 사고 방법만을 고수하지 않고 청년들이 현실의 노동생활에서 신체와 정신이 얼마나 심각한지를 간파하고, 그 과제를 해결하는 단서를 스포츠사업에서 발견하려 했다. 이를 위해서는 정신적·육체적으로 만족시킬 수 있는 레크리에이션 활동이 효과적이라고 주장하였다.

1890년대 초반 다양한 프로그램이 준비되었고, 수 많은 사람들이 참여하였다. 이러한 현실을 고려하여 노동의 기본인 신체를 노동에 임할 수 있도록 하기 위해 각종 레크리에이션 스포츠를 제공하려 했다. 당시는 직업 노동에 정진할 수 있도록 하는 신체단련의 의미가 강했다. 이는 어린이와 국민 휴식 장소를 위해 Playground Movement를 전개하는 사상이나 행동과 같은 맥락이었다. 구릭은 청년 노동자들이 신체적, 정신적 건강 회복을 위하여 체육관에 오는 것을 보고, 무미건조한 보디빌딩이 아닌 매력적인 스포츠의 필요성을 느낀다. 이렇게 탄생한 것이 농구이다. 농구는 많은 사람들을 매료시켰고, 급속히 보급되었지만 노동자에게 너무 운동량이 많아 건강을 해치는 사태가 발생했다. 그래서 약간 운동량이 적은 스포츠를 모색하는 과정에서 탄생한 것이 배구이다.

건강적 기독교주의에서 이상적 인간은 신체적으로 튼튼하고, 다양한 기술을 가지며, 도덕적으로 온당한 사람으로 규정되었다. 이 같은 취지 하에서 YMCA는 기독교를 기초로 하는 단체로서 스포츠·레크리에이션 활동을 전개하였다.

(2) 교내경기의 활성화

당시 학교체육의 발전에 중요한 역할을 한 것은 교내경기였다. 교내경기는 19세기 초 대학에서 행해졌으며, 대학 간의 운동경기보다 앞섰지만 조직화되지는 못했다. 1827년 하버드 대학에서 반 대항경기로 풋볼경기가 최초로 열렸고, 1852년 최초의 대학 대항경기로 하버드

대학과 예일대학이 조정경기를 가졌다. 남북전쟁 이후 대학 대항경기가 활발해지면서 경기규칙이 제정되었고, 많은 스포츠단체들이 결성되었다. 1855년 NCAA(National Collegiate Athletic Association)의 모체인 The Intercollegiate Association of Amateur Athletes가 구성되었다. 1870년 전미대학조정연맹이 결성되고, 1873년 미국대학 아마추어육상경기연맹이 조직되었다. 그리고 1888년 미국에서 Amateur Athletic Union이 설립되어 미국 아마추어 스포츠계에서 가장 강력한 조직으로 성장하였다. 중고등학교 경기협회의 설립은 1925년까지 각주로 급속히 전파되었으며, 전국적 조직은 중서부 주립고등학교 경기협회연합의 창설을 계기로 일리노이주협회 사무담당 스미스에 의해 결성되었다. 또한 중고등학교경기협회 주 연합은 1920년 4개주의 대표가 첫 모임을 가진 후 1922년 11개주 대표가 전국연합의 결성을 결의했고, 1930년까지 28개주가 가맹하였다.

(3) 미국식 스포츠의 탄생과 대중화

특히 19세기 후반 미국식 스포츠가 창안되어 급속히 보급되었다. 축구와 럭비를 바탕으로 미국에서 독자적으로 만든 미식축구가 대표적이다. 1869년 11월 러트거스대학교와 프린스턴 대학교가 캐나다의 뉴브런즈윅 주(州)에서 축구경기를 한 것이 미국에서 처음이었다. 1874년 캐나다에서 럭비가 소개되어 경기규칙이 채용되고, 1876년 11월 컬럼비아, 하버드, 프린스턴, 예일 등의 대학이 전미국축구연맹을 창설하고 럭비축구의 경기규칙을 개정하여 새로운 축구형태를 만든 것이 아메리칸풋볼이다. 이때를 즈음하여 1871년과 1895년 스프링필드 대학의 James Naismith와 William G. Morgan이 각각 농구와 배구를 창안하여 대중들에게 보급하였다. 각종 스포츠의 보급이 활성화되면서 대중매체에서도 관심을 갖게 되었다. 1895년 The New York Journal에서 스포츠 관련 기사를 처음 실었으며, 다른 신문들도 우후죽순처럼 번져나갔다. 이러한 스포츠 기사화는 수많은 스포츠 영웅을 탄생시켰다. 타임즈 해럴드의 경우, 직접 자동차 경주대회를 주최하기도 하였다.

1950년대 이후 흑인과 여성 스포츠의 인구가 점차 증가하였다. 50·60년대 시민권 옹호로 인해 소수 민족의 권리를 확대시키고, 60·70년대 야기된 여권신장은 1972년 스포츠에서 남녀철폐를 명시하는 법을 제정되어 여성선수들은 전 종목에 출전하게 되었다. 1970년대 매스미디어의 확대는 스포츠 활동에 큰 변화를 초래하였다. 1975년 야구의 월드시리즈 7차전까지 7,600만 명이 시청하였다. 프로 미식축구경기 역시 중계료가 엄청났다. 수많은 열광적인 팬과 첨단 기술의 과학 장비, 그리고 빠르고 정확한 정보전쟁 및 최고 수준의 전문지식이 등장하였다. 스포츠를 둘러싼 재화와 용역, 경제적 측면의 수요와 공급을 다루는 스포츠마케팅은 미국에 의해 주도되었고, 대규모 스포츠행사는 항공기를 포함한 교통수단과 홍보기술의 급속한 발전으로 훨씬 수월하게 진행되었으며, 스포츠 세계화는 미국의 선두 역할에 의해 진행되었다.

4. 인간관계에서의 스포츠의 기능

스포츠는 사람을 함께 구성하게 하는 인자 중의 하나이다. 스포츠가 제공하는 다양한 기회 유형들 사이에 게임 또는 접촉을 성립해서 함께 하는 사람들이 있다. 누군가 혼자서 스포츠 경기를 한다면 이상하게 생각될 정도로 조직적인 특성을 나타내는 것이 스포츠 활동이다.

어째든 혼자서의 게임이란 몹시 드물다. 게다가 스포츠의 다양한 분야는 경쟁의 원리에 기초하고 있다. 스포츠에 대한 칭찬의 말들에는 동료의식이라든가 상호부조, 또한 진정한 동료 같은 것들이 스포츠와 분리할 수 없는 형태들이다.

연구논문들은 많은 사람들이 다른 사람들과 접촉하기 위해서 스포츠를 통해 동기를 부여하는 것을 보여준다. 많은 사람들이 처음에는 동료관계의 습득이라는 것에 그렇게 관심을 보이지 않다가 스포츠 현장으로 뛰어들게 되면서 관심을 갖게 되는 것을 보여준다. 그것이 그리 긴 시간의 연습이나 게임이 아닐지라도 그들은 유대관계가 협조됨을 보여준다.

다음의 예는 이러한 이론에 대해 적절히 설명해 줄 수 있다.

Roger Bannister는 “사람들은 스포츠 장에서 형제애와 같은 동료의식을 찾길 원한다. 스포츠 경기와 불꽃 속에서 형성된 우정은 예외적으로 지속적이다” 어느 축구선수가 계약조건의 불만으로 팀을 바꾸었지만, 오랫동안 스포츠현장에서 경쟁적인 위치에 있던 동료를 방문하고 우정을 나누었다. 스포츠에 있어서 인간관계의 형태는 매우 다양하다.

어떤 경우 개인 또는 단체의 규모와 형태에 따라 조합의 크기는 다양하지만, 그들의 유대적인 관계는 강하다. 책임감의 정도에 따른 연대감 또한 다른데, 산악인들의 경우 한사람씩

서로 보호하는 입장으로 관계를 맺고 있다.

스포츠에 있어서 상대방에 대한 태도는 본질적으로 상반되는 특징을 갖지만, 그것은 구체적인 협력의 형태이다. 테니스와 레이스 경기에 있어서 두 사람의 관계는 그것을 증명한다. 선수들이 경기가 종료된 상황에서 서로 상대방의 손을 잡는다거나 셔츠 또는 가방을 교환하는 것이 곧 이것을 반영한다.

더욱이 스포츠맨들 사이의 이러한 관계는 많은 특징을 통해서 형성되는데, 이것은 스포츠 안에서 다른 인간관계의 형태를 측정할 때도 필요하다. 코치나 팀 매니저와는 선생 또는 안내자로서 뿐 아니라 관중들의 비인간적인 격려에 맞서 다독거려 주고 용기를 줄 수 있는 친구 같은 관계를 맺기도 한다. 이러한 감정들은 힘든 합숙훈련생활 안에서 더욱 두드러지게 나타난다. 올림픽 선수촌에서의 생활은 이러한 감각을 재발견하게 한다.

스포츠맨의 감정교환은 솔직함이 가장 중요하다. 꾸며낸 감정은 종종 기쁨이나 절망을 표현하기 힘들게 한다. 스포츠를 통해서 자발적으로 동정이나 연민을 일게끔 해준다.

스포츠의 인간관계는 인간의 개인적인 가치와 성격, 그리고 자유를 나타낸다. 그렇다면 심각성과 변화무쌍한 인간관계는 스포츠 안에서 어떻게 설명할 것인가? '상당한 사람' 그리고 '상당한 사람과 함께' 육체적인 연습이나 게임을 하면서 '육체적인 거리감' 또한 없어지게 된다.

사람들은 자신들만의 수치심에서 벗어나 솔직함과 친밀함으로 의기양양해진다. 스포츠의 많은 부분은 위험에 처한 사람을 스포츠 생활로 강해진 사람과 연결시켜 줌으로써 위험에서 빠져 나오게 한다. 스포츠는 욕심을 없게 해주고 자유스러움의 가능성을 제공하고 좀더 자연스러운 삶을 제공하여 그들이 속한 위치에서 더 상호적이고 좀더 나은 신뢰감을 갖도록 해준다.

스포츠의 가치는 서로 다른 그룹이나 다른 문화 같은 경우를 배재하고, 공정에 의한 측정으로 정해진다. 스포츠는 인간관계가 사라지게 하는 많은 장벽들을 해소하고 있다. 스포츠는 또한 고독한 것으로의 경향을 막는데 도움이 된다.

예를 들면 "난 동료애에 관심이 없었다. 그들은 그냥 그들일 뿐이었다. 그러나 그들과의 긴 대화 동안 친구의 가치를 알게 되었고, 무엇보다 그들은 나를 보자 친구가 되고자 했다"

"좋은 동료애의 필요성을 느낀다면 스포츠맨이 되자" 스포츠는 자신의 관심분야 뿐만 아니라 광범위한 사회관심 분야에도 관심을 갖도록 유도한다. 이러한 형태는 단순성(simplicity), 솔직함, 상호존중(mutual respect), 신뢰(sincerity)에 의한 스포츠 기능을 바탕으로 한다.

5. 아마추어리즘과 프로페셔널리즘

아마추어스포츠(Amateur Sports)란 순수한 스포츠로서 애호적이며 취미활동으로서 전통성을 갖고 있는 스포츠였으나, 언제부터인가 생활스포츠라는 활동범위로 확산되었다. 아마추어리즘과 프로페셔널리즘의 문제는 스포츠계에서 끊임없이 논의되어온 주제이다.

Amateur의 어원은 라틴어 amatorem에서 프랑스어 amator, 영어 lover에서 전환된 것이다. Amator는 고대 올림피아 경기에 출전한 선수들을 존경하는 의미에서 부르던 호칭이며, 정신적·물질적으로 모범이 되는 선수들을 말한다. 아마추어는 프로보다 품격이 높은 경기자 선수들로 규정하였다. 19세기 영국을 비롯한 유럽국가의 상류계층은 즐기고 행할만한 가치가 있는 스포츠를 신사도(Gentlemanship) 행위로 생각했고, 일반 대중에 대한 상대적 개념으로 신사적 아마추어라고 불렀으며, 신사와 아마추어는 동의어로 사용되었다[15]. 순수한 권투 애호가를 아마추어 복서라 부르고, 영국에서 성행한 승마에도 아마추어 기수들을 Gentleman Rider라고 불러서 아마추어들을 Gentleman이라 하여 격을 높여 구분한 것이 아마추어스포츠의 시초였다. 아마추어들이 스포츠를 즐기기 위해서 경기장, 스포츠용구, 동물을 관리하고 사육할 전문 고용인이 필요했는데, 이러한 전문 고용인들이나 일반 대중들이 각종 스포츠기술을 익힘으로서 아마추어보다 높은 수준에 도달한 사람이 많았다. 이것이 현재 프로페셔널리즘의 태동이며 Instructor Professional의 기원이다.

아마추어 자격규정은 1839년 영국에서 시작된 Henley Regatta[16]에 적용한 규정이 처음이며 이에 대한 해당자는 아마추어 자격에서 제외시켰다. ① 상금을 목적으로 직업경기자와 경기를 하는 자, ② 생활비를 목적으로 경기를 가르친 자, ③ 아마추어는 금전이나 물질적

15) 1795년 영국의 시인 Byron(1788~1824)의 경호원이었던 런던의 의과대학생 Jackson이 세계복싱챔피언 출신 스페인의 M. Mendosa를 이긴 뒤 상금을 받지 않으려 했을 때 바이런과 황태자 George Ⅳ(1762~1830)는 그 행동을 칭찬하여 젠틀맨 또는 아마추어라 불렀다.

16) Henley on Thenmes Regatta의 약칭

이익을 고려하지 않고 스포츠를 즐긴다. 우리는 이 규정에서 사상적으로 Gentlemanship, Fair play, Sportsmanship 등 스포츠의 순수성을 강조함을 알 수 있다. 그러나 1879년 Henley Regatta 경기위원회는 아마추어 규정을 더욱 엄격히 하여 전문적 직업경기인을 명시하면서 금전과 물질을 배제한 내용을 조건으로 규정하여 스포츠의 대중화에 역효과를 초래하였다.

1896년 근대올림픽이 개최되면서 아마추어와 프로선수에 관하여 매우 엄격한 규칙을 제정하였다. 아마추어란 스포츠에 참가하여 즐거움을 얻고 정신적, 신체적 건강을 유지하는데 목적이 있으며, 어떠한 형태든지 직접 혹은 간접적으로 물질적 이익을 추구하는 일은 허용하지 않았다. 쿠베르탱(1863~1937)은 스포츠의 발전보다 스포츠가 인간교육의 목표이며 훌륭한 인간성장에 기여한다고 주창하였다. 그는 올림픽 경기를 통한 완전한 인간을 추구하고 고대 올림픽경기가 희랍인의 정신을 응집시켰던 것처럼 스포츠를 통해 젊은이들의 심신을 단련하고 훌륭한 인격을 양성하며 인류와 사회에 이바지할 수 있다는 신념을 갖고 올림픽을 부활시켰다. 그러나 국가지상주의, 승리지상주의, 인종차별, 상업주의, 정치, 경제, 홍보의 목적으로 아마추어리즘은 실현되지 못하고 있다.

1961년 국제올림픽위원회에서 제정한 아마추어의 개념은 물질적 이익이 없이 스포츠에 참가하는 사람과 참가해온 사람을 말하며, 제26조에는 아마추어 자격을 현재, 미래에 생활을 보장하는 정규 직업이 있고, 그 스포츠 경기대회에 참가하며, 어떠한 보수도 받는 일이 없을 것을 규정하고 있다.

이러한 아마추어 규정의 중심은 프로와 동일한 경기에 참가한 자, 상금이나 내기 돈이나 입장료를 목표로 프로와 경기를 한 자와 생계를 위하여 가르치거나 그것을 도운 자는 아마추어가 아니라는 것이다. IOC의 공식 해석에는 금전을 목적으로 경기에 참가한 자, 상품을 금전으로 바꾼 자, 50달러 이상의 상품을 받은 자, 환금이 가능한 증여품을 받은 자, 프로선수가 될 뜻을 발표한 자 등은 올림픽에 참가할 수 없다. 이러한 내용을 볼 때 아마추어는 순수한 스포츠의 의미를 가지면서 직업성을 갖지 않는다.

1970년대까지 올림픽의 출전선수가 연간 승인된 훈련일수는 30일이며, 60일을 초과하지 못하게 규정되었으며 브런디지 위원장은 제26조항을 엄격히 지킬 것을 주장했으나, 칼라닌 위원장 때인 1973년 바루나 올림픽총회에서 엄격히 국제경기연맹 ISF와 국내올림픽 위원회

NOC의 의견을 참작해서 1974년부터 출전선수 자격에 관한 훈련일수 제한을 삭제시켰다. 따라서 1974년 규정의 개정으로 아마추어라는 단어는 철폐된 것이었다. 올림픽은 아마추어라는 개념에서 더 넓은 의미로 확산되어 해석될 수밖에 없었다. 따라서 제26조는 올림픽경기대회에 참석할 수 있는 자격을 갖기 위하여 경기자는, 첫째 IOC의 규칙을 지키며 IOC에 승인된 자기 소속 IF의 규칙을 지켜야 한다. 둘째 이 규칙에 허용된 경우 외에 자신이 경기에 참가함으로써 어떤 금전적 보수나 물질적 이익을 받아서는 안 된다. 그러나 올림픽 선수들이 식비, 여비, 숙박비, 보험금, 스포츠용구, 의료비 등의 명목으로 돈을 받는 것과 교육 또는 스포츠를 위한 장학금을 받는 것은 인정하게 되었다.

ICSPE(International Council of Sports & Physical Education)에서 스포츠맨은 열성을 가지고 규정과 그 정신을 준수해야 하며 경기 전후 상대나 심판을 존중하고, 어떤 경우라도 관중에 대한 올바른 태도를 유지해야 할 것이며 항상 자제력을 가지고 자기의 냉철함과 존엄성을 유지해야 한다. 즉 승리를 위해서 최선을 다한다든지 패했을 때 낙담하지 않고 승리한다고 자만하지 않는 것이 근본정신이라고 지적하고 있다. 이는 공정한 경기, 심판과 상대의 존중, 규정의 준수로 요약되며, 이것이 곧 스포츠 윤리와 도덕이며 정신이다. 스포츠정신의 함양이 곧 인격형성을 위해 교육적 가치를 갖고 있으므로 아마추어나 프로에 상관없이 스포츠의 근본정신을 이해하고 육성시키는 일이 중요하다.

현대인의 가치관에 스포츠의 순수성과 가치를 어떻게 무엇을 기준으로 할 것인가는 그 시대에 사는 사람들이나 스포츠인들에 의해 변화되고 있다. 따라서 아마추어나 프로의 규범과 자격규정의 정의도 중요하지만, 스포츠지도자나 교육자들이 스포츠에 관한 건전성을 정립하는 것이 무엇보다 중요하다.

또한 현대사회의 물질 만능주의와 이기주의로 인하여 인간성이 상실됨으로서 비윤리적이고 비인간적인 행위가 증가하고 있다. 건전한 생각과 행동, 규정을 준수하고 상대 선수의 인격을 중시하는 스포츠 정신은 이런 차원에서 인간의 존엄성을 회복하는 실질적 교육이 되는 것이며, 이타주의의 공동체 교육방법으로서 스포츠는 매우 중요한 교과목이라 하겠다. 스포츠는 승리를 중시하는 경쟁사회에서 살고 있는 청소년들에게 화합과 공명정대한 정신을 함양시키고, 건강, 건전한 사고, 원만한 성격과 태도를 키울 수 있는 기회의 장이 될 수 있다.

이제 아마추어와 프로의 개념은 좋고 나쁘고의 비교적인 생각보다 스포츠를 경험하는 양태의 의식으로 바뀌고 있다. 프로선수들이 올림픽에 참석하는 것은 대중성을 높이기 위한 시대적 요구이며, 이제 아마추어와 프로의 구별은 경기력의 수준 또는 전문가냐 비전문가냐의 자격으로 이루지게 되었다. 20세기 후반부터 정치, 경제, 사회구조가 복잡화되고 급변함으로서 가치관이 변화되고 스포츠에 관한 견해도 변화되기 시작했다. 스포츠의 대중화, 프로스포츠화, 고도의 과학화에 따라 고유의 아마추어리즘은 사라지고 현실에 맞는 개념으로 이해해야 할 것이다. 현재 아마와 프로의 행위나 스포츠 정신에는 차이가 없다. 아마추어와 프로의 차이점은 스포츠 기술면에서 프로는 기량이 우수한 선수이고, 아마는 미숙한 경기력이라는 프로의 하위개념으로 전락하였다.

프로스포츠란 생계유지를 위한 수단이며, 직업적이고 금전이 따른다. 금전을 목적으로 하기 때문에 직업정신이 내재해 있고 스포츠의 순수한 의미가 상실되며 우수대표로 선발된 소수의 인원이며, 승부욕이 강하고 경기결과를 중시하고 상업성과 직업성이 따른다. 프로스포츠의 역사는 오래되었고 고대의 올림피아 제전까지 거슬러 올라간다. 고대 로마에서는 가장 인기가 있었던 직업경기는 검투사들끼리 서로 죽이는 시합이었다. 경기에 상금을 건 것은 앤 여왕이 10기니의 상금을 걸게 한 것이 시초이다.

20세기 후반 프로스포츠는 영상매체의 발달로 인해 스포츠의 고도기술을 관람할 수 있는 여건이 조성되고, 기업들의 스포츠를 통한 상행위나 홍보수단으로 이용함으로써 성장하여 왔다. 관람스포츠의 관심이 높아지면서 고도의 스포츠 기술인 프로가 요구되어 스포츠 직업인이 많아지고 더욱 더 고도의 기술이 요청되어 아마나 프로의 기술이 향상되었다. 이런 상황에서 아마추어의 최고 기량과 프로스포츠는 엘리트스포츠로 바뀌고, 일반 대중이 참여하는 생활스포츠로 구분되어졌다.

이제 아마추어스포츠와 프로페셔널 스포츠의 가장 큰 차이는 스포츠에 대해 애호적이냐 직업적이냐의 관념이 되어버렸다. 하지만 오늘날의 올림픽은 순수 아마추어리즘에 입각한 것이 아니라 프로페셔널리즘의 성격이 높아지고 있다. 따라서 스포츠의 감독, 코치, 트레이너들은 스포츠이론과 실기능력을 충분히 갖추고 선수들 또는 스포츠참여자들에게 진정한 스포츠의 정신, 즉 과거의 아마추어리즘을 교육시켜야 할 의무가 있다.

제6장

체육과 스포츠의 연구

체육과 스포츠 등 인간운동의 학문적 영역을 포괄하는 단일어는 현재 존재하지 않는 것 같다. 우리는 이와 관련하여 체육학 또는 체육과학, 체육교육학 또는 스포츠교육학, 스포츠과학 등의 용어들을 제시하면서 그 나름대로의 개념을 정의하고 있지만 만족스럽지는 않다.

용어의 본질적 의미로 해석한다면, 체육학과 체육과학은 체육을 학문적인 연구를 통해 인간운동과 관련하여 이론적 체계를 정립하는 행위로 같은 의미를 지니고 있고, 체육과 체육교육은 Physical Education을 번역한 말이므로 체육교육은 체육이란 말로 표현해야 정확한 표기가 된다.

스포츠교육은 체육의 유사개념으로 스포츠행위를 통한 교육적 측면을 강조하는 말로 쓰이고 있다. 그리고 스포츠과학에서 과학은 자연과학적인 성향을 나타내는 것 같지만, 과학(science)[17]의 의미는 학문연구를 의미하므로 스포트학이라 표기하는 것이 보다 포괄적이고 객관적인 표현이다.

어쨌든 위의 열거한 용어들을 모두 함축시킬 수 있는 완전한 용어를 제시한다는 것은 현재로선 불가능한 것같이 보인다. 여기에서는 기존의 스포츠 및 체육 서적에서 표기하는 체육학과 스포츠과학을 통칭하여 운동학이라 표기하였다.

17) 과학(Science, Wissenchaft)의 뜻은 크게 두 가지이다. 넓은 의미로 학문이라는 뜻이고, 좁은 의미로 철학, 예술, 인문, 사회과학에 대칭되는 의미로 자연과학적 방법을 지칭한다.

하나의 독립된 학문을 Academic Discipline 혹은 줄여서 Discipline이란 용어를 사용한다. 그리고 이것과 혼동하기 쉬운 개념으로 profession이란 용어가 있다. profession은 인류의 번영 혹은 봉사(service)를 목적으로 하는 분야이다. 즉 의사, 변호사, 기사(engineer), 교직자 등은 각기 제 나름대로 보다 나은 인간의 생활을 위해 봉사를 한다.

신체운동이 우리 인간에게 많은 유익함을 주기 때문에 운동을 한다. 운동을 함으로써 신체기능, 체력, 건강이 향상되고 사회적으로 스포츠 정신과 사교성, 공동체 의식을 배운다. 심리적으로 자신감, 스트레스 해소, 원만한 성격을 형성하고 자기수양의 기능을 한다. 이러한 봉사는 profession에 해당하는 것으로 인류의 행복증진을 위한 것이다. 이에 반해 discipline은 인류의 번영에 도움이 되는 것과 관계없이 그 지식추구 자체가 의미 있는 것이다. 순서상 볼 때 운동학의 지식이 어떤 것인지를 정리하고 또 새로운 지식을 개발하는 것이 지식의 이용 내지 전달에 선행되어야 할 것이다.

Discipline은 원래 Teaching 혹은 Learning의 뜻을 가진 라틴어 Disciplina에서 유래된 어원으로서 우리말의 학문이란 용어와 가장 가깝다고 할 수 있다. 운동학자 Henry는 Academic Discipline이란 잘 조직된 지식의 총체로서 학교에서 배운 각종 학과목에 속해 있다. 이러한 지식을 획득하는 것은 지식을 어디에 꼭 이용하지 않아도 충분히 가치 있는 목적이 될 수 있다. 그리고 지식의 내용은 기술적(technical) 또는 직업적(professional)이 아니라 이론적(theoretical) 또는 학문적(scholarly)이다.

물론 체육 및 스포츠의 학문성에 대해 모든 학자들의 일치된 의견을 기대할 수 없지만 운동학이 지식의 총체를 포함하고 있음을 인지해야 할 것이다.

1. 운동학

운동학이란 인간 움직임 현상을 다각적인 시각에서 접근을 시도하는 것이다. 신체의 구조, 기능을 운동과 관련지어 명확히 밝히는 것을 비롯하여 신체운동의 메커니즘, 운동과 정신의 관계, 운동과 인간관계, 또는 사회, 역사, 문화의 관점에서 여러 가지 운동의 의미를 고찰하기도 한다.

운동학은 인간운동의 기초가 되는 학문이나 관련 과학을 토대로 인간 움직임 현상을 연구하는 것이다. 운동학의 하위영역을 분류하면 크게 이론적 영역과 실천적 영역으로 구분할 수 있고, 이론적 영역을 세분화하면 인문사회과학적 연구영역과 자연과학적 연구영역으로 나눌 수 있다.

1) 이론적 운동학

운동학의 연구는 크게 이론적 측면이나 실천적 측면으로 나뉘어져 진행되는데, 이론적 운동학은 운동현상에 대한 학문적 이론과 체계를 구축해나가려는 시도이다. 여기에 해당하는 세부영역들은 〈표 5〉와 같이 구분할 수 있다.

〈표 5〉 **이론적 운동학의 영역**

인문·사회과학적 연구	자연과학적 연구
스포츠·체육사(운동사) 스포츠철학(체육철학) 스포츠인류학 스포츠문헌학 스포츠사회학 스포츠행정학(체육행정) 스포츠경영학 체육	운동역학 운동생리학 스포츠해부학 체육측정평가 스포츠심리학 운동학습 스포츠영양학 체육위생학

2) 실천적 운동학

실천적 운동학은 우리 인간들의 생활이나 교육 및 실기와 관련하여 이루어지는 연구영역으로 체육교육학, 트레이닝 방법론, 시설·용구학, 측정평가론, 사회체육학, 체육정책학, 유아체육학, 노인체육학, 레크리에이션이론, 코칭이론 등을 들 수 있다.

운동학은 응용과학이면서 종합과학의 성격을 지니고 있으므로 인문, 사회, 자연분야의 전 계열을 다루어야 한다. 그 대상은 물론 인간의 신체활동(Physical Activity) 혹은 인간 움직임(Human Movement)이다. 문제는 인간의 움직임을 어디에 초점을 두어야 하는가는 분명치 못하다. 전인교육의 질적 향상에 초점을 맞추어야 할까? 아니면 운동선수의 경기력 향상에 초점을 맞추어야 할까?

만약 운동학을 전인교육에 초점을 둔다면, 그것은 교육학의 하위영역인 체육학(체육교육학)이라 할 수 있고, 운동선수의 경기력 향상에 초점을 둔다면, 그것은 운동학의 하위영역인 자연과학적 연구라 말할 수 있다. 교육으로서의 운동학(체육교육학)은 인간 움직임(체조, 스포츠, 게임, 놀이, 무용 등)을 매개로 인간을 바람직한 방향으로 변화시킬 수 있는 영역이며, 실천적인 운동학으로서 체육학은 교과 내용학과 교과 교육학으로 분류할 수 있다. 교과 내용학은 체육(체육교육)의 기초가 되는 체육학의 이론과 실제이며, 교과 교육학은 교육의 교육적 접근이론 및 지도방법이라고 할 수 있다. 그러나 그 지향하는 바는 원만한 인격형성의 인간본위적 사고, 신과학운동의 시스템 혹은 우주의 전일적(全一的) 측면에서 재고되어야 할 부분이다. 근본적으로 체육은 건강과 교육의 가치에 준거하여 형성되어 왔다. 즉 이분법적인 인격형성 혹은 피상적인 인간형성이라기보다는 일원론적 건강과 교육이 추구되어야 할 목적이 되는 것이 보다 타당하리라 본다.

제2차 세계대전 이후 스포츠·체육사, 스포츠교육학, 스포츠심리학의 연구가 개척되었는데, 특히 스포츠사회학에서는 연구대상으로서의 스포츠가 점차로 음미 검토하게 된 것인데, 그 논의의 요점은 스포츠의 상위 개념이 무엇이냐는 문제와 밀접한 관계가 있다. 그 논의는 여러 가지이나 올데가와 같이 체육 및 스포츠를 넓게 근원적 창조활동으로서의 유희에서 독특하게 이해하는 학자도 있다. 또한 호이징거나 카이요와와 같이 유희로 이해하는 연구자들도 스포츠의 상위개념을 유희로서 생각하고 있는 점은 마찬가지다. 한편 국제체육·스포츠술어연구회와 같은 단체에서는 스포츠의 상위개념을 신체운동, 나아가 신체운동의 상위개념을 신체육성(Physical Culture, Korperkultur)에서 구하고 있다. 이에 대하여 스포츠과학의 물리, 생물과학적 전문제학에 관계하는 연구자들은 스포츠를 단적으로 스포츠적 신체운동으로 해석하여 그 상위개념도 신체운동이라는 생각이 묵인되고 있다. 경우에 따라서 이 과학의 대상을 'Sport and Exercise'와 병렬하여 쓰는 경우도 있다.

따라서 연구의 대상으로서의 스포츠는 게임과 놀이와 함께 모두 한결같이 자연과학적인 신체운동으로 추상화되어 때로는 스포츠운동은 연구법상 작업운동과 표현운동 등과 구별할 수 없게 한다. 그런데 이러한 점은 인문사회과학의 전문제학의 경우 사정은 아주 달라진다. 케니욘 등이 언급하듯 스포츠과학을 과학화하기 위해서는 이제까지 애매하게 취급되어 왔던 스포츠라는 개념을 엄밀하게 규정하여 그 유이어 등도 재검토할 필요성이 대두된 것이다.

물리, 생물과학적인 전문제학에서는 일반적으로 무시되어 왔으며, 또 문제해결에의 넓은 시야가 방법론적으로 자각되지 않는 한 그것은 개념의 유희로 끝나기 쉬운 것이니, 여기서 대상이 되는 스포츠는 달리고, 뛰고, 던지고 하는 등의 기본적 운동형태와 팀, 게임적 운동형태를 전제로 한 신체운동 자체만을 생각하고 있기 때문이다. 따라서 스포츠의학에 있어 생리학의 연구영역은 스포츠생리학이라고 하기보다 〈신체〉운동생리학(〈physical〉exercise physical)이라고 불리는 경우가 많고, 예로 노동생리학(work physiology) 등과의 연구상의 상위보다는 공통성이 보다 많은 것이다. 다시 말해 스포츠의학이나 스포츠생리학이라고 할 경우의 스포츠란 대상의 독자성을 나타낸 것이기보다는 신체운동의 연구영역을 제한하는 의미에서 일반적으로 사용되거나 스포츠와 스포츠맨에 이바지할 목적으로 신체운동의 과학이라는 의미로 사용되기도 한다.

운동학은 각기 전문분야 내지는 연구자에 의하여 스포츠 및 체육의 규정과 이해의 방식이 다양하다는 것, 즉 그것을 좁게 스포츠적 운동 자체에 한정하는 것에서 넓게는 인간의 운동과 운동하는 인간으로 확대하는 것까지도 존재한다. 따라서 운동 또는 스포츠를 어떻게 정의할 것인가는 전문제학에 의하여 상위하기는 하지만, 정의내리기는 과학적 연구의 당연한 의무인 것이고, 그러한 정의를 내리는 것을 무시하면 사적인 승인사항으로서 운동 및 스포츠의 규정을 애매하게 방치하고 마는 결과가 될 것이다.

독자적인 학문으로 순수한 인간의 운동과학이 제창된 것은 1960년대 미국에서 시작되었고(Kinesiology), 그 후 영국에서 인간운동학(Human movement studies)이 제창되었다. 그리고 1970년대 동독에 이어 서독이 스포트 교육학(Sport Pedagogy), 스포트 과학(Sport Wissenchaft)이란 용어를 결정했고, 그 외에도 독자적인 운동학의 제창운동은 세계 각국에서 일어났다. 이들 학자들은 운동학의 독립명칭으로 인간운동의 예술과학(Art and Science of Human movement), 운동학(Gymnalogy), 신체운동학(Phraseology) 등의 개명을 주장하게 되었다. 이러한 분위기가 확산되어 학교체육의 교과명도 유희교육(Play Education), 움직임교육(Movement Education), 스포트 교육(Sport Education)으로 바꾸자는 주장이 함께 일어났다.

운동학의 두 가지 측면, 즉 학문적 영역(academic discipline)과 전문 영역(professional discipline)으로 구분할 때 인간운동의 학문성을 강조하게 된 Human movement 또는

Kinesiology, Sport Science가 될 것이며, 전문 영역을 강조하게 되면 20세기 초반에 정립된 체육(Physical Education)이 해당될 수 있다.

2. 스포츠과학

현대에는 하나의 과학(science)이 많은 전문분과학(discipline)으로 구분되고, 다시 그 하부분과학(subdiscipline)으로 세분화되어 왔다. 그와 동시에 각각의 과학과 전문(분과)학과 사이에의 관련도 밀접하게 되었고, 다른 한편으로는 기존의 연구에서 생각할 수 없었던 새로운 과학이 개발되었다. 좋은 예로 사이버네틱스가 있다. 이 과학은 각기 대상과학을 횡단하여 그것을 관통하는 통일이론을 형성한 전형적인 횡단과학(Querschnittswissenschaft)이다. 게다가 오늘날에는 대상에의 접근방법도 다양화하여 인간학의 예를 들어보아도 그것을 행동과학적인 인간학, 즉 Human Science로서 연구되는 경우가 있는가 하면, 현상학적 또는 인류학적으로 연구되는 경우도 있으며, 인간학이라고 하여도 칸트(Immanuel Kant, 1724~1804)의 시대와는 달리 그 방법은 다양하게 전개되고 있다.

또한 현대과학에 있어서는 이제까지의 기초학과 기술학의 차별이나 억측이 붕괴되어 유전자공학과 인공심장학 등의 학제연구에서 나타났듯이 기존의 전문학 중심의 왕국이 동요를 보이게 된 것도 특징적이다. 전자현미경의 개발과 아울러 근 수축에 관해서도 히라맨트의 미끄럼 이론(sliding theory)에 의하여 물리·화학적으로 설명되듯이 인체 연구는 세포에서 분자의 수준으로 미시적 측면에서 해명되게 되었다. 그리하여 전자공학적 장치는 스포츠생리학 등의 연구영역에도 도입되어 생체정보의 수집과 처리 등이 비약적으로 개선되었다. 예를 들면 테레메다의 개발에 의하여 질주자의 심박수와 근전도가 기록되게 되는 등 트레이닝과 피로의 연구도 최근에는 현저하게 개선되었고, 생체정보는 연속적으로 자기 테이프에 기록되어 컴퓨터에 의하여 해석되는 시대로 발전되었다.

이렇듯 현대과학의 발전은 다양한 형태로 스포츠과학에 영향을 미치어 그 이론과 방법에도 큰 변화를 끼쳐왔다. 그와 함께 스포츠과학과 체육과학이라고 불려지고 있는 연구영역에 관한 일반적 관심도 점차 높아지게 되었다. 이러한 연구동향은 post industrial이라고 불리는 현대의 경이적인 변화인 것이고, 바야흐로 신체운동의 과학적 연구는 자연과학에서 인문사회과학에 이르기까지 고도 문명사회에 호응되는 신시대의 연구영역으로 주목받게 되었다.

물론 이러한 연구영역에 대한 일반적 관심과 평가의 전환은 최근의 일이다. 지금까지 스포츠를 취미로서가 아닌 성실한 연구대상으로서 취급하는 것은 스포츠를 좋아하는 미국이나 영국 연구자들 사이에서까지 학술적 금기(Academic Taboo)였다. 이런 상황은 제2차 세계대전 이후 크게 바뀌었다. 전통적인 서독의 대학에 이르기까지 최근에는 스포츠과학의 강좌가 설치될 만큼 스포츠는 그것을 행하는 자체의 흥미와 매력에서가 아니고 학문의 대상으로서 주목받게 되고 추구되기 시작하였다.

스포츠과학이 New Science라든가 Young Science라고 일컬어지고 있는 것은 이제부터 해결해야 할 문제가 남아있는 것을 가르치고 있는 실정이다. 그 첫째로 유럽이나 미국의 전문지에서 New Science라고 대단히 선풍적으로 표현되는 수가 있지만, 이 경우 그 대상 자체가 새로운 것인지 아니면 학제연구로서 새로운 것인지 그 의미도 애매하다. 또한 Young Science라고 하여도 그것이 종합과학의 방법론에 있어서 미숙하다는 의미에서 젊은 것인지 아니면 다양한 전문제학에서 구성된 스포츠과학의 각기의 학문분야가 미숙하다는 의미에서 젊은 것인지도 불분명한 것이다.

그래서 스포츠과학은 그 전문제학의 미숙성이라는 문제를 내포하면서 종합과학으로서의 존재방식을 묻게 되는 한편, 학제적인 연구로서의 학문적인 위치가 어떻게 되어야 할 것이라는 문제를 안고 있다. 분명 역사적으로 전문학적(disciplinary)인 연구 없이 학제적(interdisciplinary)인 연구는 존재할 수 없다. 그러나 현대의 스포츠과학에서는 상기의 제문제의 해결이 동시에 요구되고 있다. 따라서 오늘날 연구자는 학문적인 연구를 하고 있으면 된다는 시점에 있는 것이 아니고, 스포츠과학이란 무엇인가의 일반적 설문에 전체로서 응답할 시점에 당면해 있다. 이 질문에 대하여 얼마나 충실할 수 있을까? 그와는 별개로 그 취지가 상기의 질문에 대한 해답이 존재한다고 볼 수 있다.

다시 말해 심리학이나 사회학에 관하여 혹은 시스템이론이나 정보이론 등에 관하여 그러한 개설서와 같은 것을 몇 권 읽었다고 하여도 그것에 의하여 전문적 수준에서 논의될 수 없고, 그 전문의 학자로 통용될 수 있는 것도 아니기 때문이다. 따라서 스포츠과학이라는 종합과학의 과학론을 시도하는 사람은 자기의 전문영역 외의 연구영역에 관하여 무엇을 어디까지 어떻게 들어가야 할지를 심사숙고하는 것이 중요하다. 약간의 철학적·역사적인 지식을 가진 사람에게 그것은 한계에 직면하고, 이러한 점은 다른 전문연구자에 있어서도 마찬가지이다. 그러나 다른 한편으로 현대과학의 발전이 이제까지의 강좌별적 전문분화적인 연구체제를 지양하고, 새로운 종합적 시야에서의 검토를 요구하기 시작하였던 것도 사실이다. 다른 새로운 과학, 생명과학에서는 생물의 기능을 공업적으로 이용할 경우에도 연구에 따르는 잠재적인 위험성에 관심을 가지고 인간존중의 입장에서 기술의 사전평가(Technology Assessment)를 고려하는 단계로까지 연구의 시야가 확대되었다. 이처럼 오늘의 과학에서는 전문학을 넘어선 광범위한 시야와 그와 관련된 지적 체계가 필요하게 되었다. 스포츠과학에 있어서도 기록향상을 위한 노력과 도핑기술은 평가와 검증을 요구하는 문제가 된다. 그렇지만 스포츠과학이 과학 또는 기술이라 정의해도 그러한 개념이 매우 목가적(牧歌的)으로 사용되는 측면이 있으므로 소박한 의미로서 New, Young이 Science의 단계에 있는 것도 자계(自戒)하지 않으면 안 될 것이다.

3. 스포츠과학과 체육과학

스포츠과학에서 과학이란 영어로 말하면 Science이다. 오늘날 체육대학의 수업에서 Sport Science란 무엇인가라고 질문하면, 대부분의 학생들은 이 말에서 자연과학적인 반향을 강하게 표현하는 대답을 듣게 된다. 스포츠과학이라고 표제한 일본의 출판물을 보면 그 내용은 자연과학적인 전문제학이 중심이 되어 있고, 거기에서는 스포츠교육과 스포츠사 등을 포함한 종합적인 스포츠과학의 체계가 취급되지 않고 있다.

스포츠과학은 제1차 세계대전 후 올림픽을 계기로 발전한 스포츠의학에 직결된 계보를 가지고, 특히 일본에서는 경기력과 체력을 향상시키는 과학으로 생각하기 쉽다. 물론 오늘날에는 ICSPE(1959년 UNESCO의 후원에 의하여 결성)의 연구위원회에 스포츠사와 스포츠사회학의 Working group이 있고, 로마에 국제스포츠심리학회가 설립되어 있으며, 미국에서 스포츠철학회가 신설되는 등 전후의 스포츠과학은 급격하게 발전되어 왔다. 그러나 이러한 학회활동은 일본의 스포츠과학의 인상을 바꿀 만큼의 일반적인 영향력을 미치고 있지는 않다.

오늘날 우리들이 스포츠과학이라고 하면 대부분 체육과학과 같이 생각하기 쉽다. 따라서 일본의 현상에서 스포츠를 대상으로 한 인문, 사회과학의 연구적 측면은 오히려 체육과학의 한 분야로서 간주하는 경향이 짙다.

스포츠과학이라든가 레저과학이라 하는 것 역시 그러한 종합과학의 일종이고 체육과학이나 운동과학이라고 하는 과학도 같은 유형의 과학인 것이다. 그렇다면 체육과학과 스포츠과학과의 사이에는 어떠한 상위점이 있는 것인가? 결론적으로 말하면 그것의 다른 점은 과학이라는 점에 있는 것이 아니고 그 대상이 되는 스포츠와 체육의 다름에 있는 것이라고 볼 수 있다.

스포츠과학을 둘러싼 논쟁의 역사가 말하듯 체육과 스포츠의 연구가 독자의 연구영역으로서 논의된 것은 1930년 전후부터이다. 당시 스포츠라는 표현은 체육과는 달라서 약간 경시되는 듯한 느낌이었고, 교육과는 구별되어 사용되었다. 하지만 결국 체육은 교육의 하위개념으로서 인정하게 되어 스포츠는 좋든 나쁘든 사회의 하위개념이 되었다. 교육사에 언급되었듯이 스포츠의 모국이라고 말하던 영국에서는 놀랍게도 19세기가 되어도 스포츠의 도입을 학교에서 공인하지 않았다. 스포츠는 근대사회에 좋든 나쁘든 큰 영향을 미쳤으나 보수적인 영국의 학교에서는 스포츠는 교육이 아니라는 인식이 강하였다. 19세기의 미국에서도 스포츠 경기의 과잉을 시정하는 것이 체육이었고, 거기에 교육으로서의 하나의 역할만을 인정하였던 것이다. 이러한 시대를 생각하면 당시 학교에 봉직하는 학자가 스포츠와 결합된 전문학의 명칭을 쓰는 것을 꺼려한 이유를 이해할 수 있다.

스포츠연구가 교육이라는 테두리에서 탈피하여 넓은 시야에서 고찰되게 된 것은 제2차 세계대전 이후다. 동시에 스포츠연구는 단순히 몰가치적인 자연과학의 대상만이 아닌 방법론적으로 가치를 부정하여 Wert-frei(value-free)하게 추구되는 사회과학적인 연구의 대상으로서 취급되게 되었고, 또한 과학적으로 추구되게 되었다. 이러한 의미에서 스포츠과학은 교육목적을 전제로 하여 성립된 체육과학보다는 넓은 의미를 가진다고 하겠다.

한편으로 국제체육술어연구회와 같이 신체육성(Physical Culture)을 신체교육(Physical Education)의 상위개념으로 하는 것과 같은 생각이 발전됨에 따라 체육을 신체육성의 의미로 넓게 해석하여 체육과학이라는 개념을 사용하는 것과 같은 경우도 생겨났다. 이렇게 되면 교육학적인 테두리를 넘어서고 있다는 점에서 스포츠과학과 광의의 체육과학과는 어느 점에서는 보다 근접하는 경향이 있다고 하겠다. 따라서 이 두 가지의 New Science를 어느 쪽의 명칭으로 통일하면 좋을지, 달리 새로운 명칭으로 통일하여야 하지 않을까라는 논의도 생겨나고 있는 것이다.

Sport Science라는 용어와 관련하여 최근 세계 각국의 연구자들 사이에서는 이 New Science에 어울리는 명칭이 여러 가지로 제시되고 있는 것도 흥미로운 일이다. 이를 테면 FIEP의 회장 리스돌부는 Gymnologie를, 체코에서는 Gymnikologi를 새로운 과학의 명칭으로 들고 있다. 또한 게니온이 말하고 있듯이 미국에서는 모아하우스를 비롯하여 UCLA의 그룹, 또는 캐나다의 대학에서는 Kinesiology를 쓰고 있다. 라루손은 Activity Science를, 이리노이 대학에서는 Exercise Science라는 명칭을 주장하고 있다. 또한 동독에서는 Koperkultur Wissenschaft를 신과학의 명칭으로 쓰고 있다. 그러니 한편에서는 낡은 교육학적 교수학적인 체육을 탈피한 과학을 추구하는 연구자의 생각을 명시하고 있는 동시에, 또 한편으로는 이제까지와는 질적으로 변화되고 있는 체육과학이나 스포츠과학의 성격을 호소하고 있는 것같이 생각된다. 어쨌든 그것은 New Science로서 이제부터 본격적 연구가 기대되고 있는 영역이라 할 수 있다.

제2편

체육학(인간운동학)의 학문적 체계

오늘날 체육학은 스포츠학, 운동학, 인간운동학, 스포츠과학 등 다양한 용어로 사용되고 있다. 여기에서의 체육학은 인간운동을 연구대상으로 포함한다는 전제 하에 인간운동학과 같은 의미로 사용하였다. 체육학은 인간의 신체운동을 대상으로 인문과학, 사회과학, 자연과학 등의 연구방법론을 동원하여 다양한 방향에서 인간운동에 대한 문제를 접근하고 있다. 어떤 학자들은 스포츠 및 체육을 기술과 과학의 입장에서 해석하고 있다. 펠신(Felshin, 1967)은 "체육은 기술과 과학의 중요한 과정으로서 운동에 관한 학문"이라고 했고, 시들과 레이식(Seidel & Reisick, 1972)는 "체육은 인간운동의 기술과 과학"이라고 정의하였다. 이러한 개념은 인간운동의 실천적 또는 학문적 측면을 강조하는 말들이다.

인간운동학은 놀이, 게임, 스포츠, 무용, 신체훈련 등과 같은 인간의 신체운동을 바탕으로 한 현상을 이해하고 해석해나가는 접근방법이다. 이를 위해 움직임의 행동적 요소를 다루는 인문과학과 신체유기체적 요소를 다루는 자연과학, 그리고 신체운동의 요소를 다루는 사회과학 등 세 분야가 수평적으로 교차되는 학문으로 성립될 때 인간운동학은 비로소 완전한 학문영역으로 인정받을 수 있다.

제1장

인문학적 연구

인문학적 연구란 인간이 사회생활을 하는데 갖추어야 할 기본적 소양을 의미한다. 인문학(인간학)의 영역은 기본적으로 문학, 역사, 철학을 지칭한다.

또한 인문학은 정치, 경제, 문화, 사회 등 인간과 인류문화에 관한 정신과학을 총칭하는 말로 인간과 인간문화에 관심을 갖거나 인간의 가치와 인간만이 지닌 자기표현의 능력을 바르게 이해하기 위해 과학의 연구방법에 관심을 갖는다. 인문학(Humanities)은 라틴어 Humanitas(인간다움)라는 말에서 유래되었다. 인문학이 정체성 확보를 시작한 시기는 19세기였고, 이때부터 인문학은 신의 영역과 선을 긋기보다는 오히려 자연과학과 구분하기 시작하였다.

이 장에서는 인문학적 체육학에 해당되는 체육사, 체육철학, 스포츠인류학에 대한 개념과 역사, 그리고 기본적인 내용들을 간략히 설명함으로써 스포츠 및 체육, 무도 전공자들에게 학문적 이해를 돕고자 한다.

1. 체육사

1) 체육사의 이해

(1) 체육사의 개념

체육사(體育史)란 우리 인간들이 옛날부터 의식주의 생존본능의 해결을 위해 수행해온 신체활동의 역사이다. 스포츠 및 체육, 무도의 기원과 사상, 그것의 활동의 방법과 형태, 기능과 역할, 그것의 위상 등에 관한 역사 또는 그것을 연구하는 학문으로 인간운동학 또는 스포트학(Sport Science)의 한 분야이다.

체육사는 과거에 일어난 스포츠 현상을 역사학 연구방법을 통해 현재의 스포츠 및 체육을 비교할 수 있는 현실적 안목을 길러 스포츠와 체육을 발전시키고 미래의 스포츠와 체육을 전망할 수 있는 방향을 제시하는 학문이다. 체육사는 과거와 현재를 이어주는 연결고리라고 할 수 있다.

(2) 체육사의 연구목적

체육사는 오랜 역사 속에서 우리 선조들에 의해 다양한 목적으로 수행되어 왔다. 육체적 건강과 균형, 그리고 교육, 예술, 정치, 종교, 미학적 레크리에이션의 수단 또는 군사적 목적으로 사용되어 왔다. 세계사적 관점에서 스포츠·체육은 시대나 지역에 따라 강조되거나 그 반대로 경시하거나 제한하는 풍조를 나타냈다. 이 같은 역사적 사실을 통하여 각 지역의 풍습, 습관, 제도, 놀이 등을 연구함으로써 인간운동에 대한 다양한 가치와 목적을 이해할 수 있다.

체육사는 모 학문의 역사와 같이 과거에 어떠한 사실이 있었는가를 탐구할 뿐만 아니라 스포츠와 체육이 당시 사람들의 이상과 현실에서 어떠한 관계를 맺고 있었고, 그 시대를 중심으로 전후 세대와 어떻게 연결되었으며, 그 역사적 사실이 종교, 정치, 문화, 경제, 교육, 예술, 군사, 지리적 환경 등과 어떠한 관계에 있었는가를 밝히는데 목적이 있다.

체육사의 중요 과제는 과거의 어떤 인간운동의 사실을 당시의 사상적 배경이나 사회적 여건과 비교하여 현재의 스포츠와 체육을 바르게 이해하고 미래의 스포츠와 체육을 이상적으로 추구해 나가려는 시도이다. 이를 통해 체육의 역사적 발자취를 돌이켜 보고, 현대스포츠의 현실을 바르게 인식하고 새로운 이정표를 제시함으로써 미래의 스포츠와 체육의 발전에 기여할 수 있다. 특히 체육 및 스포츠의 정체성을 확립하고 체육을 통한 존재의 영속성을 보존하는 것이 중요하다.

(3) 체육사의 대상

체육사 연구는 인간운동의 역사를 연구대상으로 한다. 모든 인문사회과학에 속한 영역들이 그러하듯 스포츠·체육 분야 역시 그 시대의 정치, 문화, 경제, 종교, 관습, 교육, 예술과의 관계를 배제하고 연구를 수행할 수 없다. 체육사 연구는 그 시대와 사회에서 행하여진 인간운동의 전반적인 모습을 대상으로 삼는 경우가 있고, 신체나 신체활동에 관한 사상이나 제도로서의 그 변천을 취급하는 경우 등 다양한 측면에서 연구될 수 있다. 그러나 어떠한 대상을 연구하더라도 그 시대의 문화영역들과의 관계를 떠나는 연구행위는 생각할 수 없다.

체육사의 연구대상은 인간이 심신을 통해 이루어지는 모든 신체활동을 의미한다. 연구대상의 다양한 내용에 따라 영역이 세분화되고 있다. 인간의 신체의 건강과 위생을 대상으로 하는 신체양호사, 남녀의 신체성장과 신체발달의 차이를 규명하는 신체발달사, 다양한 운동 종목의 훈련과 발달과정을 대상으로 하는 운동종목사, 여러 운동동작과 운동경기 형태의 변천을 대상으로 하는 운동형태사, 운동시설 및 운동용구의 내용과 시설의 발전변화를 대상으로 하는 시설 및 용구사, 스포츠 관련 각종 규정 및 법을 대상으로 스포츠법제사, 당시의 체육 및 스포츠 사상을 중심으로 하는 스포츠 사상사, 당 시대를 대표하는 체육 및 스포츠인물을 연구하는 스포츠인물사 등이다. 이외에 오늘날 각광을 받고 있는 스포츠외교사 등으로 구분할 수 있다.

2) 체육사의 연구방법

(1) 연구방법

체육사 연구에서 중요하게 판단하는 것이 연구방법이다. 체육사는 스포츠학 또는 체육학으로서의 고유 이론을 지니면서 역사로서 연구해야 하는 이중적 학문의 특성을 지니고 있다. 따라서 스포츠·체육사 연구는 그러한 특성에 부합되는 이론과 방법으로 연구되어야 한다.

체육사를 공부하는 사람들에게 기본적인 연구방법을 소개하면 다음과 같다. 첫째, 대상 자료의 선택과 분류기준이다. 체육사 자료는 크게 문헌, 유물, 유적, 구술, 사진영상 등의 물리적 형태의 유형으로 구별할 수 있다. 둘째, 대상 자료의 비판과 검토이다. 기존에 있는 자료들의 보존 상태와 자료의 진위여부를 확인하는 것이다. 셋째, 대상 자료의 구성방식과 해석을 통하여 크게 양적 연구와 질적 연구로 구분할 수 있다. 세부적으로는 문헌연구, 구술연구, 통계연구, 실험연구 등으로 구분할 수 있다.

(2) 시대구분의 문제

시대구분은 역사연구의 방법론에 속하는 것으로 중요한 의미를 지닌다. 이것은 스포츠·체육사의 이해와 연구를 돕기 위한 임의적 수단이다. 스포츠·체육사 연구과정에 있어서 시대구분은 일반사와 마찬가지로 필수적으로 고려되어야 하고, 그것은 명확한 기준에 의해 규정되어야 한다.

기록의 여부에 따라 선사시대(先史時代)와 역사시대(歷史時代)로 구분할 수 있고, 어떤 도구를 사용하느냐에 따라 석기(石器), 청동기(青銅器), 철기(鐵器) 등으로 나눌 수 있다. 일반적으로 역사를 구분할 때 셀라리우스가 구분한 고대(古代), 중세(中世), 근대(近代)의 3분법으로 시대를 구분하나 19세기 중기 이후를 현대(現代)로 명명하여 4분법으로 구분하여 역사를 기술하기도 한다. 그리고 고대 이전을 선사시대 또는 원시사회로 구분하여 인류의 가장 긴 초창기 역사를 기술한다. 어떤 경우 중세와 현대 사이의 근대를 다시 전환기와 근세(근대)라는 명칭으로 사용하여 역사를 기술하기도 한다. 인간운동의 역사 또한 인류문화사의 한 영역이란 점에서 이러한 시대구분 방법론은 스포츠·체육사 연구에서 일반적으로 통용될 수 있다. 대부분의 스포츠·체육사 연구는 이와 같은 시대구분의 형식과 기준에 따라 수행해왔다.

2. 체육철학

1) 체육철학의 이해

(1) 철학의 이해

용어는 피타고라스(Pythagoras)에 의해 처음 사용되었다. 철학의 어원은 희랍어 Philob

(love)와 Sophia(wisdom)의 복합어로 지혜의 사랑(Love of Wisdom)을 의미한다. 일반적으로 철학이란 진리에 대한 탐구 혹은 모든 지식의 기본적 원리로 정의되어 왔다. 또한 철학은 미학의 관점으로 진·선·미에 대한 추구요 탐구였으며, 현대사회에서 철학의 역할은 만물의 의미를 규명하고 개념화하는 것이다.

철학은 인간에게 있어서 가장 본질적이고 통합적인 지식체계라 할 수 있다. 철학이란 인간의 행동, 즉 사고의 패턴, 생활의 방향을 제시하며, 교육적인 관점에서 보면 사람이 무엇을, 어떻게 가르치며, 무엇에 정성을 쏟을 것인가에 대한 결정을 통해 전인적인 인간의 양성을 지향하는 것이다.

(2) 체육철학의 개념

체육철학이란 인간과 인간운동에 존재하는 여러 사실과 가치를 찾아서 객관적으로 해석하고 평가하려는 접근방식이다. 체육철학은 연구범위가 광범위하고 다양하지만 공통적으로 'Why'와 'What'가 연구의 핵심이 된다. 즉 어떤 것을 쌓기 전에 무엇인지 정의를 내리고 왜 그렇게 해야 하나를 이해해야 한다.

인간이란 무엇인가? 삶이란 무엇인가? 인간은 자기 삶의 목적과 자신의 존재 이유에 대한 의문을 갖게 되듯이 체육이란 무엇인가에 대해서도 의문을 갖게 된다. 스포츠·체육에서 철학이란 스포츠와 체육의 존재 이유를 분명히 해주고 체육의 근원적인 문제가 무엇이며, 체육이 지향하는 목적이 어떤 방향으로 나아가야 하는가를 제시해 주어야 한다.

2) 체육철학의 영역

(1) 형이상학과 운동

형이상학(Metaphysics)은 만물의 궁극적 본질을 연구하는 학문으로 인간과 관련된 모든 문제에 대하여 의문을 갖고 탐구하는 영역이다. 형이상학은 인식론, 윤리학, 미학적 접근을 위한 기반으로 작용하며, 존재론(Ontology) 또한 형이상학의 부차적 영역 가운데 하나이다. 형이상학자들은 세상 만물의 본질을 연구하려 하며, 존재론적 입장에서는 우주에 존재하는 것의 특성, 신과 인간, 자연과 인간, 몸과 마음의 관계를 음미하고 탐구하려 한다.

(2) 인식론과 운동

운동이라는 대상은 어떻게 알 수 있는가? 인간운동과 관련된 앎의 영역이 존재하는가? 운동과 관련된 지식은 다른 지식과 어떻게 다른가 등이 인식론적 논의이다. 스포츠 및 체육의 입장에서 인식론(Epistemology)에 해당하는 문제는 신체운동의 역할에 관한 지식, 인간의 신체적·정신적·사회적 발달에 대한 신체운동의 영향 등을 말한다.

인식론의 지식 본질에 관한 이론은 운동영역에서 문제의 해결 방안을 제시해 준다. 우리는 운동기능을 어떻게 습득하는가?, 운동기술을 배우려면 어떤 방법이 가장 합리적인 방법인가? 하는 문제와 관련된 것으로, 효과적인 운동학습의 방법 탐구에도 도움이 된다.

(3) 가치론과 운동

가치란 사람이 그를 에워싸고 있는 사물에 대하여 가지는 값을 의미하며, 모든 것의 진·선·미 요소를 찾아들어 가는 것이 가치이고, 가치의 핵심은 진·선·미이다. 스포츠 과학에서 모든 근원을 밝힐 수 있지만, 그 안에 내재되어 있는 가치는 철학적인 접근만으로 가능하다. 체육의 입장에서 스포츠맨십이 경기장 밖으로 전이되도록 그 방법을 연구하는 것이 체육의 가치론(Axiology)에 속한다. 가치론은 가치를 연구하는 철학의 한 분야로, 넓게 윤리학과 미학을 포괄하는 영역이다.

(4) 논리학과 운동

형이상학이 실제, 인식론이 진리, 가치론이 가치를 다룬다면, 그들에 대한 문제를 다루는 합리적이고 지적인 사고방식이 논리학이다.

논리학(Logic)은 사상(Idea)과 관련된 정확한 단계를 설명하고 있으며, 본질적으로 귀납법과 연역적 방법을 이용한다.

논리학은 모든 학문의 방법에서 필수적인 영역이며, 스포츠·체육 영역에서도 제 이론에 대한 논증의 형식을 정리·분석하고, 이론의 논리적 구조를 밝히며, 모든 운동 이론과 사상과의 대응을 논하는데 이용된다.

(5) 윤리학과 운동

철학적 영역 중 가치론의 한 분야인 윤리학(Ethics)은 가치의 본질을 다루는 영역으로 도덕적 판단의 옳고 그름, 선과 악, 도덕과 비도덕과 같은 가치판단과 관련된 문제를 다룬 체육교사나 스포츠지도자의 행동을 비롯하여 스포츠 현장의 경쟁, 약물복용, 성차별 등과 같은 문제는 윤리학적 토론의 대상이 되며, 특히 스포츠에서는 스포츠맨십, 승리, 도박, 선수의 권리 등 다양한 윤리적 문제들이 제기되기도 한다.

3. 스포츠인류학

1) 스포츠인류학의 목적

스포츠인류학은 스포츠의 분석과 이해에 대한 독특한 사회과학적 접근이다. 스포츠 인류학은 인류학적 연구를 통해 얻어진 여러 가지 결과와 전망을 체육이나 레크리에이션 프로그램에서 생기는 문제에 적용시켜 실천적으로 응용하는데 그 목적이 있다.[18] 보다 구체적인 목적은 미개 사회, 부족 사회, 동·서양 사회, 제3세계, 개발도상국 등의 스포츠 연구, 선사시대의 스포츠 행동의 분석, 다민족 문화 사회 속에서 스포츠 역할의 분석 등이다.

2) 스포츠의 기원과 발달

(1) 생계 유지형

원시 및 고대 사회에서 의식주의 해결을 위한 활동은 다른 제도에 영향을 주는 핵심적인 요소이며, 생계유지는 스포츠를 규정하는데 있어서도 불가결한 요소의 하나였다. 투창, 달리기, 높이뛰기, 수영 등과 같은 스포츠는 생계유지를 위한 필수적인 인간 행동과 깊은 관계를 맺고 발달되었다.

(2) 사회 정치의 구조

사회 조직 및 정치적 상황은 문화에 영향을 미치며, 그 사회의 특성이나 제도가 스포츠에도 투영된다. 집단의 문화는 종교의식, 사회·정치 등과 밀접한 관계를 갖고 발달되며, 놀이나 스포츠 제전은 종종 정치 노선에 영향을 받기도 한다.

---

18) K.블랑챠드&A.T.체스카저, 박기동외역(1996), 『스포츠인류학』, 동문선, 49쪽.

(3) 지리학적·생태학적 변수

스포츠의 특성은 스포츠가 행해지는 곳의 인구, 지형, 기후, 토지 등 다양한 요인들에 따라 결정될 수 있다. 스포츠는 놀이의 한 유형이고, 놀이의 종류는 생활환경과 깊은 관계를 갖고 발달되었다.

3) 스포츠문화의 진화 모델과 에너지

문화는 생명의 생물학적·육체적 차원과 마찬가지로 스포츠문화도 단계적으로 발달해 간다는 입장에서 접근하여 이해를 넓히고자 하는 방식으로, 문화 진화 모델로서 가장 많이 알려진 것이 엘만 서비스(Elman Service)의 모델이다.

(1) 1단계 밴드 스포츠

제1단계 밴드는 약 20명 전후의 소규모 인구가 채집, 수렵, 사냥 등으로 생계를 유지하는 사회로, 스포츠나 게임은 사회조직의 단순함을 반영하는 소규모적이고 지방적인 수준에 머무른다. 그 예로 호주 아보리지니(Aborigines)의 원주민들은 원반의 창 뚫기, 공굴리기, 캐치볼, 징가리족의 구기 등과 같은 게임을 즐겼다.

(2) 2단계 부족 스포츠

제2단계 부족 스포츠는 1단계의 공동체가 집합된 사회로 인구가 조금 더 많고, 수렵과 채집 외 목축과 미개 농경이 시작된 사회로, 1단계 스포츠와 비교해 보면 구조나 기능적인 면에서는 같으나, 조금 복잡해져서 보다 집단적이고 조직적인 형태로 나타난다.

그 예로 나바호족들은 심야에 호간(Hogan)에 모여 연회를 즐겼다. 이들에게 있어서는 스포츠는 공동체 내의 상호 작용을 촉진하는데 기여했으며, 대표적 스포츠는 고리에 봉 던지기, 경주, 레슬링, 닭끌기[19], 승마, 레슬링 등이 있다.

(3) 3단계 치프담 스포츠

치프담은 1, 2단계보다 인구가 많으며 생산적인 농경체계를 바탕으로 한 사회이다. 이 사

19) 머리만 나오게 닭을 지면에 묻어두면 경기자는 나체로 안장 없는 말을 타고 달려 닭의 머리를 잡아채어 지면으로부터 끌어내면 그 닭을 빼앗기 위해 말을 타고 다투는 유혈 스포츠.

회는 수렵, 채집, 어로 활동을 하며, 개개의 세대가 경제적으로 상호의존 관계를 갖던 사회로 미개국가 체제를 형성하기 이전 단계이다.

그 예로 북아메리카 원주민 촉토족의 열광적인 스포츠활 동이 주목을 끌어왔다. 골프공 크기의 토와(Towa)라는 공을 상대 골에 넣거나 관통시키는 톨리(Toli)라는 단체 게임과 스틱볼이라는 게임이다.

(4) 4단계 미개국가 스포츠

미개국가와 치프담이 다른 것은 사회적으로 성층화가 이루어지고, 그 결과로 사회계급이 출현한다는 점이다. 미개국가의 스포츠 유형은 남아프리카 나탈(Natal)의 광대한 토지에 거주하는 줄루족의 스포츠로, 체계적으로 야수와 전쟁을 벌이는 형태의 수렵 활동이 일종의 스포츠 이벤트 형태로 남아 있으며, 그 외에 구르는 표적 맞추기, 봉으로 하는 모의전(模擬戰) 등 수렵 및 전쟁 기술과 관련된 조직적인 스포츠가 있었다.

(5) 5단계 고대 문명 스포츠

고대란 최초의 도시국가가 출현한 단계로 대규모 농경, 과학, 문자 체계, 성문법, 정부, 관료 등이 출현하였다. 고대 문명 스포츠는 경기장과 경기 도구, 참여 계급 등 여러 가지 모습이 체계적인 형태를 갖출 뿐만 아니라, 관중과 직업 스포츠맨까지 등장하는 한층 조직화된 모습으로 나타난다.

고대 문명 스포츠의 예는 메소포타미아의 수메르, 이집트, 인도, 중국, 중앙아메리카 등 대륙과 국가에서 잘 나타난다.[20]

이상과 같이 스포츠 문화는 5단계에 걸쳐 진화한다는 것을 알 수 있었다. 스포츠 문화의 진화는 고대 문명 단계에 그치지 않고, 그 후 역사가 진행되면서 당시 사회·문화적 가치와 규범이 반영된 모습으로 계속 변화·발달되어 결국 근대 스포츠의 탄생으로 이어졌다.

스포츠는 전체적인 문화 체계의 일부로서 사회·문화적인 광범위한 특징이 스포츠에 반영되어 나타났다. 그 특징은 스포츠 문화의 체계가 점차 세속화·관료화된다는 것이다. 사회·문화 체계가 복잡해질수록 스포츠 조직도 복잡해지는 사회적 동일성이 드러나며, 전문화, 수량

---

20) 한국체육사학회(2010), 『개정판 체육과 스포츠의 역사』, 경상대학교출판부, 18~19쪽.

화(기록 수립)되고 스포츠 도구도 점차 발달된다는 것이다. 이 모든 것은 스포츠 문화의 진화 에너지가 있기 때문이다.

석기시대부터 현재에 이르기까지 새로운 에너지 원천이 개발된 각 단계는 그 자체가 하나의 문화적인 성취였다. 산업의 발달, 노동시간의 감소, 인구의 증가, 도시화, 교통의 발달, 생활 패턴의 변화, 계급구조의 변화, 각종 기구의 발달 등 다양한 에너지 원천과 환경의 변화로 인해 고대 스포츠는 현대스포츠로 진화되어 왔다.

제2장

사회과학적 연구

19세기 초반 콩트(Auguste Comte)가 사회학을 처음 주창한 이래 프랑스, 영국, 독일에서 사회과학은 인간사회의 여러 현상을 과학적으로 연구하는 학문의 총칭으로 쓰이게 되었다. 궁극적으로 인간 사회의 여러 현상이 자연의 그것과는 달리, 일정한 인위적 · 창조적 요소를 포함한다는 것이 전제가 되어 있다는 점에서 문화과학이라고 부르는 편이 적합할지 모르나, 18세기 말부터 19세기 초에 걸쳐 유럽에서 사회주의 사상이 일어나, 그 기운(機運)으로 사회나 사회적 등의 용어가 유행하게 되어 널리 보급되었다. 운동영역에서는 체육 및 스포츠를 중심으로 하는 인간운동이 인간사회에서 어떤 역할과 가치를 가지고 있는가를 파악한다.

1. 스포츠사회학

1) 스포츠사회학의 이해

(1) 스포츠사회학의 개념

스포츠사회학이란 스포츠와 사회의 관계에 대한 연구로서 스포츠 장면에서 일어나는 인간 행동의 유형 및 변화과정을 스포츠라는 특수한 사회구조의 측면에서 설명하려는 스포츠과학의 하위분과 학문이다.

스포츠사회학은 기본적으로 스포츠를 사회적 현상으로 연구하는 사회학의 하위학문이다. 아직 대부분의 스포츠사회학 연구 및 저술은 '조직적이고 경쟁적인 스포츠(Organized and Competitive Sports)'에 초점을 두고 있지만, 점점 많은 이들이 건강과 체력 증진을 모적으로 비공식적으로 행해지는 다양한 우형의 신체활동을 연구하고 있다. 그러한 신체활동의 예를 들면 체력증진 및 건강운동 활동뿐만 아니라 레크리에이션, 극한스포츠, 모험스포츠, 그리고 가상스포츠 등을 포함한다.

레오나드(Leonard, 1988)는 그의 저서 〈스포츠의 사회적 인식〉에서 스포츠사회학이란 스포츠의 현상에 있어서 사회학적 개념, 특히 그 가운데에서도 사회구조와 과정의 개념을 응용하여 연구하는 학문이라고 정의하고 있다. 3R(Roles, Relation, Rules)에 기초한 사회학적 정의에서 보면 놀이는 포괄적인 인간의 기본 활동이고, 게임은 놀이가 경쟁성을 지니면서 발전한 형태이며, 스포츠는 게임 중심에서 신체활동을 중심으로 발전한 형태이다.

(2) 스포츠 사회화

가. 스포츠로의 사회화

스포츠 활동에 있어서 사회화 과정은 일차로 스포츠 활동의 참가를 전제로 한다. 부모, 형제자매, 친구, 교사, 코치 등에 의해 참가한 스포츠는 그들이 어린 시절에 경험한 스포츠 양식에 따라 다르게 나타나고 있지만, 매스컴의 발달에 따라 이들의 스포츠 향유가 시대적·대중적 분위기를 따르기도 한다.

성인 스포츠와 관련 있는 요인으로는 부모의 스포츠에 대한 관심, 스포츠 참여에 대한 장려, 청소년기의 공식 스포츠 참여, 운동능력의 자아인지, 배우자의 스포츠 참여 등을 들 수 있다. 이렇게 개인적 속성(Personal Attribute), 사회화의 상황(Socialization Situation), 중요한 타인(Significant Others)의 3가지 요소를 이용하여 스포츠로의 사회학 연구는 활발히 이루어지고 있다. 예를 들면 사회화의 상황과 중요한 타인을 관련시켜 다음과 같은 가설을 들 수 있다.

① 부모의 스포츠 참가와 그 관심이 높을수록 자식의 스포츠로의 사회화 정도는 크다.

② 학교의 가치체계 속에서 스포츠의 위치가 높을수록 학생의 스포츠로의 사회화에 기여하는 역할이 크다.

③ 동료의 적극적인 승인과 격려가 클수록 스포츠 참여는 깊어진다.

나. 스포츠를 통한 사회화

스포츠를 통한 사회화란 하나의 사회체계인 스포츠 장면에서 학습된 기능, 특성, 규범, 가치, 태도, 지식 및 성향 등을 익힘으로 인격이 형성되어 다른 사회현상으로 전이 또는 일반화되는 과정이라 할 수 있다.

스포츠에 참가함으로써 선의의 경쟁(페어플레이)이나 스포츠맨십, 용기 및 성취감, 도덕적 발달의 추구, 바람직한 시민의식 및 인성 배양 등을 학습하게 됨으로써 개인의 인성과 특성, 가치관에 변화를 주어 인성 또는 도덕적 성향이 함양된다는 것이다. 그래서 학교체육에서는 다음과 같은 사회화작용을 기대할 수 있다.

① 심신의 건전한 발육발달과 체력향상 : 신체 면에서의 사회화

② 운동기능의 습득 : 운동 면에서의 사회화

③ 공명정대한 태도와 책임감, 협동성 등 바람직한 사회성 발전 : 정신면에서의 사회화

2) 스포츠사회학의 영역

(1) 스포츠와 문화

문화란 특정한 사회의 성원들이 생활해 나가는데 있어서의 제반 문제에 대처할 수 있도록 사회성원 간에 공유하고 있는 학습되고 사회적으로 승인된 사물과 지식 및 언어, 그리고 가치관과 규범 등을 말한다. 이러한 관점에서 미국의 인류학자인 코닥(Kottak 1994)은 〈Anthropology〉란 인류학 개론서에서 문화란 사회의 성원들에 의해 학습되고(Learned), 공유되고(Shared), 양식화되면서(Patterned), 다음 세대로 이어지는 것(Transmitted)이라고 보다 구체적으로 문화의 속성(屬性)에 대해 정의하고 있다. 따라서 문화는 생물학적으로 유전되는 것이라기보다는 언어라는 매개를 통하여 학습되고, 그것이 사회적으로 공유된 것이라고 하겠다. 이러한 체계아래 문화의 각 부분들은 종합적 전체로서 사회적 기능을 하는 것이라 하겠다.

스포츠는 사회적·문화적 산물로서 3T, 즉 전통, 전환, 변화의 특성을 지니고 있다. 즉, 스포츠는 사회의 변화·발전에 따른 문화의 생성·교류·변천과 마찬가지로 과거의 전통을 이어받고

다른 문화와의 교류를 통해 새로운 문화로 전환 또는 변화하게 된다. 따라서 스포츠 활동은 단순히 양적인 참여 인구수나 빈도, 강도, 종목, 형태와 같은 외적으로 드러나는 지표 현상 이상으로 개인적 · 집단적 · 문화적 등의 질적인 의미를 지니게 되며, 특정사회에서 스포츠가 지니는 의미는 그 사회의 가치관은 물론 정치적, 경제적 구조와 깊은 관계를 지니고 있다. 이런 의미에서 스포츠는 한 사회의 문화적 산물이라고 할 수 있다. 사회가 효율적으로 기능하기 위해서는 대중 통합과 사회통제가 필요하며 이것은 스포츠에 의해서 촉진될 수 있다. 따라서 많은 국가들이 스포츠의 중요성을 인식해 왔으며 스포츠를 여러 가지 목적을 성취하기 위한 수단으로써 체계적으로 이용해 왔다.

스포츠 활동이 다양한 민족, 종교, 인종, 사회제도, 정치제도를 초월하여 국민이나 국가를 하나로 만드는 사회 통합적 가치를 가지고 있으며, 국가가 스포츠를 통하여 국민의 관심과 활동 등을 국가가 의도하고 지향하는 방향으로 이끌어 가는 사회 통제적 가치를 가지고 있다.

(2) 스포츠와 정치

스포츠의 특성인 경쟁성과 협동성, 비언어적 전달성 등은 정치적인 측면에서 국가적 목적을 수행하는 데 훌륭한 매개역할을 하며, 특히 경쟁성이 존재하는 모든 스포츠 활동이나 현장에서는 스포츠의 정치적 현상이 존재한다고 볼 수 있다. 매킨토시(McIntosh, 1981)는 "스포츠는 정치로부터 결코 자유로울 수 없다"고 하였는데, 이 말은 스포츠가 정치적인 영향력을 받고 있으며, 정치적 속성이 있다는 의미로 해석할 수 있다.

스포츠의 정치적 특성은, 첫째 스포츠 참가자가 자신이 속한 단체나 조직, 사회와 국가를 대표한다는 스포츠의 정치적 대표성, 둘째 스포츠가 조직화 되면서 팀, 리그, 협회, 구단 등이 만들어졌는데, 이들 조직 내에서 또는 조직 간에 자본과 권력을 위해 경쟁을 하여 지배집단과 피지배집단이라는 정치적 권력 관계를 형성하게 되는 스포츠 조직의 정치적 과정을 겪는다. 셋째 스포츠 이벤트를 둘러싼 정치적 상황의 전개로, 스포츠 이벤트와 정치적 상황은 서로 영향을 끼친다. 넷째 스포츠의 제도적 특성(Institutional Character)으로 스포츠는 현존 질서에 대한 정치적 선전과 과시, 저항의 수단, 국민 일체감 형성의 수단으로 이용된다.

(3) 스포츠와 경제

20세기 산업발전과 함께 스포츠의 성장도 크게 이루어졌다. 산업화로 인하여 생활수준이 향상되어 스포츠에 대한 욕구를 증가시켰고, 도시화를 통해 관중동원의 토대가 마련되어 프로스포츠가 출현할 수 있는 결정적 계기가 되었다.

교통과 통신의 발달로 스포츠 보도의 급속한 발달이 이루어졌고, 스포츠 활동에 필요한 일체의 용구 생산 및 판매는 스포츠 용품 산업의 발전을 가져왔으며, 대형 스포츠 센터 및 경기장 건설의 비중이 커지면서 고용 효과가 증대되고, 기념품과 매점업의 상품이 다양해지고 규모가 커지고 있다.

(4) 스포츠와 교육

스포츠가 초기 학교교육에 도입되었던 가장 큰 이유는 교육목표 성취에 가치있는 역할을 담당할 수 있을 것이라는 기대 때문이었으나 심각한 여러 문제들이 학원 스포츠 현장에서 제기됨에 따라 이러한 기대는 점차 감소되어 왔다. 그러나 현대 산업사회의 합리성에 비추어 볼 때 스포츠가 아직도 학부모나 학교 당국자에 의하여 장려되는 데에는 그럴만한 충분한 이유가 있는 것이다.

스포츠는 교육의 중요한 수단이 되어 학생을 최적의 상태에서 육체적·정신적·사회적으로 건강하게 성장시키는 역할을 담당하고 있다. 아울러 애교심을 고양시켜 교내·외의 통합을 촉진하고 다양한 역할모형을 제공함으로써 사회를 선도하는 기능을 수행하고 있다.

(5) 스포츠와 미디어

가. 스포츠와 대중매체

스포츠의 확산에 따라 영향력이 확대되면서 매스미디어로 표현되는 대중매체는 관중의 욕구를 충족시켜 주기 위해서 다양한 보도 기법을 개발하게 되었으며, 스포츠 역시 이러한 매스미디어의 영향을 받아 성장과 발전과정에서 매스미디어와 상호공생적 관계로 발전하고 있다. 특히 스포츠 이벤트가 미디어 이벤트가 되었으며, TV 중계가 없는 스포츠는 생존하기 어려운 오늘날, 스포츠와 미디어의 관계는 매우 중요한 관심사를 보이고 있다.

나. 스포츠에 대한 매스미디어의 영향

매스미디어가 스포츠에 영향을 끼치는 측면은, 첫째 스포츠를 통제하는 것으로써 TV 시청자에게 관심을 유도하기 위해 스포츠의 변화를 도모하며 시청률을 제고하여 많은 광고수입을 올리는 것이다. 둘째 경기시간을 주 시청시간대로 편성하기 위해서 경기 일정을 조정하여 TV 중계권 수입을 올리는 것이다. 셋째 경기 스케줄을 확대하는 것으로, 특히 플레이오프와 같은 높은 시청률을 확보할 수 있는 경기의 수를 늘려 많은 TV 광고 수입을 올리는 것이며, 넷째 스포츠 경기의 일정을 변경하거나 보다 많은 타임아웃을 허용하도록 규칙을 개정하여 보다 많은 TV 상업광고의 기회를 제공하고 있다.

매스미디어가 스포츠를 지원하는 면은 중계권료 지급과 스포츠에 대한 관심 증대를 도모하는 것으로 TV 중계권료는 스포츠 조직(국제경기단체, 구단, 연맹, 리그 등)의 주요 수입원이 되고 있다. 또한 매스미디어는 스포츠의 관심을 유도하거나 증대시키는데 크게 기여한다.

한편 매스미디어는 스포츠를 상업적 오락으로 재 정의하고 있다. 매스미디어의 편집, 선택, 하이라이트 등의 다양한 절차를 거쳐 독자나 시청자에게 전달되는 스포츠는 단순한 경기를 넘어선 상업화된 오락물로서의 가치를 지니게 된다.

다. 매스미디어에 대한 스포츠의 영향

매스미디어에 대한 스포츠의 영향은 스포츠에 대한 매스미디어의 영향과 비교할 때 다소 미약하게 보이나 매스미디어에서 스포츠 컨텐츠가 중요하게 취급되고, 디지털 신기술의 최적 컨텐츠로서 스포츠가 부상함에 따라 스포츠가 끼치는 영향력은 더욱 확대되고 있다.

스포츠는 신문과 방송 산업의 발전에 긍정적 영향을 끼쳐 왔으며, 방송편성에서 스포츠 프로그램이 주요 프로그램으로 정착되었다. 또한 디지털 신기술을 스포츠 중계방송에 적용하여 새로운 방송기술을 개발하고 이러한 기술을 다른 방송에 도입하는 과정은 스포츠가 방송에 기여하는 측면이라 할 수 있다.

2. 체육행정학

1) 체육행정의 이해

(1) 체육행정의 개념

체육행정이란 체육에 관한 행정 또는 체육을 위한 행정이라 말 할 수 있으며, 체육에 관한 행정이라 하면 행정활동의 큰 부분에서 체육을 보는 시각이며, 체육을 위한 행정으로 체육에 대한 전반적인 지원 및 활동을 의미한다고 할 수 있다.

체육행정이란 용어는 일반 행정학 분야에서 조직의 목적을 달성하기 위한 협동적 행위라고 하는 행정의 정의에 체육조직이라는 말을 덧붙인 공·사행정의 의미로 체육조직의 목표를 달성하기 위해 적절한 인적, 물적 자원을 유용하고 효과적으로 사용하도록 하는 전체적 과정이라 할 수 있다.

체육행정의 개념은 체육에 관한 행정인가 아니면 체육을 위한 행정인가에 따라 여러 가지로 정의될 수 있다.

첫째 체육행정을 일반 행정으로 보는 견해로 체육에 관한 행정의 정의로 법규 해석적인 정의라 할 수 있다.

둘째 체육행정을 수단적 봉사활동으로 보는 견해로 체육행정은 사회적·공공적·조직적 활동으로써의 체육에 관하여 공동목표를 설정하고 목표달성을 위한 인적·물적 조건을 정비·확립하고 목표달성의 과정을 지도·감독하는 일련의 봉사활동이라는 것이다.

셋째 체육행정을 구체적인 행정과정으로 보는 견해로 페욜(Fayol, 1949)이 제시한 일반 행정의 과정이 체육행정의 과정에도 도입될 수 있다. 구체적으로 기획, 조직, 지시, 조정, 통제, 보고, 예산 등이다.

넷째 체육행정은 체육목적을 달성하기 위한 협동적 집단행동 또는 조직적 협동행동이라고 보고 있어 협동적 행동을 강조하고 있다. 왈도(Waldo, 1955)는 행정을 고도의 합리성을 지닌 집단적 협동행위라고 규정하였는데, 이러한 개념이 체육행정에 도입된 것이다.

따라서 체육행정(Administration of Physical Education)은 단순 체육활동만을 그 대상으로 하는 것이 아니고 국가의 체육정책을 수립하고 집행하는 행정의 업무로서 지도적 내용과 관리적 내용을 포함하며, 기본적으로 체육행정의 목표달성을 위한 협동적인 조직적 단체활동을 조성하기 위하여 법에 의해서 정해진 행정기관의 집행부에 의해서 행해지는 활동이라고 정의할 수 있다.

(2) 체육행정의 유사 개념

체육경영은 체육 및 스포츠를 수단으로 하여 기업이 최소의 노력으로 최대의 이윤을 얻으려는 일련의 활동이라고 할 수 있다. 이들은 어떤 목적을 달성하기 위한 조직을 가지고 있으며 조직을 효율적으로 운영하기 위한 사람과 재원이 있다는 것은 유사하나, 목표에 있어서 스포츠·체육을 수단으로 하는 기업은 이윤의 극대화를 추구하는 반면, 체육행정은 공익을 추구한다는 점이 다르다.

체육 관리는 체육조직의 목적을 달성하기 위하여 개인이나 집단이 최소의 노력으로 최대의 효과를 협동을 통해 획득하려는 과정이다. 체육 관리는 체육행정과 동일하게 보거나 행정의 개념이 정치적 요소와 관리적 요소가 함께 존재하는 개념으로 바뀌게 되자, 결국 체육행정가는 정치적·대외적 역할을 담당하며, 체육 관리자는 체육행정가가 결정한 것을 대내적으로 집행하고 지도·감독하게 되면서 하위개념으로 보는 견해가 되었다.

(3) 체육행정학의 개념과 역사

체육행정학은 체육학과 행정학의 접목학문으로 국민의 건강을 증진시키고 삶을 풍요롭게 하며, 체육진흥을 통하여 국위를 선양하는 등 체육의 다양한 목적을 달성하기 위하여 정부가 시행하는 체육행정의 현상을 규명하고 분석하는 학문이라고 할 수 있다. 또한 체육의 발전에 저해가 되는 요인을 분석하고 종합하여 새로운 정책을 제시함으로써 체육이 바람직한 방향으로 나아갈 수 있는 방법을 제시하는 학문이다.

(4) 체육행정학의 역사

체육행정이 학문으로서 체계적으로 연구되기 전에도 체육에 관한 행정은 있었으며 산발적이고 비체계적으로 이루어지고 있었다.

미국에서는 1890년 이후 체육행정과 조직에 대한 강의가 대학에서 시작되었고, 1927년 체육행정 강의가 교육과정에 포함되었다. 1941년 체육행정에 관한 자료들은 '체육의 위상'이라는 장에 수록되었으며, 1946년 연구계간지에 체육행정 논문이 실리면서 420편의 논문이 배출되었다.

1950년대의 체육행정이론은 과학적 관리론이 주를 이루었으며, 1950년대 중반 이후 지글러(Zeigler, 1959)의 연구를 시작으로 인간 관계론이 도입되기 시작했다. 1960년대 초 러시아가 인공위성을 발사하게 되자 미국의 정치가와 교육자는 학문 중심의 교육과정을 통하여 국력을 신장시키려는 노력을 하였고 교육투자를 지속적으로 늘렸다. 1961년 캘리포니아 주 정부는 주 내 대학교의 모든 학과들로 하여금 학문적 근거를 마련하도록 요구하는 피셔(Fisher) 법안을 통과시켰다.

체육을 기능 중심 학과로 규정하고 모든 기능 중심의 학과는 대학교육과정에서 제외되어야 한다고 주장한 그 당시 하버드 대학의 총장을 역임했던 코나우트(Conaut, 1963)의 신랄한 비판에 헨리(Henry, 1964)는 대학체육교육협회 모임에서 코나우트의 비판에 대응적 변론을 하면서 체육을 하나의 학문분야로 발전시키려고 노력했으며, 이를 계기로 체육계는 체육을 하나의 학문분야로 발전시키고 대학교와 대학원 전공 프로그램의 성격을 바꾸는 체육의 학문화 운동을 전개했다. 1960년 말 미국체육학회는 체육학을 공식적으로 조직화된 이론적 체계로 간주하고 6개의 하위분야, 즉 체육철학 및 체육사, 체육행정 및 관리, 운동생리학, 생체역학, 스포츠심리학, 스포츠사회학 등으로 구분하였으며, 체육학의 하위분야로 자리 잡으면서 활발히 연구되기 시작하였다.

국내 체육행정 역사의 시발점을 살펴보면, 조국광복 이후 1950년대까지의 체육행정기구에는 4~5명 정도의 소수 직원이 모든 국민의 체육과 보건에 관한 업무를 담당했기 때문에 그 성과는 아주 미미했다. 다만 이시기에는 대한체육회 중심의 민간단체가 사실상 올림픽대회 등 국제경기대회 파견을 위주로 하는 체육행정 전반을 주도했다. 문교부에서 체육을 담당하던 행정기구는 체육과에서 출발하여 5·16 군사정변을 계기로 체육국으로 확대·개편되었으며, 체육국은 대한체육회를 통해 국민체육을 진흥하고, 시·도 교육위원회(교육청)를 통해 학교체육을 진흥시켜 나가고자 했다. 이로써 문교부 체육국은 학교체육과 국민체육을 체계적으로 조화 있게 발전시켜 나가는 기능을 발휘했던 것이다.

2) 체육행정학의 연구영역

(1) 체육행정의 개념에 관한 영역

체육의 개념, 행정의 개념, 체육행정의 개념, 체육행정과 유사한 개념 등에 관하여 연구하는 분야이다. 이것은 체육행정의 개념이 체육의 개념과 행정의 개념 간의 유기적인 상호작용에 의하여 형성된 것이기 때문에 체육의 개념과 행정의 개념이 변화하게 되면, 체육행정의 개념도 변화하게 되는 것이다. 또한 체육행정의 개념과 유사한 개념을 연구함으로써 체육행정의 영역을 결정하는데 도움을 줄 수 있다.

(2) 체육행정가에 관한 영역

체육행정가의 자질, 체육행정가의 역할, 체육행정가의 리더쉽 등에 관하여 연구하는 분야로 체육행정가가 지니고 있어야 할 기본적 소양과 전문적 기능은 무엇이며 어떠한 사람이 체육행정가로서 적격한가를 연구하는 것이다. 또한 체육행정가의 역할과 임무는 무엇이며 체육행정가의 리더십은 어떻게 발휘될 수 있는지를 연구한다.

(3) 체육행정학의 연구영역

체육행정학의 연구영역을 체계적이고 구체적으로 연구하는 분야로 체육행정학은 다양한 주변 학문과 직·간접적으로 교류하고 있기 때문에 연구영역을 정확하게 설정한다는 것은 어려운 일이다. 그러나 체육행정학의 연구영역을 설정한다는 것은 체육행정학이 연구해야 할 범위를 결정해 주는 것이므로 매우 중요한 일이다.

3. 스포츠마케팅

1) 스포츠경영의 이해

(1) 스포츠경영의 개념

행정과 경영으로 번역되는 영어의 Administration과 Management는 같은 말로 혼동되고 있는 경우가 많다. 일반적으로 행정은 이윤추구를 목적으로 하지 않는 정부 또는 비영리조직에 적용되고, 경영은 이윤추구를 목적으로 하는 사업조직이나 산업과 같은 영리조직에서

적용된다.

현대의 정보산업 사회에서 스포츠의 경제적 비중은 날로 증가하고 있다. 즉 스포츠용품, 시설사업, 레저, 건강 스포츠사업 및 프로스포츠 사업 등이 커다란 기업으로 성장하고 있다. 또한 프로스포츠뿐만 아니라 아마추어스포츠 관련 단체들도 스포츠행사 혹은 경기에 재정이 많이 소요됨에 따라 수익증대를 통한 재정자립의 필요성을 절감하고 있다.

스포츠경영이란 두 가지 형태를 가진다. 이는 스포츠경영자라는 직업이 존재하는 전문적인 활동분야와 고등교육기관의 전문가 양성교육 분야를 말한다. 스포츠경영은 고대 그리스 시대부터 존재해 왔으며, 스포츠경영학은 1960년대 미국에서 스포츠경영학의 이론화 작업이 이루어지면서부터 시작되었다. 스포츠경영은 사람들의 스포츠에 관한 수요에 대응해서 스포츠를 공급하는 행위로서 보통 기본적인 요소, 즉 스포츠 경영이라는 요소로 구성된다.

이러한 맥락 속에서 스포츠의 경영학적 연구의 필요성이 대두되었고, 스포츠경영(Sport Management)이라는 용어가 탄생되었으며, 아마추어스포츠 단체를 포함한 스포츠산업의 번성으로 인하여 그 학문적·실제적 수요가 폭발적으로 증가하고 있다.

스포츠경영학이 탄생된 또 다른 이유는 스포츠라는 제품 혹은 서비스가 일반 산업용품이나 소비용품과 다른 독특한 특성을 갖고 있기 때문이다. 1970년대에는 산업의 여러 분야가 독자성을 강조할 수 있을 만큼 충분히 자체적으로 성장하였고, 이렇게 산업의 여러 분야가 발전함에 따라 각 분야의 전문화와 특성화의 필요성이 더욱 강조하게 되었다.

따라서 경영활동으로서의 'Management'는 주로 이윤을 목적으로 하는 사업체에 적합한 의미를 내포하고 있으며 우리나라 말로는 상위계층의 활동을 경영, 중·하위층 관리자의 활동을 관리라고 번역하여 사용하고 있다.

(2) 스포츠경영학의 목적

스포츠경영학은 스포츠와 경영학이라는 두 개의 학문으로 되어있기 때문에 스포츠를 전공한 우리에게 경영학에 대한 연구야 말로 꼭 필요한 것이다. 계획, 조직화, 지도, 평가 등이 스포츠와 관련된 활동이나 스포츠제품의 생산 혹은 서비스를 제공하는 조직에서 이루어질 때 이러한 활동을 스포츠경영이라 할 수 있다. 스포츠경영은 스포츠에 관련된 조직체 고유의 목적을 효과적으로 달성하기 위하여 조직의 모든 자원들(인간, 재정, 물질, 정보, 기술 등)에 다양한 경영원리(기획, 조직, 인사, 지시, 조정, 통제, 평가 등)를 적용하고 응용하는 학문이라고 정의할 수 있다. 계획, 조직, 지휘, 평가 등이 타인들을 통하여 이루어진다는 것은 경영에 대한 시대적인 정의이다.

스포츠경영의 목적은 사람들의 운동수요에 대응하여 각각의 운동 현상의 목적을 달성하기 위해 여러 가지 조건 정비를 하는 것이다. 구체적으로 체육전문가와 스포츠지도자, 경영업체와 행정체 등의 경영을 위한 조직체가 보다 좋은 운동의 장(場)을 제공하는 것을 중심으로 하되 이를 둘러싼 제 조건을 정비하는 것이다.

더욱이 스포츠경영의 영역에는 엘리트 스포츠 육성의 관리 측면이나 민간·상업 스포츠경영, 스포츠 비즈니스에 이르기까지 스포츠를 하거나 관람하는 사람들의 이익이나 의미만이 아니고 스포츠 활동을 수단으로 하여 다른 목적인 스포츠 문화나 상업적 이윤 등을 달성하기 위한 경영의 목적도 포함되어 있다.

2) 스포츠마케팅의 이해

(1) 스포츠산업의 개념과 분류

최근 들어 스포츠산업에 대한 관심이 급증하고 있다. 정부는 1998년부터 시행되는 제2차 국민체육진흥 5개년계획에서 제1차계획 기간 동안 추진하였던 생활체육, 전문체육, 국제체육, 체육과학 및 정보, 체육행정 부문 외에 체육산업을 추가하였다. 언론매체에서는 스포츠산업과 관련된 스포츠마케팅 기사를 상시적으로 취급한 결과 스포츠산업의 중요성을 사회적으로 확산되는데 기여하여 왔다. 스포츠산업의 관심은 학계도 예외가 아니다. 한국체육학회의 1998년 국제학술대회의 주제가 스포츠산업과 국가경제(Sport Industry and National Economy)이었고, 대학의 체육 관련학과에서 스포츠산업을 다루는 경영 및 마케팅 수요가 공급을 훨씬 초과하고 있는 실정이다.

스포츠산업은 체육계뿐만 아니라 기업과 정부 및 국민들에게 초미의 관심사로 등장하고 있다. 그러나 스포츠산업에 대한 실태파악 조차 미흡한 현실은 이 부문에 대한 기대를 무색케 하고 있고, 무엇보다도 스포츠산업에 대한 체계적인 현황조사가 시급하다는 여론이 조성되고 있다. 스포츠산업이 향후 국내외 산업에 미칠 막대한 영향에 비추어 보다 체계적이고 근원적인 성찰을 모색할 시점이 되었다고 본다.

스포츠산업을 스포츠라는 서비스를 상품으로 하는 서비스산업의 일종으로만 이해하기 쉬우나 이 스포츠 서비스산업은 대중오락에 관련된 영화, 음악, TV, 연극, 잡지 등을 포함한 오락산업과 여가산업을 총칭하는 문화사업의 일부라고 할 수 있다. 그러나 스포츠용품 및 시설 등을 만드는 부분들 역시 스포츠산업의 일부이며, 이들은 제품을 만드는 제조업의 일종이다.

스포츠 부문을 크게 구분하면 관람스포츠, 참여스포츠, 스포츠 지원서비스와 스포츠 관련 제조 산업으로 나눌 수 있다.

관람스포츠는 프로팀 스포츠, 학교 스포츠, 트랙 경주, 올림픽이나 월드컵 같은 아마추어 스포츠, 프로 개인스포츠(테니스, 골프) 등으로 분류할 수 있으며, 참여스포츠는 레저스포츠 및 생활스포츠를 들 수 있다.

스포츠 지원서비스업은 스포츠언론사, 스포츠스폰서, 국민체육진흥공단 같은 비영리 업체와 스포츠 종합기업 등을 들 수 있으며, 스포츠 관련 제조 산업은 스포츠 프로그램 제작·판매업, 스포츠의류업, 스포츠식품업, 스포츠용품업, 스포츠용구 제조업 등을 들 수 있다.

(2) 스포츠마케팅의 개념

스포츠마케팅이란 용어가 1978년에 처음 사용된 이후 스포츠마케팅은 스포츠 자체의 부가가치를 창출하고 스포츠 단체, 언론 및 기업의 수익을 높여나가는 방편으로서 화려한 조명을 받기 시작했고, 스포츠마케팅은 스포츠학(The Discipline and Science of Sports) 혹은 체육학(Physical Education)과 경영학(Business Administration)을 두 축으로 하는 스포츠 경영학(Sports Management)의 한 분야이다.

스포츠마케팅은 소비자 욕구만족에 초점을 두고 있으며, 이러한 목적 달성을 위해서는 스포츠 소비자는 누구이며, 어떠한 요소들이 소비자의 소비행동에 영향을 미치는 것인가를 이해하려는 노력이 필요하다.

스포츠마케팅에는 어떤 특정 경기의 주최를 후원하는 기업 후원권 판매, 방송 중계권 판매, 휘장과 마스코트 사업 등과 같은 '스포츠를 이용한 마케팅'과 스포츠 제품이나 서비스를 마케팅 하는 활동을 총칭하는 스포츠의 마케팅으로 구분되나 주로 스포츠의 마케팅을 스포츠 마케팅이라 한다.

스포츠마케팅은 스포츠 소비자의 욕구 충족과 장기적 복지 증진에 기여하고 스포츠산업

각 부분에 해당하는 스포츠 생산자 혹은 조직의 목표를 달성하기 위해 스포츠 제품이나 서비스 교환과 관련된 모든 활동으로 정의되기도 한다. 이는 스포츠산업의 사회·경제적 차원에서의 거시적 마케팅 활동을 의미한다.

스포츠마케팅 관리는 스포츠 생산자가 스포츠 제품이나 서비스를 통하여 스포츠 소비자의 욕구를 만족시킬 수 있도록 상호 교환을 조장하는 아이디어, 재화 및 서비스의 개념, 가격 설정, 촉진 및 유통 경로를 계획하고 실행하는 경영과정으로, 이 정의는 스포츠산업의 개별 경제적 차원과 실제적 차원을 고려한 미시적 입장이다.

3) 스포츠마케팅의 관리과정 및 계획수립

(1) 스포츠마케팅의 관리과정

마케팅 관리란 기업이 이익 증진을 위해 시장 조사, 제품 포지셔닝, 가격 설정, 유통 경로 분석, 촉진 등의 여러 가지 마케팅 수단을 조정하여 마케팅 활동을 관리하는 것이며, 마케팅 과정이란 이러한 마케팅 활동 관리를 단순 체계화시킨 것이다.

(2) 기업 수준에서의 마케팅 관리 과정

가. 기업 사명(Corporation Mission)

기업 사명은 조직 구성원에 대해 동기를 유발시키고, 기업의 주요 방침(Major Policies)을 밝히고, 10~20년에 걸친 기업의 전망(Vision)과 지향하는 바를 명시하는 것이다.

나. 전략사업 단위의 결정

여러 개의 사업을 하는 기업은 독자적으로 계획할 수 있고, 원칙적으로는 기업의 다른 부분과 관계없이 운영될 수 있는 단일 혹은 사업의 집합체를 선정하여 하나로 묶어야 하는데, 이를 전략 사업 단위의 결정이라 한다.

다. 사업구성평가(Business Portfolio Evaluation)

사업구성평가는 보스턴 컨설팅 그룹 방법(Boston Consulting Group Approach)과 제너럴 일렉트릭 다변인 구성 모델(General Electric Multifactor Portfolio Model) 등이 있다.

(3) 스포츠마케팅 계획

스포츠마케팅 활동을 상황에 따라 임기응변식으로 전개해서는 여러 경쟁업자들에 대한 경쟁적 우위를 확보하거나 조직의 목표를 달성하기 어렵다. 따라서 전략적인 스포츠마케팅 계획의 수립은 마케팅 활동의 최우선적인 주요 활동이 되어야 한다. 스포츠마케팅 계획은 스포츠산업체가 마케팅 계획단계에서 조직의 목표와 지원에 따라 마케팅 활동을 자세히 기획(Planning)하여 완성한 문자로서 마케팅 활동을 실행·평가하는 근거가 된다. 즉 전략사업단위와 제품시장단위 수준에서의 마케팅 관리 과정의 가장 중요한 산출물이다.

스포츠마케팅 계획의 내용은 집행 요약서, 현재의 마케팅 상황, 기회와 문제 분석, 목표, 마케팅 전략, 활동 프로그램, 추정 손익계산서 및 통제로 구성된다.

〈표 6〉 **마케팅 계획의 내용**

내 용	목 적
1. 경영자용 요약	· 경영자가 마케팅 계획의 요지를 신속히 파악할 수 있도록 요약·설명한다.
2. 마케팅 상황	· 시장, 경제, 제품, 유통 및 해결해야 할 당면문제를 요약한다.
3. 기회와 문제분석	· 현재의 마케팅 상황 분석 자료에 입각하여 계획된 기간 동안 당면할 주요한 기회와 위협, 강점과 약점을 분석한다.
4. 목적과 목표	· 마케팅 전략과 실행계획의 바탕이 되는 것으로 판매량, 시장 점유율 및 이익 목표를 나타낸다.
5. 마케팅 전략	· 계획상 설정된 목표를 달성하기 위해 쓰일 광범위한 마케팅 방법을 제시한다.
6. 실행계획	· 전략서의 구체적 활동이 언제, 누구에 의해, 얼마의 비용으로 수행해야 될 것인가를 제시한 프로그램이다.
7. 추정손익 계산서	· 계획에 따른 재무상의 결과를 나타낸다.
8. 통 제	· 계획이 효율적으로 실행되도록 검사하는 부분을 나타낸다.

4) 촉진수단으로서 스포츠를 이용한 마케팅

(1) 스포츠를 이용한 마케팅

스포츠 조직이나 유명 선수들이 자신을 소비용품이나 산업용품의 촉진수단으로 영리기업들에 판매하는 사업은 미국에서 연 규모 수억 달러의 사업으로 성장하였으며, 우리나라에서도 대규모 사업이 되고 있다. 스포츠를 이용한 마케팅 사업이 번창하는 이유는 아래와 같이 몇 가지로 요약된다.

첫째 스포츠는 독특한 광고 노출 효과를 갖는다. 경기 대회의 이름에 스폰서 이름을 넣거나 선수 의상에 스폰서 광고를 넣거나, 경기장에 광고판을 설치하는 등으로 경기나 선수가 보도되고 방송될 때 광고 효과를 노린다.

둘째 스포츠를 이용하면 표적시장이나 세분시장을 목표로 한 광고를 효과적으로 할 수 있다. 예를 들어 축구는 30~40대, 농구는 중고등학생들이 많이 관람하므로 이를 적절히 이용하여 스포츠 중계 시간에 광고 할 수 있다.

셋째 TV시청 중 광고가 나오면 채널을 돌리는 경우가 흔한데 정거장에 놓인 광고탑이나 선수들의 복장이나 용품 등에 새겨진 광고는 피할 수가 없다.

넷째 스포츠는 대중 마케팅(Mass Marketing)의 훌륭한 촉진수단으로 스포츠 중계나 보도의 시청률이 다른 어떤 프로그램보다 높음에도 불구하고 낮은 비용으로 많은 소비자를 포착할 수 있다는 것이다.

다섯째 기업의 공익 추구적인 면을 강조함으로써 기업의 이미지를 향상시킬 수 있다. 이 외에도 행사를 후원하는 경우에 신제품 개발, 직접 판매, 시장 확대 등의 여러 가지 참여성과를 올릴 수 있다.

스포츠 참여 및 관람자뿐만 아니라 시청 및 구독자들도 사회의 여러 가지 변화의 영향으로 증가하고 있는 까닭에 스포츠를 이용한 광고의 효과는 날로 커지고 있다. 그 밖에도 스포츠를 광고로 이용하거나 후원하는 것은 현대사회에서 기업이 소비자에게 친구로 다가갈 수 있고, 소비자에게 건전한 여가선용의 기회를 제공하는 좋은 수단이 된다.

(2) 스포츠산업 측면에서 스포츠를 이용한 마케팅

관람스포츠산업의 입장에서 스포츠를 이용한 마케팅의 가장 대표적 사례는 국제올림픽위원회(IOC)에서 실시하는 TOP(The Olympic Program)와 각국 NOC(National Olympic Committee)의 NOP(National Olympic Program)라는 마케팅 프로그램으로 주로 기업 후원, 자체 수익 사업 및 방송 중계권료 등으로 구성된다.

IOC나 NOC 및 기타 아마추어스포츠 단체들을 포함한 관람스포츠산업의 입장에서 이를 이용한 마케팅은 크게 세 가지 형태로 구분된다.

첫째 행사 후원으로 대회명칭 후원, 공식 후원, 공식 공급 및 공식 상품권을 포함하며, 둘째 스포츠 단체·팀·선수의 후원, 이서, 매체 상품화 등이다. 셋째 방송 중계권 판매로 이는 특정 스포츠 리그나 특정 스포츠 행사의 주관 단체가 경기의 독점 중계권을 특정 방송사에 판매하는 것이다.

참여스포츠산업의 경우에도 행사 후원, 기부금 조성 및 매체 상품화 등의 여러 가지 사업이 가능하다. 따라서 스포츠마케팅 관리자는 스포츠를 이용한 수익사업을 끊임없이 개발할 필요가 있다.

4. 스포츠심리학

1) 스포츠심리학의 이해

(1) 스포츠심리학의 개념

스포츠심리학(Sport Psychology)은 스포츠상황의 제도화된 규칙 하에서 이루어지는 인간 행동의 경쟁적 신체운동을 분석하고 이해하며 통제하고 예측하기 위해 심리학의 다양한 변인 및 원리를 제공하는 분야이다. 다시 말해 스포츠 수행에 있어 다양한 심리적 변인이 운동수행에 미치는 영향과 스포츠 참여가 개인의 심리적 발달에 미치는 영향 등을 직접적으로 또는 간접적으로 심리학 측면에서 과학적으로 설명하는 학문이다.

(2) 스포츠심리학의 연구영역

광의의(넓은) 의미의 스포츠심리학의 영역으로는 운동발달(Motor Development), 운동학습(Motor Learning), 운동제어(Motor Control), 스포츠심리(Sport Psychology), 건강운동심리(Exercise Psychology)로 분리되며, 협의의(좁은))의미의 스포츠심리학은 연구의 대상을 운동수행과 스포츠수행에 한정지어 거기에 영향을 미치는 요인을 규명하는 영역이다.

운동제어 영역은 인간이 운동을 생성하고 조절할 때 사용되는 기전을 밝히고, 이때에 적용되는 원리를 규명하는 데에 관심을 두는 연구 분야로 운동 생성 및 제어 시 사용되는 기전이 무엇이며 어떻게 작용하는지, 운동에 필요한 정보를 어떻게 받아들이고 보내는지 여러 가지 반사 기전이 운동조절에 어떻게 작용하는가를 규명하는 연구를 한다.

운동학습 영역은 운동기능의 습득에 관한 원리를 규명하는 연구 분야로 운동기능을 이루는 변인을 분석·규명하여 가상적인 운동행동모형을 구상하고 운동행동 과정을 이해함은 물론, 효율적인 기능습득 방안을 고안한다. 또한 습득된 운동이 어떻게 파지 또는 망각되며, 운동기억이 하고자 하는 운동에 어떻게 이용되는가를 밝히며 운동기능 습득에 도움이 되는 피드백 정보 및 결과지식에 관한 연구를 한다.

운동발달 영역은 인간의 운동기능이 성숙해짐에 따라 어떻게 분화되고 다시 종합화하여 발달·변화하는가를 분석함으로써 서로 다른 특징을 가지고 있는 각종 운동기능의 최적 학습기, 최적 수행기, 쇠퇴기 등을 결정하는 자료를 제공하며, 기능의 발달에 대한 유전의 영향과 학습의 효과를 분석하는 데에 관심을 두는 연구 분야이다. 특히 최근에는 노인과 장애인의 운동수행 특성까지 확대되고 있다.

(3) 스포츠심리

운동수행 시 개인의 사회적 변인이 어떻게 작용하는가를 분석하여 이상적 심리상태를 모색하며 구체적으로 집단응집, 사회적 촉진, 지도력, 관중의 효과 등에 관해 연구한다.

또한 운동수행 시 개인의 심리적 특성 등이 운동 연습과 수행에 어떻게 작용하는가를 분석하며, 구체적으로 욕구, 성격, 동기, 공격성, 불안, 각성, 주의집중 등에 관해 연구한다.

2) 운동제어

운동제어란 인간이 수행하는 각종 신체활동의 최소단위 요소인 수의적인 동작의 생성과 제어에 관한 기전을 밝히려는 연구 분야이다. 즉 운동제어란 인간이 어떻게 수의적인 동작을 제기 · 생성하는가?, 동작의 생성은 무엇에 의해 이루어지는가?, 생성된 동작은 어떻게 지속되어 가는가? 등에 관련된 질문과 그에 따르는 세부적이고 구체적인 문제에 관한 답을 찾고자 하는 연구영역이다.

1900년대 초반 인간의 행동연구에 있어서 주도적인 역할을 한 행동주의적 접근은 주로 신경생리학적 관점에서 자극과 반응의 관계를 규명함으로써 다양하게 나타나는 인간의 운동행동을 설명하려고 하였으나, 인간의 인지적인 능력을 설명하지 못하는 제한점을 가지고 있다.

정보처리의 접근은 인간을 정보처리자로 간주하면서 행동주의 접근에서 설명하지 못한 많은 사실들을 규명하게 되었고, 이는 인간의 운동행동에 대한 연구 분야의 발전에 기여하였다.

정보처리의 세 단계를 보면 첫째 자극확인단계(감각 · 지각단계) - 환경으로부터 정보를 받아들이고 확인하는 단계, 둘째 반응선택단계 - 자극확인단계에서 받아들인 수많은 정보를 활용하여 가장 효과적인 운동 반응을 선택하는 단계, 셋째 반응계획단계 - 적절한 힘과 타이밍으로 효율적인 운동 수행을 생성할 수 있도록 움직임에 대한 계획을 수립하는 단계이다.

3) 운동학습

(1) 운동기술의 이해

운동기술은 효율적인 신체 움직임을 통하여 의도하는 목표를 성취하기 위해 다양한 상황적 요구에 맞는 동작을 수행해 낼 수 있는 능력을 말한다.

운동기술은 속도, 정확성, 폼, 적응력 등의 요소로 구성되어 있으며, 각 스포츠 종목에 따라 그 중요성이 다르게 나타난다.

운동수행은 특정한 목적을 가지고 수의적으로 생성된 운동동작을 말하며, 운동기술의 수준, 개인의 신체적 · 심리적 상태, 물리적 · 사회적 환경에 의해서 이루어진다.

(2) 운동기술의 분류

운동기술은 근육의 크기에 따라 대근 운동기술과 소근 운동기술로 나눌 수 있는데, 주어진 동작을 수행하기 위해 큰 근육을 사용하는 기술을 대근 운동기술이라 하며 달리기, 걷기, 차기 등을 예로 들 수 있다. 글쓰기, 피아노 치기 등은 작은 근육을 사용하는 기술로 소근운동기술이다.

운동기술은 수행자와 환경의 상태, 즉 동작 수행 전에 수행자와 환경이 정지해 있느냐 움직이고 있느냐에 따라 4가지 유형으로 분류되기도 하며, 움직임의 연속성에 따라 불연속 기능, 계열기능, 연속기능으로 분류하기도 한다. 불연속 기능은 동작의 지속시간이 짧고 운동의 시작과 끝을 쉽게 알 수 있는 기능으로 던지기, 받기, 차기 등이며, 계열기능은 불연속 동작이 연속적으로 이루어지는 기능으로 체조, 야구의 수비 등을 예로 들 수 있다. 연속기능은 수분동안 운동이 지속되어 운동의 시작과 끝이 분명하지 않는 기능으로 수영, 달리기, 사이클 등을 들 수 있다.

(3) 운동기술 학습

어떤 동작을 반복 · 연습함으로써 숙달된 운동을 하는데 기초가 되는 운동능력을 습득하는 것으로 숙련된 수행에 필요한 역량을 비교적 영속적으로 변화시키는 연습과 경험의 과정을 의미한다.

운동기술 학습의 단계는, 첫째 인지단계로 학습자가 목표나 방법을 이해하는데 어려움을 겪는 단계로 지도자의 말이나 동작의 시범에 의존하여 연습한다. 둘째 고정화 단계는 학습자의 동작에 일관성이 부족한 단계로 시간이 지날수록 운동을 하는데 실수를 줄어들게 되므로 학습자는 잘못된 부분을 발견하고 고치려는 노력이 중요하다. 셋째 자동화 단계로 의식적인 조절에 의해서 운동을 하기보다는 거의 자동으로 운동이 이루어지는 단계이다. 충분한 반복적인 연습을 통해서 이 단계에 이를 수 있다.

(4) 피드백과 운동학습

피드백이란 운동기술을 수행하는 과정에서 나타나는 오류를 탐지하고 수행하고자 하는 운동행동의 체계를 형성하는데 필요한 정보뿐 아니라, 운동의 동작이 끝난 후에 동작의 정확성 여부를 판단하기 위한 정보를 제공하는 것을 의미한다.

피드백은 학습자에게 효율적인 운동수행에 필요한 정보를 제공해 주고, 학습자가 지속적으로 목표를 성취할 수 있도록 동기유발을 하며, 부적합한 동작을 피하고 적합한 동작을 할 수 있도록 강화하고, 다음 수행해야 할 특별한 정보에 주의를 기울이게 하나 학습자 스스로 문제를 해결하기보다는 다른 외적인 지도에 의존하게 만들기도 한다.

제3장

자연과학적 연구

자연과학을 과학이라고도 한다. 과거에는 자연현상이 재현 가능하다는 특성과 함께 실험이 가능하고 정밀한 수리적 방법으로 현상들 사이에 함수관계를 확정할 수 있다는 방법에서 그 특징이 있었다. 그러나 오늘날 사회과학과 자연과학에서는 서로의 연구방법을 공유하고 있다. 따라서 인간의 합리적이고 논리적인 방법으로 일반 원리를 추구해 나가는 과정과 그 과정에 의해 얻어진 지식체계를 자연과학이라 말한다. 과학은 결론도 중요하지만, 결론을 이끌어내는 과정이 더욱 중요하다. 과학에 의해 얻어진 지식체계는 경험적인 방법에 의해 추론된 것이므로 절대적인 진리는 아니다.

알베르트 아인슈타인은 "자연과학은 수백 년 동안 세계 내의 지각할 수 있는 현상들을 서로 관통할 수 있게 결합시키려는 노력이었다. 단언하면, 과학은 모든 존재들의 개념을 파악하려는 과정에서, 이들 개념에 대한 후속적인 재건을 시도하는 것이다"라고 하였다.

과학적 방법을 이용한 근대과학은 르네상스 이후 유럽에서 시작되었다. 근대정신의 요체는 무엇보다도 거대한 기계로서 자연을 바라보고 "자연은 수학적 언어로 기록되어 있다"고 파악한 갈릴레오 갈릴레이의 말에 잘 나타나 있다. 이러한 세계관에서 출발한 근대 자연과학은 데카르트의 과학적 방법론과 뉴턴의 운동법칙 발견에 의한 고전 역학의 성립으로 현재와 같은 학문 체계를 이루는 기반을 수립하였다. 즉 경험적인 실험을 통하여 자연법칙을 발견하는 것이 과학의 특징으로 자리 잡은 것이다.

1. 운동생리학

1) 운동생리학의 이해

(1) 운동생리학의 개념

생리학(physiology)은 생물체의 기능을 연구하는 과학의 한 분야이다. 생리학의 연구주제는 살아있는 생체 내에 존재하는 개체, 기관, 세포, 생화학 분자들의 화학적 또는 물리적 기능을 포함한다. Physiology라는 용어는 라틴어 Physio(자연)와 Logia(과학)라는 의미를 포함하고 있다. 즉 생리학은 생물을 대상으로 하는 자연과학이며 의학의 기초가 된다.

생리학에서 파생된 운동생리학은 운동이라는 자극에 반응해서 일어나는 기능적인 변화와 규칙적이고 반복적인 훈련의 결과로 나타나는 적응현상을 연구하는 학문이다. 즉, 신체활동 및 운동이라는 자극과 스트레스, 훈련의 적응에 반응하여 일어나는 근육계, 신경계, 호흡계, 순환계, 에너지 대사 및 체온조절과 같은 기능적인 변화로 나타나는 인체의 생리학적인 적응현상을 연구한다.

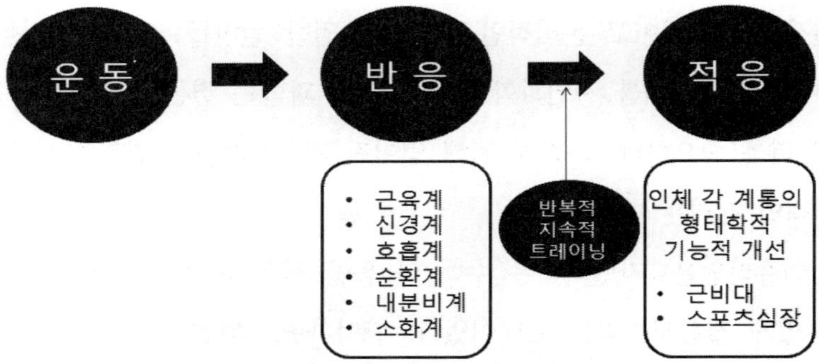

〈그림 5〉 **운동에 대한 인체의 반응과 적응현상**

(2) 운동생리학의 유래

운동생리학은 해부학과 생리학으로부터 생겨났다. 고대 그리스 시대부터 인체의 기능에 관한 연구가 시작되어 왔으나, 인체의 기능을 이해하기 위한 실질적인 공헌은 1500년대에 이르러 시작되었다. 1543년 베살리우스(Andrea Vesalius)의 대표 서적인 〈Febrica Humania Corporius(인체의 구조)〉에서 인체의 여러 기관을 해부학적 관점에서 기술하였으며, 그 기능에 대해서도 함께 기술되어졌다. 생리학을 설명하기 위한 초기의 시도들은 눈으로 관찰되는 범위의 제한성 때문에 대부분 결점이 많고 허구성이 노출되면서 단지 기술하는 데 그친 경우가 대부분이었다.

19세기 말 이전까지 생리학자들의 주요 목표는 임상적인 중요성과 관련된 정보를 얻는 것이지 운동 수행 시 나타나는 반응에 관해서는 거의 관심이 없었다. 규칙적인 운동의 중요성은 1800년대 중반에 이미 알려져 있었지만, 근육활동의 생리학의 관심은 1800년대 후반에야 나타났으며, 이후 근수축의 에너지원을 설명하기 위해서 많은 이론들이 제안되기 시작했다.

19세기경 운동생리학은 여러 기초과학에 기반을 두고 유럽 국가들을 중심으로 발전하기 시작하였다. 특히 독일 과학자들에 의해 대사과정과 산소소비량과 같은 호흡·순환계에 운동이 미치는 영향에 대한 연구가 시작되어 중요한 성과들이 있었지만, 독일의 나치시대와 2차 세계대전으로 많은 과학자들이 미국으로 이주하면서 미국에서 운동생리학이 크게 발전하였다. 특히 운동과 환경이 인체에 어떤 영향을 미치는지를 연구하기 위해 하버드대학에 피로연구소가 1927년 설립되어 1947년 폐쇄됐는데, 이 연구소가 미국에서 응용생리학의 기초가 되었고, 세계의 많은 과학자들과 함께 수많은 공동연구를 수행하면서 운동생리학 발전에 크게 기여했다. 현재 운동생리학이 있기까지 Henderson(혈액의 생화학 성분연구), Dill(하버드 피로실험실 창립), Cureton(기초체력 연구), Cooper(에어로빅 운동창시자), Gollnick(근생검), Wasserman, Skinner(최대산소섭취량, 무산소성 역치 등 생리적 변화연구), Borg(운동자각도), Brooks(운동 후 초과산소섭취량 이론)등 특히 미국과 유럽 국가들을 중심으로 세계의 많은 운동생리학자들의 연구와 노력에 의해서 이루어졌으며, 호흡계, 순환계, 근신경계 등에서 운동과 트레이닝의 효과에 대한 많은 연구들과 발견들의 초석 위에서 현재의 운동생리학이라는 학문으로 발전해 왔다.

(3) 연구과제 및 동향

운동에 의하여 항상성이 어떻게 유지되고 또는 무너지며 부활하는지, 그리고 다양한 기관계의 기능이 어떻게 반응하고 적응하는지를 알아보는 것이 연구과제이며, 인간의 신체기능과 작업능률 향상을 위한 연구 외에 운동생화학, 임상적용, 내분비학, 분자생물학, 노화와 관련된 연구까지 그 연구의 폭을 넓혀가고 있다. 또한 웰빙의 붐을 타고 운동선수뿐만 아니라 일반인들도 건강에 대한 관심이 크게 증가하면서 운동생리학 분야는 체육수업과 스포츠 분야의 범위를 넘어서 어린이와 노인, 장애인, 만성적 질환자 등 모든 분야에 있어서 그 영역을 확대해 가고 있다.

2) 에너지 대사와 운동

(1) 운동과 항상성

인체는 적절한 내부 환경 조성을 위해 끝없이 다양한 생리작용을 일으키는데 이때 비교적 안정된 내부 환경 상태를 유지하는 능력을 항상성(Homeostasis)이라 한다. 신체의 모든 기관은 항상성을 유지하기 위해 작용하게 되는데 신체의 요구가 적절히 충족되고 신체의 기능이 원활할 때 신체는 항상성 상태, 항정상태에 있다고 한다. 그러나 몸속에서 신체를 최적상태로 유지하려는 항상성이 깨지면, 질병이 쉽게 발생하거나 건강상 많은 문제점을 야기 시킬 수 있다.

우리 몸의 세포와 기관은 항상성 유지라는 하나의 목표를 향해 서로 협조하고 통제하는데, 이 통제는 신경계와 내분비계에서 이루어지고 있다.

신경계는 인체와 내외 환경 사이에서 온갖 자극을 감지하고 통제하며 반응하는 기능을 가진 통신망과 같다. 즉각적 반응을 요구하는 신체활동의 조절 및 조화를 담당하고, 특히 외부 환경 변화에 대한 반응을 감지하고 움직이도록 하는 중요한 역할을 담당하며 뇌, 척수, 말초신경, 특수 감각기관 등으로 구성되어 있다.

내분비계는 호르몬 분비선이 있어서 속도보다는 시간을 필요로 하는 활동을 조절하지만, 그것의 효과는 장시간 오래 지속되는 특징을 가지고 있으며, 인체를 순환하는 혈액이 운반하는 물질을 통해 조절 기능을 하는데, 예를 들어 신장 기능 조절, 내부 환경의 용적과 전해질 구성 조절, 영양소의 농도 조절 등이다. 내분비계는 시상하부, 뇌하수체, 갑상선 호르몬, 부갑상선, 부신, 생식선, 췌장, 태반, 장점막, 흉선, 송과선 등이 포함된다.

(2) 에너지 대사

일반적으로 에너지(Energy)는 일을 수행할 수 있는 능력으로 정의된다. 에너지는 화학적 에너지, 기계적 에너지, 열에너지, 빛에너지, 전기적 에너지, 핵에너지로 서로 전환이 가능하다. 인체의 전체 에너지 가운데 60% 정도는 열로 전환되고, 40% 정도만이 화학적 에너지로 전환되어 움직임이나 막의 능동적 수송, 분자합성 등의 기능을 수행하게 된다. 우리는 음식을 섭취함으로써 에너지를 얻는데 음식물 에너지(화학적 에너지)는 인간의 움직임을 가능케 하는 기계적인 에너지로 전환된다.

가. ATP-PC 시스템(인원질 시스템)

근 내부에는 ATP 이외의 고 에너지 인산 화합물로서 크레아틴 인산(Phosphocreatine ; PCr)이 존재한다. ATP-PCr시스템에서는 PCr이 크레아틴(Creatine ; Cr)과 무기인산(Pi)으로 분해할 때 발생하는 에너지를 이용하여 ATP를 재합성 한다〈그림 6〉. 다른 2가지 에너지 공급시스템에 비해 단위 시간당 공급되는 에너지양은 가장 크지만 PCr양은 한계가 있기 때문에 이 기전이 최대한으로 동원되더라도 7~8초 정도밖에 ATP 공급을 하지 못한다. 대개 전력을 다한 운동의 경우 3~15초 이내의 운동에서 사용되는 시스템이라고 할 수 있다. 이 과정은 산소를 필요로 하지 않기 때문에 무산소 시스템 과정이라고 한다.

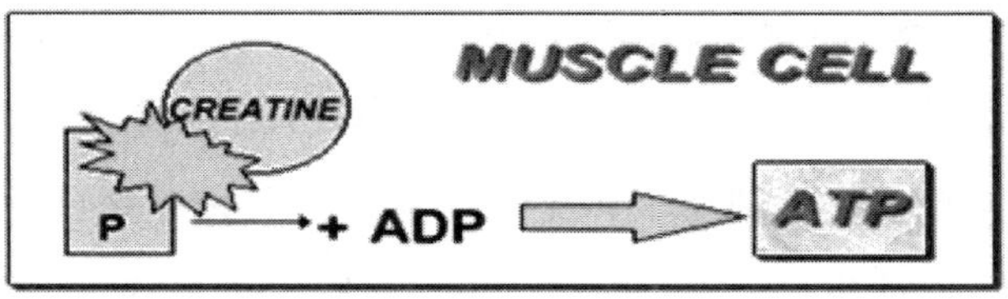

〈그림 6〉 **인원질 과정**

나. 젖산 시스템(Glycolysis System, 무산소성 해당작용)

ATP생산을 위해 글루코스 분해를 통하여 에너지를 방출시키는 과정을 해당과정이라고 한다. 이 과정도 산소를 필요로 하지 않기 때문에 무산소과정이라고 하며, 글루코스나 글리코겐이 몇 가지 과정을 거쳐서 피루빅산(Pyruvic Acid)으로 변환되며, 그 과정에서 ATP가 생산된다. 해당 과정에서는 반응이 그다지 빠르게 진행되지 않기 때문에 피루빅산의 생성 속도가 빠르지 않을 경우에는 피루빅산은 미토콘드리아로 흡수되며, 최종적으로는 물과 이산화탄소로 분해된다. 피루빅산의 생성속도가 빠르고, 미토콘드리아에 의한 피루빅산의 처리속도를 생성속도가 상회할 때 피루빅산은 젖산(Lactic Acid)으로 변환된다. 생성된 젖산은 크게 나누어 2가지 경로에서 처리된다. 하나는 젖산을 생산한 근 자신이 처리하는 방법으로, 해당시스템의 흐름이 빠른 경우 젖산은 피루빅산으로 재 변환되며, 미토콘드리아로 흡수된다. 또 하나는 근에서 이탈하여 간이나 활동하지 않는 다른 근에서 처리되는 경로이다.

이러한 에너지 시스템은 많은 양의 ATP를 생산하지 못하지만 높은 강도에서 운동을 할 때 처음 몇 분 동안 에너지 공급을 위해 중요한 역할을 한다. 특히 30초에서 2분 이내의 운동에서 중요한 역할을 담당한다. 그러나 강력한 운동 시 무산소적 대사과정에서 생성된 젖산이 피로를 야기하기 때문에 일정 농도 이상이 근육에 축적하면 근섬유의 칼슘 결합 능력을 감소시켜 근 수축을 방해하기 때문에 해당과정은 젖산을 만드는 특징이 있으며, 이 시스템을 젖산시스템이라고 한다.

다. 유산소성 시스템(Oxidative System, 산화적 시스템)

유산소성 시스템의 반응은 무산소성 과정처럼 근세포 내에서 일어나지만, 세포에 존재하는 미토콘드리아 내에서 산소를 사용하여 ATP를 생산한다. 이 시스템의 에너지 공급 속도는 3가지 시스템 중에서 가장 느리지만, 산소가 충분히 공급되면 체내의 탄수화물이나 지방이 없어지지 않는 한 시간적으로는 무한대로 에너지를 지속 공급할 수 있으며, 많은 양의 ATP가 생성되지만 피로물질인 젖산이 생성되지 않아 지구력 운동 중에 주된 에너지로 사용된다.

유산소성 시스템의 과정에는 유산소적 해당 작용, TCA 회로 (구연산 회로, Krebs Cycle), 전자전달계 등이 있다.

2. 운동역학

1) 운동역학의 이해

(1) 운동역학의 역사와 개념

운동역학(Sports Biomechanics)의 시작은 동서양을 막론하고 멀리 거슬러 올라 갈 수 있겠지만 운동과 힘을 체계적으로 다루기 시작한 것은 갈릴레이와 뉴턴 등에 의하여 시작된 물리학의 기초를 정립한 때로 보고 있다. 그 후 인체의 구조, 생리, 근육과 신경계의 기능이 점차 밝혀지면서 이 분야가 발전되어 왔다.

실제로 운동역학이 운동학의 한 분야로 도입되기 시작한 것은 1970년대 초로 당시에는 운동기능학(Kinesiology)이라는 용어를 사용하여 인체의 움직임을 근·골격적인 측면에서 분석한 것에 비해 운동역학은 역학적으로 인체의 움직임을 좀 더 과학적으로 분석하고 있어서 최근에는 세계적으로 운동역학이라는 용어를 사용하고 있다.

생체역학은 Bio(살아있는)와의 Mechanics(역학 또는 기계학)가 합성되어 만들어진 용어로 생명을 가진 물체에 관계하는 모든 것을 역학적으로 분석하는 학문이다. 이러한 생체역학 분야 중 스포츠와 운동, 연습에 있어서 인간 움직임의 연구에 생체역학의 원리를 적용하는 것이 운동역학이다.

(2) 운동역학의 목적

운동역학의 목적은 인체운동을 원리적으로 이해하는데 있다. 인체운동의 원리적 이해를 통해 보다 높게, 빠르게, 힘차게 운동을 효과적으로 수행할 수 있도록 효과성(Effectiveness)을 높이며, 효율적인 운동패턴을 규명하고 개발해서 운동의 효율성(Efficiency)을 높이고, 운동용·기구의 개발과 인체동작을 분석하여 안전성(Safety)을 높이고, 동작의 아름다움(Beauty)을 높이고 일상생활의 편리함(Daily life)을 높이는데 목적이 있다.

2) 운동역학의 기초 지식

(1) 운동의 형태

일반적으로 인간의 운동은 선운동, 각운동, 복합운동으로 분류하고 있다. 병진운동이라고 하는 선운동(Linear Motion)은 어떤 물체가 한 장소에서 다른 장소로 이동할 때 물체의 모든 부분이 같은 거리, 방향, 속도로 움직이는 운동형태를 말한다. 회전운동이라고 하는 각운동(Angular Motion)은 일정한 축을 중심으로 인체 또는 물체가 동일한 각도로 움직이는 운동형태를 말한다. 복합운동(General Motion)은 선운동과 각운동이 함께 일어나는 운동으로 인간의 대부분의 움직임은 복합운동의 형태로 이루어지고 있다.

(2) 운동역학의 물리량

물리량은 공간 내의 위치를 설명하는 길이, 기준시간으로부터 시간 경과를 의미하는 시간, 물질의 양을 정량화한 질량 등과 같은 단위를 사용하여 정량적으로 측정할 수 있는 역학량으로, 운동역학에서는 이 기본 물리량을 사용해 모든 움직임을 설명하고 있으며, 이 물리량을 표현하는 단위계는 SI계의 MKS단위계(m, kg, sec), CGS단위계(cm, g, sec)를 주로 사용한다.

(3) 힘의 개념과 종류

운동은 힘을 바탕으로 일어난다. 이렇게 운동을 일으키는 원인이 되는 힘은 크기와 방향을 가지고 있으나, 물체에 힘을 가했을 때 반드시 운동이 일어나는 것은 아니며, 물체가 지닌 저항력을 극복하였을 때 물체의 상태변화가 운동으로 일어나며, 이러한 운동형태는 힘이 가해진 위치에 따라 결정된다.

가. 근력

근력은 근육의 수축에 의해서 발생하는 힘으로 근 수축은 근육의 수축시 길이가 짧아지는 단축성 수축, 근수축시 근육의 길이가 길어지는 신장성 수축과 근수축시 길이의 변화가 없는 등척성 수축으로 구분된다. 한편 근력은 인체운동을 위해 관절운동을 일으키는 근육군인 주동근(Agonists)과 주동근의 수축력을 제어하는 근육군인 길항근(Antagonists)과 근수축시 움직이지 않고 있는 쪽의 끝 부위인 기시점(Origin)과 근수축시 움직이는 쪽의 끝 부위인 착점(Insertion)으로 구분하기도 한다.

나. 중력

지구상에 존재하는 질량을 가지는 물체는 반드시 지구 중심을 향해 당기는 인력의 영향을 받게 되는데, 이 힘을 중력이라 한다. 중력의 크기는 물체의 질량에 비례한다. 중력은 인체의 운동에 여러 가지 역할을 수행하는데, 중력이 공중에서 떠 있는 인체를 아래로 끌어내리기 때문에 인체는 반복해서 지면과의 접촉을 유지하고 추진력을 발생시켜 운동을 조절할 수 있다.

(4) 운동방법의 5대 원리

운동방법의 5대 원리는 첫째 좌우 팔과 좌우 다리가 반대 동작이어야 안정을 유지할 수 있게 되고 운동이 원활하게 잘 된다는 반대동작(Opposition Motion)의 원리, 둘째 목표를 정확히 주의 깊고 집중력 있게 쳐다봐야 운동이 잘 된다는 목표·초점(Goal & Focus)의 원리, 셋째 치거나 차는 동작이 이루어지는 방향으로 따라가야만 운동이 잘 된다는 팔로스로우의 원리, 넷째 적은 힘으로 큰 동작, 같은 힘으로 큰 동작을, Input 보다 Output이 커야 한다는 에너지 효율(Energy Efficiency)의 원리, 다섯째 합심, 총력을 기울여 머리부터 발끝까지 몸 전체를 움직여야 운동이 잘 된다는 전체·집결(Total & Assembly)의 원리를 말한다.

(5) 중심(Center of Gravity ; COG)

인체를 전·후·좌·우·상·하로 나누었을 때 완전히 균형을 이루는 상상점으로 제3선골의 전상방(前上方)에 있다는 학설이 90%이고, 제2선골 앞쪽에 있다는 학설이 10%이다.

무게중심은 물체의 내부에 위치하는 경우가 대부분이지만, 인체는 계속적으로 움직이는 경우가 대부분이므로 무게중심의 위치가 계속적으로 변하는 것이 일반적이며 외부에 위치하는 경우도 있다.

3) 운동기술 분석

운동역학적 정보는 에너지와 충돌의 원리 측면에서 좀 더 안전한 스포츠 및 활동 프로그램을 계획하는데 적용될 수 있고, 스포츠 기능의 기초적 정성 분석(Basic Qualitative Analysis)에도 이용되며, 운동기능을 수행하는 좋은 방법을 고안하는 기초를 제공하며, 새로운 시각에서 스포츠를 보는 사고과정, 그 자체가 적용되는 역학 원리의 이해와 원리와 실제와의 관계 이해를 촉진할 수 있다. 분석의 형태(Types of Analysis)를 보면 다음과 같다.

(1) 기능학적 분석(Kinesiological Analysis)

기능학적 분석은 어떤 스포츠 기능에서 사용되는 관절이나 근육, 근력 등을 규정하고 그 참여 순서와 정도를 연구하는 것이다.

(2) 정성 분석(Qualitative Analysis)

정성 분석에는 육안 관찰과 사진 관찰이 있는데 수행된 퍼포먼스의 좋은 점과 나쁜 점을 판정하는 것으로, 때로는 운동역학적 분석이 아니라 단순한 테크닉 평가가 되어버리는 경우도 있다.

(3) 정량 분석(Quantitative Analysis)

정량 분석은 운동을 측정하고 그 데이터를 기록하는 작업을 포함하며 기자재 사용이 필수적이므로 정성 분석보다는 깊이가 있다. 실험실에서는 고속 카메라(High-speed Camera), 동작 분석기(Motion Analyzer), 포스 플랫폼(Force Platform), 컴퓨터 등의 기술적인 측정 및 기록 장비를 사용한다.

(4) 운동역학적 고찰(Sports Biomechanical Speculation)

운동역학적 고찰은 그 자체가 분석 방법은 아니지만, 역학과 해부학의 이해를 필요로 하며 스포츠 기술을 수행하는 다른 방법을 모색하는 숙련자에 의해 사용된다.

3. 트레이닝론

1) 트레이닝의 이해

(1) 트레이닝의 개념

스포츠에서 트레이닝이란 계획적으로 체력을 강화시키는 훈련으로, 신체의 잠재적 능력을 향상시키는 과정이다. 운동 경기나 스포츠에서 경기력을 향상시키는 것이 큰 과제라면, 트레이닝은 경기력을 높이기 위해 이루어지는 인체의 부하과정이라 할 수 있다.

여기에서 경기력은 체력과 기술이 종합된 작업 능률로써 표시된다. 체력은 정신력과 행동력이 종합된 것으로, 지혜와 정서뿐만 아니라 그 밖의 체력 요소를 전반적으로 내포하고 있는 것이다.

지속적인 트레이닝을 하면 신체의 제 기관의 기능과 전반적인 체력요소가 발달하게 되는데, 이는 신체의 적응 능력 때문이다. 적응은 생체가 새로운 환경에 대하여 반응하는 생리적 현상을 뜻하는데, 일시적인 적응과 영구적인 적응이 있다. 안정 시에 비하여 운동 시에 심박수나 호흡수가 증가하는 현상은 일시적인 적응이며, 운동선수와 비운동 선수를 비교할 경우 운동 시에 운동선수의 심박수나 호흡수의 증가가 비운동 선수보다 낮은 것은 영구적 적응 현상이다.

규칙적인 운동의 효과는 영구적인 적응에 의한 체력의 향상인데, 트레이닝은 운동 프로그램의 계획과 실천에 의해서 생체의 영구적 적응 현상을 유도하는 과정이라고 정의할 수 있다.

(2) 트레이닝의 목적

운동선수들은 대부분 트레이닝을 통해서 자신의 체력, 정신력 및 기술을 비롯한 경기력을 향상시키고자 하며, 일반인들은 체력향상을 비롯한 건강을 향상시키고자 한다. 이러한 내용들은 모두 트레이닝의 일반적인 목적에 해당한다.

가. 체력의 향상

트레이닝의 목적 중 가장 기초를 이루는 것으로 다양한 신체적 능력의 향상을 이루고자 하는 것이다. 예를 들어, 일반적인 근력 및 지구력의 향상, 민첩성과 유연성을 향상, 협응력의 향상 등을 통해서 신체적 능력을 조화롭게 향상시키는 것이다.

나. 스포츠분야와 관련된 체력의 향상

스포츠 활동과 직접적으로 관련된 체력의 향상을 의미하는 것이다. 예를 들어, 절대 및 상대근력, 근육량 및 탄성의 향상, 파워와 근지구력과 같이 스포츠에서 요구되는 특수한 근력의 향상, 동작시간 및 반응시간의 단축을 통한 협응력의 향상 등과 같이 스포츠 활동에서 직접적인 경기력에 영향을 미치는 요소를 향상시키는 것이다.

다. 스포츠에서 요구되는 기술수행능력의 향상

기술의 효율적인 발휘를 위해서 요구되는 능력을 향상시키는 것이다. 효율적인 기술수행을 위한 스피드를 비롯한 신체적 조건을 향상시키는 것을 비롯하여 올바른 기술의 습득과정을 포함하게 된다.

라. 정신적인 측면의 강화

올바른 운동수행을 위해서 갖추어야 할 정신적인 측면의 준비과정으로서 자신감과 용기를 가지며 여러 가지 심리적 어려움을 극복하는 과정을 포함하게 된다.

마. 팀웍 강화를 위한 준비과정

경기에서 요구되는 팀 내의 협동심과 이해증진을 꾀하는 과정을 포함한다.

바. 일반인 및 운동선수의 건강증진

트레이닝 강도조절과 주기적인 의학 검사를 통해서 운동선수들의 건강을 증진시키는 과정을 포함한다. 건강증진은 다양한 환경을 통해서 끊임없이 부가되는 자극에 대해서 정상적인 반응과정을 함으로 적극적인 신체활동이 가능한 상태를 의미한다.

사. 상해방지

선수들의 상해를 방지하기 위하여 유연성을 향상시키고, 근육강화, 건(Tendon)이나 인대(Ligament)의 강화 등을 포함한다.

아. 트레이닝 이론의 이해증진

트레이닝 프로그램 구성의 기초가 되는 생리학, 심리학, 영양학 등과 관련된 이론적인 지식을 이해하는 것이다.

트레이닝의 목적은 이상과 같은 요인 이외에도 운동종목이나 상황에 따라서 다양하게 제시될 수 있다. 대부분의 종목에서는 기본적으로 요구되는 트레이닝의 목적을 공통적으로 가지게 되며, 종목의 특수성에 따라서 보다 특수한 목적을 가지게 된다.

2) 트레이닝의 원리

트레이닝을 계획하고 실천하는 데는 여러 가지의 원리들이 적용된다. 이러한 트레이닝의 원리들은 수년간에 걸친 스포츠트레이닝의 장에서 얻어진 경험적 지식의 축적을 과학적 사고와 실험으로 보편화시킨 것이라고 할 수 있다. 따라서 트레이닝 원리의 정립에는 다양한 체육과학적 토대, 예를 들어 생리학적, 심리학적, 생체역학적, 교육학적 기초 개념이 동원되고 있다.

(1) 과부하의 원리

우리 몸은 일정 부하가 자극되면 일시적인 반응이 나타나지만, 지속적인 반응은 항상성에 의해 적응현상이 일어난다. 그러므로 한 기관의 기능을 발달시키기 위해서는 일상적인 기능의 수준 이상으로 부하를 주어야 한다. 이와 같이 일정 수준 이상의 부하를 일정기간 이상 지속하거나 반복해 주는 것을 과부하의 원리라고 한다.

(2) 점진성의 원리

운동을 할 때 준비운동을 하듯이 운동 초기에는 가볍게 시작해서 본 운동 시에는 목표한 강도로 운동을 해야 수월하게 운동을 수행해 낼 수 있다.

만일 갑자기 운동부하를 높여서 실시할 경우 인체에 무리를 주게 되며, 항상 낮은 강도에서 실시하게 되면 운동량에 의해 기능발달을 이루기 힘들다. 운동 강도나 운동량을 점차적으로 증가시켜 기능과 체력을 더욱 높이고자 하는 것이 점진성의 원리이다.

(3) 개별성의 원리

인간은 매우 다양한 존재이다. 그것은 인간을 각기 다르게 특징짓는 변인이 매우 복잡하기 때문이다. 이러한 개인적 특성을 반드시 고려해야 한다. 아무리 훌륭한 트레이닝 방법일지라도 사람에 따라서 그 적응의 양상이 천차만별이기 때문이다. 훌륭한 코치나 트레이너는 그들이 트레이닝의 대상으로 삼고 있는 선수의 생리적, 심리적, 정신적, 사회적 특성 등을 보다 많이 인식하고 있어야 한다.

(4) 반복성과 다양성의 원리

체력과 경기기술을 증진시키려면 반복되는 트레이닝이 요구된다. 특히 조건 반사적인 기술을 습득하기 위해서는 지속적인 반복 연습을 통해 숙달되도록 해야 한다. 그러나 반복되는 트레이닝은 단조로움을 면하기 어렵고, 그 결과 선수는 정신적 지루함을 느끼게 되어 바람직한 트레이닝 효과를 기대하기 어렵게 된다. 따라서 트레이닝의 내용을 보다 다양하게 꾸미는 것이 효율적이다.

(5) 특수성의 원리

모든 스포츠 종목은 각기 고유한 특성을 가지고 있으며, 그에 따라 경기력을 향상시키는데 있어서도 트레이닝은 전문화된 방법을 모색하지 않으면 안 된다.

여러 가지 다양한 스포츠 종목들 간에 가장 두드러진 특성의 차이는 주동근과 에너지 동원 체계라고 할 수 있다. 또, 종목에 따라 트레이닝을 시작하는 연령과 전문화 훈련에 들어가는 연령이 다르게 되는데, 이것은 성장 발육에 따른 생체기능의 변화와 스포츠 종목에서 요구하는 생체 기능과의 관계에서 비롯됨을 알 수 있다.

(6) 운동순서의 원리

운동 시에는 큰 근육부터 작은 근육 순서로 운동을 해야 하고, 동일한 부위가 반복되지 않도록 해야 한다. 이러한 방법은 피로를 예방하기 위해 필요하다.

4. 체육측정평가

1) 체육측정평가의 이해

(1) 체육측정평가의 개념

측정(Measurement)이란 일정한 크기를 가진 과학적 단위로 사물을 표준화된 척도에 의해서 관찰한 결과를 객관성 있게 수량화 또는 수치화 하는 것이며, 평가(Evaluation)란 교육에 의하여 발생한 인간의 행동이나 인격의 변화를 통계와 같은 일정한 가치기준에 비추어 판정하는 과정이며, 수립된 측정 자료에 의하여 대상자의 성취 정도를 결정하는 작업이다.

교육 분야에서 측정에 관한 발전은 체육 측정이 발달할 수 있는 계기가 되었는데, 형태학적인 측정과 체육의 효과 및 그 효과의 모든 요인에 대한 측정을 목적으로 한다. 체육 측정에는 신장이나 체중을 측정하는 것과 같은 인체의 형태측정을 의미하는 직접측정이 있고, 체내의 에너지 소비량이나 심박출량, 산소 섭취량 등과 같은 인체의 기능적 측정을 의미하는 간접측정이 있다.

(2) 체육측정평가의 발달

교육 분야에서 시험방법의 단점을 보충하기 위한 객관적 검사가 영국의 피셔(Fisher, 1864)에 의해 제기되었다. 피셔는 척도기준집(Scale books)을 제작하여 최고부터 최저까지 성적의 단계를 구분하여 시험을 객관적으로 평가하였으며, 1897년 미국의 라이스(Rice)가 점자검사법을 개발하여 교육측정의 급격한 발전에 기여했다.

20세기 들어 미국의 교육측정운동은 활발한 활동을 시작하였는데, 특히 미국의 손다이크(Thorndike)는 표준검사와 객관적 검사의 발달에 큰 공적을 남겼으며, 1903년에 발표한 통계에 의한 검사는 미국의 교육학적 측정이 최고 수준에 이를 수 있는 배경이 되었다.

체육 분야에서의 측정은 체계적인 바탕은 없었지만, 이미 교육측정 이전부터 형태학적 측정에서 기초가 만들어져 오래 전부터 이용되어 오다가 1861년 히치콕(Hitchcock)이 형태학적인 측정 결과를 보고하기에 이르렀다. 또한 1885년에 열렸던 미국건강체육레크리에이션협회(American Association for Health, Physical Education and Recreation)의 회의에서 체육의 기초적 검사기술연구가 강조되었다.

(3) 체육측정평가의 연구목적

체육 측정평가는 과학적인 방법에 의해 체육이 지닌 여러 요인을 객관적으로 입증하는데 그 목적이 있으며, 이러한 목적을 달성하려면 과학적인 측정 계획·방법·평가·기구 등을 갖추기 위해 끊임없는 노력이 수반되어야 한다. 또한 체육 지도자는 체계적이고 합리적이며 과학적인 방법으로 지도하기 위해 노력해야 한다.

측정평가는 현재 성취된 지식, 기능, 기술 등의 현황을 파악하고, 이들의 취약점을 진단하여 프로그램을 수정하고 학습자의 능력에 따른 교육처방을 내릴 수 있으며 이러한 종합평가를 통하여 학습자의 취약점을 지적하고 수정함으로써 차후 계획 지도를 위한 흥미와 동기를 유발할 수 있다.

또한 측정평가는 학습자의 특성이나 흥미, 그리고 능력의 정도를 참조하여 집단을 분류할 때 이용할 수 있으며, 질적인 측정과 평가 과정을 통하여 학습자에게 기대되는 학습의 성취도 기준을 설정할 수 있다.

마지막으로 측정평가는 프로그램의 질을 판단하고 변화의 필요성을 지적하는데 중요한 역할을 한다.

2) 체육측정평가의 조건

(1) 타당도

타당도란 측정하려고 하는 목적에 일치하도록 어느 정도로 정확하게 측정 및 검사 방법이 잘 되어 있는가의 여부를 나타내는 것이다.

가. 내용 타당도(논리적 타당도)

측정도구 자체가 측정하고자 하는 속성이나 개념을 측정할 수 있는가를 평가하는 것으로 내용의 중요한 부분을 포괄하고 있는지, 문항의 난이도가 적절한지, 문항의 표본이 문항 모집단을 잘 대표하고 있는가에 따라 내용타당도가 결정된다.

나. 준거관련 타당도

측정도구와 측정결과 간의 관계에 관심을 두는 것으로, 예를 들어 입학시험성적과 입학 후 학교성적을 예측하는 경우로, 만일 입학시험 성적과 입학 후 학교성적이 상관관계가 높게 나타나면, 입학시험 성적은 준거관련 타당도가 높은 것이다.

다. 구인 타당도

측정도구가 실제로 무엇을 측정 하였는가 또는 조사자가 측정 하고자 하는 추상적인 개념이 실제로 측정도구에 의해서 적절하게 측정되었는가에 관한 문제로, 사회성 같은 추상적인 개념을 측정할 때 사회성을 구성하고 있는 요인이 무엇인가를 밝힐 때 이용하는 방법이다.

(2) 신뢰도

측정 평가한 검사가 얼마나 정확하게 오차 없이 측정하고 있는가의 정도로 한 검사를 반복 실시해도 같은 결과가 나올 수 있는 검사가 신뢰도가 높은 검사이다.

가. 재검사 신뢰도

한 검사를 동일한 대상에 대해 일정한 시간차를 두고 동일한 검사를 두 번 실시하여 전후의 두 검사 결과를 상관계수로 신뢰도를 알아보는 방법이다.

나. 동형검사 신뢰도

동일집단을 대상으로 검사의 문항은 다르지만, 측정이론이나 검사이론에 비추어 검사 목적에 합일되는 두 개의 동형검사를 같이 실시하여 신뢰도를 산출하는 방법으로 문항 난이도, 검사내용, 문항형식, 문항수, 검사 체제 등이 모두 같은 것으로 구성되어야 한다.

다. 채점자 신뢰도

동일한 대상에 대한 여러 측정자의 검사 성적 결과에 대한 일치도를 말하며, 동일한 대상에 대한 여러 측정자의 기록 결과들의 상관계수를 채점자 상관계수라고 한다.

(3) 객관도

동일한 검사로서 다른 사람이 채점하는 경우의 일치도를 말하는데, 예를 들어 논문형식의 시험채점은 객관성이 떨어지며, 사지 선다형의 시험은 객관성이 높은 시험이라 할 수 있다.

(4) 실용도

평가도구의 실제 활용에 대한 간편성의 정도로 가능하면 시간이 적게 들고 적은 노력으로 짧은 시간 내에 소기의 목적을 달성해야 한다. 실용도를 높이기 위해서는 실시 절차의 간편성, 채점 처리의 간편성, 해석의 편의, 비용, 시간, 노력의 절약 등의 문제가 관건이며, 이들이 만족되었을 때 양호한 검사 도구라고 할 수 있다.

5. 스포츠영양학

1) 스포츠영양학의 이해

(1) 영양과 영양소의 개념

영양이란 생물이 생명을 유지하고 몸을 성장·유지시켜 나가기 위한 필요한 성분을 섭취, 소화, 흡수, 대사 작용을 포함해서 살아 있는 기관을 통해 섭취하고 이용하는 모든 과정을 말한다.

우리가 섭취하는 음식물은 다양한 영양소가 함유되어 있지만 인체 내에서 기능을 하는 영양소는 탄수화물, 지방, 단백질, 비타민, 무기질, 물 6가지가 있다. 영양소를 분류하는 방법에는 여러 가지가 있는데 기능에 따라 에너지 영양소(탄수화물, 지방, 단백질), 조절 영양소(비타민, 무기질)가 있고, 인체를 구성하는 성분에 따라 구조 영양소(단백질, 무기질, 물)와 저장 영양소(탄수화물, 지방)로 구분할 수 있다.

〈표 7〉 **영양소의 분류**

기능별 분류	에너지 영양소	탄수화물, 지방, 단백질
	조절 영양소	비타민, 무기질
성분별 분류	구조 영양소	단백질, 무기질, 물
	저장 영양소	탄수화물, 지방

(2) 스포츠영양학의 개념

영양학이란 각종 영양소의 성질, 작용, 필요량, 결핍증세, 소화흡수, 체내대사를 생리학, 생화학, 세포생리학, 미생물학, 조직학 등과 같은 학문적 관점에서 다루는 분야이다. 스포츠영양학에 중점을 두는 것은 경기력 향상과 일반인의 성인병 예방을 위한 영양관리와 운동처방에 있다. 합리적인 영양관리를 통하여 선수들의 체력과 체격을 증강시키는 것도 중요한 부분이며, 경기력 향상을 위해 트레이닝에 따라 효율적인 영양관리와 보충으로 선수의 컨디션을 유지하는 것도 중요하다.

2) 운동과 영양

(1) 운동 시 영양의 역할

운동 시 영양소의 대사는 안정상태와 비교해 항진하기 때문에 각 영양소의 필요량도 한층 증가한다. 각 영양소 간에는 서로 유기적 보완관계를 유지하며 고유의 역할을 가지고 있다.

당질 · 지방 · 단백질은 에너지의 공급원이며, 비타민 · 미네랄은 에너지 발생반응을 원활히 도우며 생리적 기능 조절을 하고, 단백질은 근비대 역할을 한다.

경기 전의 식사는 위장의 불편함이 없도록 3~4시간 전에 하는 것이 좋으며 식사의 구성은 소화 흡수가 잘되는 주로 당질 위주가 되어야 한다. 60~90분 이상 시합을 하는 선수들은 시합 직전 5분 이내로 당질을 섭취하면, 피로의 시작시점을 늦추고 경기력을 향상시킬 수 있다. 또한 경기 중에 수분을 보충해 주고 당질을 섭취하여 근육에 포도당을 공급하면 지구력을 증가시킬 수 있다. 운동 후 회복 시 충분한 수분섭취와 당질과 단백질이 풍부한 식사를 하면 만성피로를 예방할 수 있다.

(2) 피로와 영양

체내에서 피로의 부위는 중추인 뇌 혹은 척수, 말초인 근육조직 자체, 신경근 연접 부위 등에서 일어날 수 있으며, 피로의 실제적인 생리적 · 심리적인 원인은 매우 복잡하지만 운동을 수행하는 동안 심리적 · 신체적 과제의 강도와 시간에 밀접한 관련이 있다. 영양공급의 부족은 피로를 빨리 오게 할 수 있지만, 피로 예방의 가장 중요한 인자는 트레이닝이다.

3) 영양소의 종류와 기능

(1) 3대 영양소

가. 탄수화물

탄수화물은 모든 사람들이 주요 에너지원으로서 사람이 살아가는데 필요한 에너지의 약 50% 정도를 제공한다. 우리나라와 같이 곡물류에 채소를 주식으로 하는 사람들에게 거의 80% 이상의 에너지를 제공하기도 한다. 탄수화물은 단순탄수화물, 복합탄수화물로 분류되며 단순탄수화물은 포도당, 과당, 갈락토오스와 같은 단당류로 구성되며 복합탄수화물은 동물성 형태인 글리코겐과 식물성 저장 형태인 전분, 식이섬유 등이 있다.

탄수화물은 탄소, 수소, 산소로 결합된 성분으로 1g당 4kcal의 열량을 내며, 글리코겐의 형태로 간에 저장되고 일부는 혈액에 의해 근육조직에 운반되어 에너지원으로 연소된다. 탄수화물이 적으면 단백질의 분해가 심해지며 지방질의 산화가 불완전해지고 뇌의 기능이 불균형 상태가 된다.

〈표 8〉 **탄수화물의 분류**

단순 탄수화물	단당류	포도당, 과당, 갈락토오스
	이당류	서당, 맥아당, 락토오스
복합 탄수화물	올리고당	말토덱스트린
	다당류	글리코겐, 전분

나. 단백질

단백질은 탄소, 수소, 산소, 질소로 구성된 영양소로 1g당 4kcal의 열량을 내며, 여러 개의 아미노산으로 결합되어 있다. 음식물로 섭취되는 단백질은 약 20종의 아미노산으로 구성되어 있는데, 이중 9가지의 아미노산은 필수아미노산으로 반드시 음식물을 섭취해야 얻을 수 있는 아미노산이다. 단백질의 주요 기능은 인체조직의 생성과 복구이고, 호르몬이나 효소 등과 같이 인체의 대사를 도와주는 물질들을 만드는 데 중요한 역할을 한다. 또한, 탄수화물과 지방의 섭취가 충분하지 않을 때 인체는 단백질을 에너지로 사용하기도 한다.

〈표 9〉 **아미노산의 분류**

필수 아미노산	루신, 이소루신, 발린, 히스티딘, 라이신 메티오닌, 페닐알라닌, 트립토판, 트레오닌
비필수 아미노산	알라닌, 알지닌, 아스파라긴, 아스팔탐산, 시스테인, 글루타민산, 글루타민, 글라이산, 프롤린, 세린, 타이로신

다. 지방

지방은 탄수화물과 마찬가지로 탄소, 수소, 산소로 구성된 영양소로 탄수화물보다는 산소의 비율이 낮은 유기성분이다. 1g당 9kcal의 열량을 생성하며 인지질 및 콜레스테롤은 세포의 구성성분으로, 특히 뇌, 신경계통, 간, 기타 인체의 주요 기관에 존재하면서 중요한 역할을 담당한다.

지방의 주요 기능은 에너지원이지만 인체의 구성성분으로 기능하기도 한다. 인체 대부분의 세포막은 인지질과 같은 지방으로 이루어져 있는데. 내장지방과 같은 경우는 내장을 보호하며 피하지방은 추위로부터 보호하는 역할을 한다. 음식물을 통해 섭취하는 지방은 지용성 비타민과 필수 지방산을 제공하기도 한다. 하지만, 지방은 콜레스테롤이나 포화지방과 같이 인체에 유해한 성분이 포함되어 있기 비만과 관련이 높은 영양소이다.

(2) 비타민, 무기질, 물

가. 비타민

비타민은 대사과정에 중요한 역할을 하는 유기성분으로 지용성 비타민과 수용성 비타민으로 분류된다. 지용성 비타민은 주로 지방이 많이 함유된 음식에 존재하고 인체 내에 저장되기도 한다. 수용성 비타민은 지용성 비타민과 같이 지방이 함유된 음식에도 존재하지만 과일과 채소에 더 많은 양이 함유되어 있다. 비타민의 기능을 살펴보면 지용성 비타민 A는 항산화 작용과 안구의 건강유지, 비타민 D는 칼슘과 인을 흡수하는데 도움 제공, 비타민 E는 비타민 A와 마찬가지로 항산화 작용, 비타민 K는 혈액응고 작용을 하는데 도움을 준다. 수용성 비타민 B군은 대부분이 대사과정에서 조효소로 작용하여 대사반응을 도와주는 역할을 하며, 비타민 C는 항산화 작용과 콜라겐 형성에 도움을 주는 역할을 한다.

나. 무기질

인체의 구성성분의 약 96%는 탄소, 수소 산소, 질소로 이루어져 있고, 나머지 4% 정도는 무기질로 이루어져 있다. 무기질은 거의 모든 조직에 존재하며 에너지를 가지고 있지 않은 무기성분이지만 대사 조절에 중요한 역할을 한다. 무기질은 하루에 필요한 섭취량에 따라 다량 무기질, 미량 무기질로 구분할 수 있다. 다량 무기질은 하루 섭취 요구량이 100mg 이상이고, 미량 무기질은 100mg 이하이다. 무기질의 인체조직을 구성하는 주요 기능 이외에 체액의 균형을 조절하고 대사과정에 비타민과 함께 조효소로 작용하기도 한다.

〈표 10〉 **무기질의 분류**

다량 무기질	칼슘, 인, 나트륨, 칼륨, 염소, 마그네슘, 황
미량 무기질	철분, 요오드, 아연, 셀레늄, 구리, 망간, 불소, 크롬

다. 물

물은 인체에 약 50~60%를 차지하는 구성성분으로 세포내 액과 세포외 액으로 분류될 수 있다. 세포내 액은 총 체액량의 약 65%를 차지하며 세포외 액은 간질액, 혈관내 액 등을 포함하여 약 35%를 차지한다. 물은 인체 내의 전해질과 함께 수분 및 산·염기 균형을 조절하는 데도 도움을 주며, 체온 조절에도 중요한 역할을 한다.

4) 영양소와 운동

(1) 탄수화물과 운동

운동 에너지원으로서는 간과 근육에 저장되어 있는 글리코겐이 중요하게 작용한다. 근 글리코겐은 근육의 운동을 위해 사용되며, 간 글리코겐은 포도당으로 분해 된 후 혈중으로 방출되어 생명유지에 필요한 에너지로 사용된다.

근 글리코겐의 저장량이 많다는 것은 그 만큼 운동수행에 유리하며, 경기 전 근 글리코겐이 적은 선수는 운동수행능력이 현저히 떨어진다. 근육은 에너지원으로서 근육에 저장된 글리코겐보다 혈중에서 이동되는 글루코스를 우선적으로 이용하므로 간에 글리코겐을 충분히 저장하는 것이 근 운동의 에너지를 높이는데 도움이 된다.

(2) 단백질과 운동

단백질은 인체의 구성 및 유지를 위해 중요한 아미노산을 생성하는 영양소이고, 아미노산은 모든 단백질의 기본적인 구성단위이다. 섭취된 단백질은 위에서 펩신(Pepsin)의 작용으로 가수분해 된 후 소장에서 세분되어 아미노산 형태로 흡수되어 혈액을 통해 간으로 이동되어 단백질 재합성 및 글루코스로 합성되어 유 · 무산소 에너지로 이용된다. 운동의 종류와 훈련의 빈도에 따라 단백질의 분해속도는 다르며 근력 운동 수행 시 단백질 필요량이 증가하는 이유는 근비대와 같은 적정 체격유지와 관련이 있기 때문이다. 단백질은 하루에 체중 1kg당

1~2g이 적당하며 단백질 과잉섭취 시 대사과정에서 당질이나 지방보다 더 많은 수분을 요구하게 되어 신장과 간에 부담이 되기도 한다.

(3) 지질과 운동

규칙적으로 행하는 유산소 운동은 지방산화를 촉진시키며, 이것은 운동선수의 혈중에 콜레스테롤과 중성지방의 저하를 반영한다. 잘 훈련된 운동선수는 관상동맥 질환을 감소시키는 것으로 알려진 HDL 콜레스테롤 수치가 높게 나타나며, 지방산의 간접적인 이점은 간이나 근육의 글리코겐 절약효과를 가져와 신체의 유산소 능력을 초과하는 운동의 마지막 시기에 아주 유용하다.

6. 운동처방

1) 운동처방의 이해

(1) 운동처방의 개념

운동처방이란 운동선수들의 경기력 향상 및 성인병의 예방과 개선, 상해 회복, 건강유지 및 증진을 위해 개인의 성별, 연령, 체력수준, 질병정도 등을 분석하여 운동의 종류, 강도, 빈도, 시간, 기간을 보다 합리적이며, 과학적인 방법으로 처방하는 것이라 정의한다. 즉, 운동처방이란 과학적인 검사를 통해서 개인의 건강상태와 체력수준에 알맞은 운동을 선택하여 규칙적으로 실시하는 방법을 제시하는 것이며, 체력 향상을 통한 건강 증진을 목적으로 개인의 체력수준, 건강상태, 연령 등을 고려하여 적절한 운동의 형태와 운동 방법을 구체적으로 제시하는 것을 말한다. 예를 들어, 감기환자에게 감기약을 처방하는 것과 같이 개인이 가지고 있는 체력적 문제점을 해결하기 위하여 가장 효과적인 운동을 처방하는 것이다.

(2) 운동처방의 목적

운동처방은 체력 향상, 만성질환 위험요소의 감소를 통한 건강증진, 운동 시 안전성의 향상에 있다. 개인의 흥미, 건강상의 요구, 임상상태에 기초할 경우 이러한 일반적인 운동처방의 목적이 다르기 때문에 환자의 특성에 따라 운동처방의 목표는 달라져야 한다.

운동을 실시하기에 앞서 바람직한 운동절차는 첫 단계는 자신의 건강상태 및 체력적 특성에 대한 정확한 진단과 평가, 둘째 단계는 건강과 체력에 대한 진단과 평가를 기초로 개인의 특성에 알맞은 운동처방, 셋째 단계는 운동처방에 따른 올바른 운동방법으로 충실히 실천하는데 운동처방의 의의가 있다.

(3) 운동처방의 유래

운동은 적당히 하면 좋으나 무리하면 독이 되어 신체를 다치게 한다. 1970년대 미국사회에서 조깅 붐이 있었을 때 과도한 조깅으로 조깅병(Runner's High)이라는 새로운 용어가 탄생되어 조깅 애호가들에게 경고가 되었다. 인체는 움직이지 않으면 생리기능이 퇴행되고 인간 본래의 특성과 생활의욕이 약화된다. 반면 무리하면 기능이 고장을 일으켜 상해를 일으키게 된다.

운동처방이란 병에 따라 약을 조제한다는 의학의 약 처방이라는 말에서 파생된 단어로 일본의 이가이미찌오박사(1960)가 3년간 트레드밀(Treadmil)법에 의한 체력 연구를 할 때 처방이란 용어를 생각해내 운동을 붙여 운동처방이란 말을 사용하면서 유래가 되었다. 그 후 독일의 호루만(Horuman)박사와 켈륜 대학 연구팀이 사용하였다.

한국에서는 1984년에 86아시안게임과 88서울올림픽을 앞두고 대한유도대학과 대한아마추어복싱연맹과 공동으로 한국복싱 우수선수들의 경기력 향상을 위한 개인 운동처방을 실시한 것이 최초이다. 그 후 1989년 국내 28개 대학 및 단체가 모여 운동처방에 필요성을 인식하여 사회단체 한국운동처방협회를 발족시켰으며 현재 운동처방에 관한 연구와 많은 운동 처방사를 배출하고 있다.

2) 운동처방의 절차

운동처방의 목적은 개개인의 체력 향상과 건강증진 목표에 따라 체력과 건강상태에 맞게 운동의 종류와 형식을 선택하는데 있다. 이를 위해서는 운동처방 하는 방법을 알아 안전하고 보다 운동의 효과와 효율을 높이는 것이 필요하다.

① 운동실시를 위한 개인 기록카드 작성 → ② 건강진단 → ③ 건강판정 → ④ 운동부하 검사 → ⑤ 체력진단 검사 → ⑥ 운동처방서 작성 → ⑦ 운동처방을 기초로 한 운동 실시

3) 운동처방의 설정원칙

(1) 빈도 및 시간(Duration)

심폐기능을 향상시키기 위해서 주당 3~5일, 한 번에 20~60분 정도의 운동을 하는 것이 바람직하다. 그러나 처음 시작할 때는 일반적으로 주당 3일, 한 번에 20분 정도 운동하는 것이 좋다. 운동하는 목적에 따라 점진적으로 빈도와 시간을 증가시킨다.

운동부하(강도, 빈도, 시간)는 점차 증가해야 하지만 개인의 반응상태에 따라 조절하여야 한다. 일반적으로 일주일마다 10%를 증가시키는 것이 바람직하다.

주당 3일의 운동은 현재의 심폐기능의 상태를 유지하는데 적절할지 모르지만 심폐체력을 향상하는 데는 충분치 않을 수 있다. 그러나 주당 5일 이상 운동을 하면 회복시간을 충분히 갖기 어렵고, 과훈련(Overtraining)이나 근골격 기관의 이상을 초래할 수 있다. 하지만 운동의 부하를 아주 점진적으로 증가하면서 매일 운동을 하여 효과를 보는 사람도 많다. 주당 3~4일 운동을 하는 사람은 격일로 실시하여 충분히 신체가 회복하는 시간을 갖는 것이 현명하다.

(2) 운동강도(Intensity)

유산소 운동에서 강도가 증가되면 산소운반 기관이나 산소를 소비하는 근육 모두 자극을 받게 된다. 운동 강도는 산소소비량에 기초해야 한다. 일반적으로 여유산소소비량(VO2 Reserve)을 운동 상황에서 쉽게 알아볼 수 있는 변인으로 환산하여 이용하는 것이 현실적이다. 그 방법에는 ① 심박수로 환산하여 강도를 설정하거나, ② 운동자각도로 환산하여 강도를 설정하거나, ③ 운동기구의 부하로 강도를 설정하는 방법이 있다.

이상의 어떤 방법을 사용하던지 일반인들의 운동강도는 VO2R의 50~85% 강도에 해당하는 범위에 있어야 한다. 100%에 가까운 강도로 운동을 시키면 쉽게 탈진하거나 운동손상이나 심혈관계 이상의 위험이 높아진다.

(3) 심박수에 의한 운동처방

유산소 운동 중에 강도가 증가함에 따라서 나타나는 심박수의 변화는 산소소비량의 변화와 정적 관계를 갖는다. 만일 일정량의 산소를 소비할 때 심박수가 10회/분 증가 하였다면,

두 배의 산소를 소비하면 심박수는 20회/분 증가할 것이다.

심박수는 특별한 기구가 없어도 단순히 맥박을 가지고 측정할 수 있으며, 심박수의 수준은 산소소비량의 수준을 대변해 준다. 실제의 최대 심박수를 구하는 것은 쉽지 않다. 그러나 일반적으로 220회에서 자기 나이를 빼면 최대심박수를 구할 수 있으나, 이는 단지 추정수치라는 것을 염두 해야 한다. 목표심박수는 최대심박수의 50~85% 수준으로 설정하여 운동하는 것이 안정적이다.

(4) 운동자각도에 의한 운동처방

많은 사람들은 본인이 느끼는 주관적인 감으로 운동 강도를 알 수 있다. 최근 특정 스포츠 종목에서 심박수 모니터를 이용해 운동 강도를 측정하고 있으나 대부분의 스포츠 선수들은 스스로의 느낌으로 운동 강도를 가늠하여 왔다.

토크 테스트(Talk Test)는 개인이 느끼는 힘든 정도를 가지고 운동을 처방하는 또 하나의 방법으로 운동 중에 숨이 차도 완전한 문장으로 말을 할 수 있다면 이때의 운동 강도는 과도한 것이 아니다. 토크 테스트의 척도는 보그(Borg, 1982)가 고안한 운동자각도(RPE; Ratings of Perceived Exertion)이다. 이 척도의 범위는 6에서 20까지인데 이것은 젊은 사람의 심박수 범위인 60bpm에서 200bpm에 기초를 한 수치이다. 그러나 나이에 관계없이 안정상태에서는 6으로부터 최대 능력수준에서의 20까지를 사용할 수 있다.

ACSM은 운동자각도가 매우 주관적이기 때문에 실제 운동 강도와 비교할 때는 개인적인 특성을 고려하여 주의를 기울여야 한다고 전한다.

(5) 운동기구의 부하에 의한 운동처방

운동기구의 부하에 따라 운동처방을 내릴 때 여러 가지 요소들을 감안하여 결정해야 한다. 예를 들어 트레드밀에서 운동을 할 때 적정한 속도와 경사도는 얼마인지, 자전거 에르고미터로 운동을 할 때 저항과 페달링 속도는 얼마로 해야 하는지, 또는 와트(Watt)로 노 젓기나 스텝운동을 어떻게 해야 하는지를 결정하는 것을 말한다.

만일 운동자에게 운동기구의 부하 또는 트레드밀 걷기의 적절한 수준을 알려준다면, 굳이 운동 중에 심박수를 고려하지 않아도 될 것이다.

(6) 운동의 종류

운동의 질적인 수준으로서 전신적 운동과 국소적 운동, 유산소적 운동과 무산소적 운동, 연속적 운동과 간헐적 운동, 동적운동과 정적운동 등 이외에도 많은 종류가 있다. 운동종목의 선정은 운동에 대한 개인의 성별, 연령, 체형, 체력수준, 건강상태, 심리적 특성, 경험, 환경, 흥미, 여건, 시설, 운동지도자 등의 조건을 고려해야 한다. 또한, 운동 종류의 결정은 운동 실시 목적이 우선적으로 고려되어야 하는데 예를 들면, 호흡 순환계의 강화 혹은 심질환의 예방을 목적으로 할 경우에는 강한 유산소 운동이 필요하며, 체중감량은 칼로리를 많이 소비해야 하기 때문에 장시간의 가벼운 운동, 근력강화는 웨이트 트레이닝을 실시해야 한다. 이외에도 성인병의 치료와 예방, 재활운동도 운동 목적에 따라 운동의 형태, 종류와 강도를 선택해야 한다.

〈표 11〉 **운동 종목의 효과와 문제점**

종 류	종 목	생리적 효과	문제점
유산소운동	보행 조깅 에어로빅 수영 싸이클링 게이트볼 골프	안정시 심박수감소 혈압의 감소 체지방, 혈중지질감소 조혈기능의 증대 호흡, 순환계기능 증대 모세혈관의 분포개선 허혈성 심질환에 효과	하지관절 부담 상체 단련 부족 순발력 향상 부족 시간이 많이 소요됨 지루함 시설, 계절의 제한
무산소운동	단거리전력질주 경기에어로빅 역도 점프 고강도근력운동	순발력 증대 폭발적인 에너지 발생 에너지 저장력 향상 젖산의 내성력 향상 근력 향상	혈압상승, 심장 부담 피로물질 축적 안전성에 문제 고령자, 비만자 부적합
혼합운동	축구 농구 럭비 핸드볼	심폐기능 향상 전신골밀도의 증대 순발력, 전신지구력 향상 신체의 균형적인 발달	운동상해의 위험성 운동장소와 기상 영향 외상의 위험성 운동강도 조절 안됨
근력운동	웨이트트레이닝 팔굽혀펴기 벽밀기	관절의 인대 강화 유동성 증대 근횡단면적의 증대 근력 및 근지구력 증대 글리코겐 저장량 증대	혈압상승 근섬유손상의 위험 근육통 유발 재미와 흥미 부족

제3편

스포츠 · 체육의 확대

현대는 여가와 건강이 중요시되는 시기로 사회적·문화적 동향에 비추어 볼 때 스포츠·체육 분야는 더욱 성장·발전해가고 있다. 사람들은 건전한 여가생활과 건강을 위한 주요 수단으로 스포츠·체육활동에 참여하고 있다. 뿐만 아니라 경제적으로 보다 나아지고, 문화적 환경이 보다 풍부해 질수록 사람들은 스포츠·체육 분야에 더욱 관심을 가지고 참여함으로써 저변 확대되고 있으며, 더 많은 신생 스포츠의 출현과 더불어 더욱 발전하고 확대될 것이다.

제1장

레크리에이션

1. 여가의 이해

1) 현대사회와 여가

산업화가 한창이던 과거에는 여가활동에 참가하는 것이 사치스러운 행동으로 간주되었고, 일의 능률을 높이기 위해 준비하거나 회복하는 정도로 여겼으나, 2000년에 들어 사회의 모든 부분이 급격히 변화하고, 현대인들의 가치체계도 개인의 삶에 대한 가치에 비중을 둠으로써 생활 전반에 걸쳐 질적 향상을 추구하는 과정에서 여가에 대한 의식과 행동도 변화하고 있다.

여가는 인간표현의 한 형태로서 적극적이며 긍정적으로 개발하는 노력이 필요하며, 개개인의 여가시간을 가치 있고 자기 발전적으로 활용하는 것 또한 중요한데, 2011년 통계청의 자료(만 13세 이상 가구원대상)에 따르면 주말 휴일의 여가는 TV·비디오 시청이 최다(63.0%)이며, 여가 활동대상으로는 주로 가족으로 여행을 선택했다. 여가활용 만족도는 불만족(32.1%)으로 나타났으며, 주된 이유는 경제적 부담(60.9%)으로 나타났다.

2) 여가의 개념

여가라는 낱말의 어원은 School(학교)과 Scholar(학자)의 기원이 된 그리스어 Schole와 자유롭기 위한(To be free)의 뜻을 담고 있는 라틴어 Licere에서 유래되었다. 즉 여가는 강요에 의해서가 아닌 자유선택에 의해 자유감을 인지하는 경험을 내포하고 있다.

따라서 여가는 인간이 생존을 위한 노동으로부터 벗어난 자유시간으로써 참여자로 하여금 일상생활에서의 스트레스를 해소하고 즐거운 마음으로 개인의 발전을 위해 행해지는 자발적 행동이라고 할 수 있다.

2. 레크리에이션의 이해

1) 레크리에이션의 역사

레크리에이션이란 용어는 피로회복이나 원기보강이라는 뜻을 내포한 라틴어의 'Recreatio'에서 유래했다는 설이 있고, re(다시)와 create(재창조)의 복합어인 Recreation은 라틴어 Recreare에서 파생되어 프랑스어 recreation이 되었고, 라틴어 Recreacion에서 중세 영어 recreation이 되었다는 설이 있다.

레크리에이션이란 용어는 문예부흥기에 있어서 인간 개조의 필요성을 부르짖었던 인문주의자들에 의해 사용된 용어로 인간의 여가를 위해서 마련된 활동으로 규정하였다. 1914년 길린(Gilin)이 최초로 레크리에이션 사회학의 논문을 발표하면서 역사적으로 레크리에이션이라는 말이 등장하게 되었다. 그리고 1972년 미국의 로스앤젤레스 시에서 제1회 세계레크리에이션 회의가 열리게 되면서 레크리에이션 운동이 세계 각국의 이목을 끌게 되었고, 현재는 이 용어가 국제적인 용어로 사용되고 있다.

2) 레크리에이션의 개념

레크리에이션은 건전한 여가활동을 통해 자기표현의 기회를 가짐으로써 희열과 만족과 행복에 찬 삶을 추구하는데 그 목적이 있다. 레크리에이션은 사회적으로 용납되고, 보다 조직적으로 이루어지며, 바람직한 결과가 따라야 한다는 점에서 여가와 크게 다르다고 할 수 있다.

일을 중시하던 과거에는 레크리에이션을 능률적으로 일을 수행하기 위해 원기를 회복하거나 쉬는 활동으로 이해하였다. 하지만 이제는 단지 일만을 성공적으로 수행하기 위해 레크리에이션 활동에 참여하는 것이 아니라, 활동 그 자체를 위해 하는 것이다. 즉 자유시간에 개인적 또는 집단적으로 강제성이 없이 그 일 자체에 직접적 의미가 부여되는 즐겁고 자유로운 활동을 의미한다.

레크리에이션의 기본 조건은 나열하면 다음과 같다.

첫째 레크리에이션은 자유재량 시간이 전제되어야 한다. 일과 생활의 필수적인 시간을 제외한 시간에 행해지는 활동이므로 개인의 직업, 수입, 성격 및 주변 환경 등이 개인의 자유시간 인지에 큰 영향을 미칠 것이다.

둘째 레크리에이션은 활동이다. 레크리에이션을 신체적 레크리에이션(수영, 축구 등 경쟁적이거나 신체 표현적 활동), 지적 레크리에이션(문예창작, 독서 등과 같이 지적 발달에 도움이 되는 활동), 자극 추구적 레크리에이션(음주, 성관계 등과 같이 감각적인 활동), 탐험적 레크리에이션(여행이나 스킨스쿠버 다이빙과 같이 탐구하며 배우는 활동), 사회 봉사적 레크리에이션(지역사회 봉사활동), 사교적 레크리에이션(친구방문, 데이트 등과 같이 사람을 사귀며 즐기는 활동) 등으로 구분할 수 있다.

셋째 레크리에이션은 여가와 마찬가지로 마음상태 혹은 경험이다. 레크리에이션은 여가활동에 참가해서 개인이 인지하는 경험으로 개인이 스스로 결정할 수 있는 통제 능력을 길러주고, 적절히 의사소통할 수 있는 기회를 제공한다.

넷째 레크리에이션은 내적 혹은 외적 욕구를 충족시키기 위해 참여하는 활동이다. 물론 어떤 동기에서 활동에 참가하느냐가 어떤 사람에게는 레크리에이션이 될 수 있고, 다른 어떤 사람에게는 일이 될 수 있다. 동기는 인간이 특정하게 행동하도록 촉진하는 내적 욕망으로 활동에 참가하는 의미가 외적 보상에 너무 치우치게 되면 일과 같은 심리적 경험을 하게 될 것이다.

다섯째 레크리에이션은 사회적으로 용납되는 활동이어야 한다. 즉 레크리에이션은 개인의 발전과 사회에 유익한 여가활동만을 의미한다. 사회문화적 상황에 따라 특정 여가활동에 대해 평가하는 기준과 가치가 다를 수 있지만, 레크리에이션 참여는 결과적으로 개인의 삶의 질을 높여준다고 할 수 있다.

여섯째 레크리에이션은 사회단체 등에서 조직적으로 제공될 수도 있으며, 개인 또는 조직되지 않은 활동일 수도 있다. 일반적으로 레크리에이션은 사회적 목적을 이루기 위해 조직화된 활동으로 간주되고 있다. 사적 레크리에이션(Private Recreation)은 YMCA, 보이스카우트, 종교단체, 학교 등과 같이 자체회비, 기증, 사업의 수익금 등으로 행해지는 프로그램을 일컫는다. 공공 레크리에이션(Public Recreation)은 아마추어스포츠 단체, 국립박물관, 공공도서관 등과 같이 중앙 정부나 지방 행정부가 국민이 내는 세금의 일부로 제공하는 레크리에이션 활동을 뜻한다. 상업 레크리에이션(Commercial Recreation)은 하나의 기업으로서 이윤추구를 목적으로 조직적으로 제공하는 레크리에이션 프로그램을 의미한다.

3) 레크리에이션의 필요성

현대사회의 변화는 인간사회에 많은 혜택과 편익을 가져다 준 반면, 인간에게 근본적으로 유해한 삶의 조건을 초래하기도 하였으며, 현대인의 대부분은 정신적, 신체적 스트레스를 경험하고 있다.

모든 개인은 그들의 필요성, 이득, 그리고 욕구에 맞는 레크리에이션에 참여함으로써 기쁨을 경험할 것이다. 레크리에이션은 이러한 생활, 자유, 행복추구권과 같은 필수불가결한 개념의 달성에 도움이 된다.

제2장

생활체육

1. 생활체육의 이해

1) 생활체육의 유래

생활체육은 유럽을 중심으로 세계 각국에서 1970년대를 전후로 논의되었다. 1975년 3월 벨지움에서 유럽지역 스포츠관계 장관회의에서부터 'Sport for All'이라는 말이 사용되었으며 현재는 세계적으로 생활체육 또는 국민체육의 진흥운동을 지칭하는 보편적인 용어로 사용되고 있다. 1976년에는 파리의 유네스코회관에서 150회원국 중 101개국 체육·스포츠 대표자(장관급)가 모여 앞으로의 활동방향을 결의하였으며, 1978년 유네스코 총회에서는 국제체육스포츠헌장을 채택하였다. 이 헌장에서는 모든 사람은 문화생활에 참가할 권리가 있으며 이러한 스포츠의 권리사상은 건강의 권리, 자유의 권리, 사회보장의 요구와 권리 등이며, 모든 시민이 언제, 어디서나, 누구나가 스포츠 활동에 참가함은 기본적 권리라고 선언하였다.

한국의 경우 1985년 국민생활체육진흥회와 한국생활체육센터가 설립되었고, 1990년대 초 체육부는 전 국민을 대상으로 호돌이 계획, 즉 생활체육진흥계획을 발표하여 생활체육 발전의 계기가 되었다. 이후 86아시안게임과 88올림픽게임을 통해 생활체육의 기반을 갖추고 도약을 모색하는 시점에서 사회복지의 중요한 구성요건으로 체육정책의 근간을 이루게 되었다.

2) 생활체육의 개념

생활체육(Sort for All)이란 국민 누구나 전 생애에 걸쳐 가정, 학교, 직장, 지역사회 등 사회의 모든 장소에서 행하는 모든 형태의 신체활동을 포함하며, 신체활동을 통한 개인의 체력증진과 건강에 기여하고 자아실현의 기회를 제공하며 가정과 사회에서 원만한 인간관계 형성에 기여를 한다.

최고의 기량을 발휘할 수 있는 운동집단이나 선수를 양성하는데 목적이 있는 엘리트스포츠와는 달리 생활체육의 중요한 특징은 레저 및 레크리에이션 기능을 수행하는데 있다. 생활체육은 교과과정에 의해 학교에서 행해지는 학교체육을 제외한 영역으로서 주 대상은 성인 및 학교에 다니지 않는 근로청소년을 중심으로 하여 조직적 또는 비조직적으로 행해지는 체육활동을 의미한다.

3) 생활체육의 목적

체육은 인간이 신체활동을 통하여 신체적 능력을 향상시키고 심리적·사회적으로 건전하게 하여 앞으로 사회생활에서 훌륭한 생활인이 되도록 하는 교육적 활동이다. 이러한 체육의 목표가 사회 전체의 성원에게 적용된 생활체육은 한 개인이 생애를 통하여 능동적이고 지속적으로 신체활동에 참가함으로써 자신의 신체적, 정서적, 사회적 발달을 촉진하고 급격한 현대사회의 변동에 건강하게 대처하며 타인과 더불어 공동체의식을 함양시키는데 목적이 있다.

우리나라에서 생활체육이란 용어는 1985년을 기점으로 행정부처에서 국민체육진흥을 위한 정책추진 내용을 개념화한 신 용어이다. 생활체육이란 용어가 사회체육과 공식적으로 대체된 것은 1989년으로 국민생활체육진흥종합계획(일명 호돌이 계획)에 의하여 생활체육 용어가 대중적으로 사용되기 시작했다.

4) 생활체육의 유사개념

(1) 사회체육

사회체육이란 학교 교육법에 근거하여 학교의 교육과정으로 이루어지는 학교체육을 제외한 주로 성인 또는 근로청소년을 중심으로 조직적으로 이루어지는 체육활동을 의미한다. 다시 말해 사회체육이란 사회성원이 각자의 임무에 종사하지 않는 여가시간에 각 개인의 자발적인 참여 의지에 의해 창출되는 운동수요와 충족을 위한 사회적 노력의 총체라 할 수 있다. 따라서 사회체육은 학교체육과 달리 사회구성원의 다양한 개인적 욕구를 충족시킴으로써 풍요로운 삶을 영위하기 위한 수단으로서의 스포츠·체육활동을 의미한다.

(2) 평생체육

평생체육은 생활체육과 유사한 개념으로 어떤 사람이 전 생애를 통하여 참가하는 신체활동, 즉 평생을 통하여 이루어지는 운동행위를 의미한다. 평생체육은 신체적으로 체력이나 발육·발달이 왕성한 시기인 청소년뿐만 아니라 학교 체육에서의 학습 내용을 토대로 성인기를 포함하여 노인기에 이르기까지 전 생애 주기에 걸쳐 활발하게 체육활동에 참가한다는 점에서 생활체육이나 사회체육과 비슷한 의미를 내포하고 있다.

2. 생활체육의 영역

1) 대상에 따른 영역분류

(1) 유아체육

성숙된 유아에게 영아들의 프로그램을 제시하거나 그 반대의 경우를 제시한다면 운동의 효과를 기대하기 어렵다. 따라서 연령을 고려하여 프로그램을 채택하고 같은 연령에서도 발육·발달의 정도에 따라 알맞은 프로그램을 제시할 수 있어야 하며, 골격의 형성과 발달이 시작되는 유아기는 신체 각 부위가 골고루 발달할 수 있는가를 고려해야 한다.

운동은 유아들의 마음을 즐겁게 하여 정서를 순화시키고 신체활동을 통해 신체의 발육 및 발달을 촉진시킬 뿐만 아니라 욕구를 충족시키고 놀이를 통해 새로운 환경장면의 적응력과 단체생활에 필요한 행동규범과 협동정신을 길러준다. 그러나 유아에게 운동이나 놀이를 시키고자 할 때는 호기심이 강하고 주의력이 부족하기 때문에 안전에 특히 유의해야 한다.

(2) 청소년 체육

청소년기는 정서적으로 급격한 동요와 불안을 나타내고 사회적으로 바람직한 적응을 필요로 하는 시기로 일생 중에서 신체적으로 가장 왕성한 발육·발달을 보이며 체격과 체력의 기틀이 잡히는 시기이다.

현대사회에서 청소년들은 식생활의 불균형, 과다한 학업, 신체활동의 부족으로 각종 성인병(비만, 당뇨, 심장병 등)에 노출되어 있으며, 특히 청소년 사망의 원인이 되기도 하는 운동부족증은 청소년들에게 심각한 문제가 되고 있다.

따라서 청소년기에 건강하고 튼튼한 몸을 관리하는데 주의를 기울여 강한 체력을 다진 사람은 평생을 건강하게 적극적이고 창조적인 삶을 살아갈 수 있다. 특히 청소년기의 모든 정서, 적성, 기능, 그리고 사회적 관계는 신체적 발달 정도에 따라 결정되는 신체상과 밀접한 연관이 있다고 볼 때 청소년기 체력은 매우 중요하다.

(3) 성인체육

성년기는 성인기의 전반부에 해당하는 20~40세의 시기로서 신체적으로 최적 수준이며, 지적 능력 또한 최대의 가능성을 발휘할 수 있는 시기이다. 이 시기에는 안정된 결혼생활과 원만한 가족관계의 유지, 최소한의 경제적 생활을 유지하면서 능률적인 직업인으로서 사회에 참여하며, 급격하게 변화하는 지식과 문화를 습득함으로써 자기 성장의 욕구를 유지하는 시기이다.

성년기는 청소년기에 이어 계속 강인하고 활발한 신진대사를 나타낸다. 그러나 최근에는 20대 후반이나 30대 초반부터 신체적·생리적 조직이나 기능이 점차로 감퇴되는 현상이 나타나 문제가 되기도 한다.

중년기는 40~60세의 시기로서 최근에 이르러 중년층 인구의 증가, 생활수준의 향상으로 인한 성인병의 증가와 더불어 중년기에 은퇴하는 사람이 늘어나고, 평생교육의 보편화로 이 시기에 새로운 적응 양식을 가르치고 배워야할 필요성이 커지면서 이에 대한 관심이 고조되고 있다.

따라서 현대사회에 잘 적응하고 경쟁에서 우월한 위치를 차지하기 위해서는 피로하지 않고 장시간 동안 자기의 과업을 효율적으로 수행할 수 있는 강인한 체력이 필수적이다. 연구, 사업, 건강도 결국에는 체력과의 싸움으로 끝난다.

(4) 여성체육

오랜 전통적 가치관 속에서 여성 건강에 대한 중요성은 경시되어 왔으며 실제로 임신과 같은 힘든 과정 속에서도 무리한 가사노동을 하도록 강요받아 왔던 것이 사실이다. 이와 더불어 사회 분위기상 여성들의 적극적인 신체활동이 금기시 되었으며, 직장 내에서의 건강검진도 여성에게는 극히 제한적이었던 점에서 여성의 건강관리 체계는 상당히 소외되어 왔다.

최근에 와서는 여성들의 사회활동에 대한 참여율이 급증하고 이에 따라 여성의 건강과 운동에 대한 인식도 상당히 개선되어 가고 있다.

성인 여성이 건강을 유지·증진하기 위해서는 적당한 운동과 영양관리, 충분한 휴식과 수면, 그리고 스트레스의 적절한 해소가 필요한데 이 중 우리나라 여성에게 가장 현실적으로 필요한 것은 운동이다. 운동은 적당한 체중을 유지시켜주고 심폐기능의 향상뿐만 아니라 체력 증진을 통한 활기찬 생활의 영위, 정신적 스트레스 완화 등 여러 가지 효과를 갖고 있다.

아울러 땀을 흘리며 운동하는 여성의 모습은 가족에게 운동하는 좋은 습관을 지니도록 하는 등의 좋은 영향력을 미칠 수 있다는 점에서 장점이 있다. 여성의 건강관리는 개인적인 측면뿐만 아니라 가족 전체의 건강을 추구하는 점에서도 매우 중요하다.

(5) 노인체육

노년기에서의 건강은 질병 및 고통이 없는 상태에서 신체적으로 일상생활을 불편 없이 영위할 수 있는 상태라고 할 수 있다. 건강한 생활을 위해 갖추어야 할 조건은 여러 가지가 있으며 그 중 우리의 생활환경, 즉 날씨, 공해, 생활 장소, 음식, 다양한 사람들과의 교류 등은 건강의 유지에 상당한 영향을 주는데, 신체를 최상의 상태로 유지하는 것이 이 모든 것을 극복할 수 있는 방법이라 할 수 있다. 이를 위해 필수적으로 요구되는 것은 적당한 운동, 알맞은 영양섭취, 충분한 휴식 등을 들 수 있다. 그러나 노년기에 있어서 이보다 더 중요시 되어야 하는 것은 규칙적인 생활과 적극적인 생활 자세라고 할 수 있다.

건강한 생활을 위해서는 우선 적당한 운동이 필요하다. 운동을 함으로써 인간은 신체적 발달과 정서순화 등 여러 가지 바람직한 효과를 얻을 수 있으나, 노년기의 지나친 운동은 오히려 건강에 나쁘다.

잘못된 운동으로 인한 상해와 운동의 피로로부터 발생된 질환들은 건강을 해치는 결정적인 요인이 될 수 있기 때문이다. 그러므로 노년기의 운동은 운동량을 자신에게 맞도록 조절하여 실시해야만 건강에 도움을 줄 수 있다.

(6) 장애인체육

일반적으로 건강인의 생활체육은 각국에서 중요한 국가정책의 일환으로 다루어지고 있으며 많은 국가예산을 투자하여 활성화되고 있다. 그러나 장애인을 위한 생활체육은 도외시되는 경향이 있고, 한국에서도 장애인생활체육 지원예산을 편성하고 있으나 매우 빈약한 수준이다.

또한 전통적인 가치관은 장애인들의 생활체육을 경시하여 장애인은 운동을 하지 않는 것처럼 인식되어 왔으며, 학교에서의 정규체육프로그램은 물론이고 지역사회의 생활체육에서도 더욱 소외된 현상을 보여 왔다.

이러한 현상은 장애인들로 하여금 더욱 더 체육활동을 기피하게 하여 행동반경과 생활반경을 좁아지게 하고 신체기능의 쇠퇴와 더불어 정신적으로 위축되고 사회적으로 불균형적 관계를 유지하게 된다.

장애인들에게 있어서의 생활체육은 단순히 즐기는 자체 외에 장애부위의 기능 감퇴를 예방하고, 치료적 효과를 기할 수 있어 오히려 정상인보다 그 의의가 크다고 할 수 있다. 뿐만 아니라 생활체육을 통해 원만한 인간관계를 돕고 사회의 적응능력을 향상시키는 사회통합의 수단으로서도 큰 의미가 있다.

건강이란 현재의 환경에 대한 적응과 자신의 잠재력을 충분히 발휘하여 일상생활을 완전하고 안전하게 영위하여 궁극적으로는 최적의 건강 상태를 유지하는 질적인 삶에 있다.

그러므로 복지사회국가를 지향하는 우리나라에서는 장애인이든 정상인이든 모든 면에서 기회균등과 개인 및 국민의 기본적 권리와 인간의 존엄성을 인정하여 모든 권익을 보장해 줘야 한다.

제3장

레저스포츠

1. 레저의 이해

1) 레저의 개념

레저라는 용어는 일상생활과 밀접한 관련이 있고 자주 사용되면서도 아직 개념규정이 불명확한 상태이다. 외래어 놀이(Play), 오락(Amusement), 레크리에이션(Recreation), 취미(Hobby), 재미(Fun), 기분전환(Relaxaion), 흥미(Interest), 여흥(Entertainment), 즐김(Enjoyment), 휴가(Holiday), 바캉스(Vacation) 등과 같은 인간의 즐거움에 대한 총칭으로 사용되고 있다.

레저(leisure)는 어원이 라틴어의 Licere로서 그 의미는 허락하다는 뜻이며, 영어의 'licence'라는 단어와 어원이 같다.

또한 고대 그리스에서는 레저를 Scole로 로마에서는 Otium이라고 하였는데, otium은 아무 것도 하지 않는다는 소극적 의미인데 반해 Scole는 학문, 철학, 명상 등과 같이 관련된 문학적 창조활동을 뜻하며, 자기 교양을 높이는 적극적 행위로 레저를 파악하고 있다. 흔히 일상생활에서 레저라는 용어를 여가라는 용어와 거의 동의어로 사용하고 있으나, 내용적으로 두 용어가 함축하고 있는 의미는 큰 차이가 있다.

(1) 레저의 발달

가. 산업사회 이전

유목시대에는 사실상 일과 레저 사이의 분명한 개념 구분이 존재하지 않았으며, 기계적인 시간개념도 없었기 때문에, 레저에 대한 개념 자체가 특별히 존재하지 않았다고 할 수 있다. 그러나 농경사회 시대에 와서는 노동의 전문화가 시작되면서 노동과 비노동 간의 분리가 시작되었고, 기계적인 시간개념도 형성되었다.

나. 산업사회

산업사회의 시작은 산업혁명의 시작과 그 때를 같이 한다고 할 수 있다. 생산이 기계에 의해 동력화 되면서 인간의 노동에 의한 시간당 생산량이 예측 가능하게 되었고, 기계를 가동하기 위해서는 인간의 노동이 필요했기 때문에 기계가 가동되는 한 노동자는 자유로운 시간을 가질 수 없었다. 이때는 노동이 인간생활의 중심이었기에 레저라는 것은 노동력을 재충전하기 위한 시간으로서 노동에 종속될 수밖에 없었다.

현대의 고도 산업화 시대에 이르게 되면서 인간소외 현상이 심화되었고, 기계문명과 경제가 발달하면서 인간생활의 중심이었던 노동사회가 점차 그 방향을 전환하였다. 대량의 상품생산을 위해 무조건 장시간의 노동력을 투입하는 것이 아니라 효율적인 노동 생산성 향상을 위해 레저를 선용하기 시작했다.

이 시대에서는 레저가 노동에 대한 수단적 가치로 인정되었고, 소수의 사람들에 의해서 주도되었다.

다. 후기 산업사회

후기산업사회에 들어 서비스사업이 다른 산업에 비해 급격하게 팽창하게 되었고, 레저에 대한 인식이 고조되면서 레저를 노동력의 재생산을 위한 수단이 아닌 노동과 동등한 위치를 형성하게 되었다. 그와 더불어 레저의 질적인 측면에 관심이 쏠리고, 초기 산업사회에서 삶의 중심에 자리 잡았던 노동의 위치를 점차 레저가 대신해 가는 현상이 발생하였다.

2. 레저스포츠의 이해

1) 레저스포츠의 개념

레저스포츠라는 말이 오늘날처럼 우리들의 일상생활에서 애용되기 시작한 것은 그리 오래되지 않았다. 레저스포츠라는 용어는 Leisure + Sports의 합성어로 글자 그대로 해석하면 '여가시간을 활용하여 즐기는 스포츠'이다. 우리나라에서는 간혹 레포츠(Leports)라는 용어를 사용하기도 있지만, 이것은 우리나라에서만 통용되고 있는 용어로서 국제화된 말은 아니다.

(1) 협의적 레저스포츠

협의적 개념의 레저스포츠는 여가시간을 이용하여 생계수단이 아닌 자발적인 스포츠에 참여하는 방법으로, 제정된 규칙과 방법에 의하여 실시되고 있는 스포츠라고 할 수 있다.

(2) 광의적 레저스포츠

역사를 통하여 보아도 많은 사람들이 스포츠를 대중오락의 형태로 이용하여 왔으며, 특히 경제성장에 따른 복지 추구형 사회는 건강 및 체력을 위한 스포츠의 기능과 기분전환, 자기개발과 관련된 여가를 위한 스포츠의 기능을 증폭시키고 있다. 따라서 광의적인 개념으로서의 레저스포츠는 여가시간을 이용하여 기분전환과 자신의 건강 증진 및 자기개발을 위해 행해지고 있는 스포츠 활동과 야외활동, 예술적 활동 및 각종 건강 활동 등을 총칭한다고 할 수 있다.

등산이나 낚시와 같은 신체활동은 많은 사람들이 선호하는 레저 활동으로서 협의적인 관점으로서는 레저스포츠라고는 할 수 없지만 광의적인 관점에서는 레저스포츠 활동이라고 볼 수 있다. 그러므로 레저스포츠의 개념은 실시하는 종목이나 장소, 실시하는 목적이나 성격에 따라 변할 수 있다.

(3) 생활스포츠와 레저스포츠의 비교

생활스포츠는 우리들의 일상생활과 함께 할 수 있는 스포츠 활동으로서 일반적으로 우리 주변에서 행해지고 있으며, 가장 조직적으로 실행하고 있는 단체로는 조기축구회, 배드민턴

클럽 등 각종 운동클럽을 들 수 있다. 이에 비해 레저스포츠는 여가활동 중에 실행하는 경우가 많으며, 가장 조직적으로 실행하는 단체로는 낚시동우회, 등산동우회, 골프동우회와 같은 스포츠동우회가 있다.

또한 생활스포츠는 자신의 건강문제를 위해서나, 특정한 스포츠 종목의 기량 향상 등 어떤 목적을 위해서는 생활필수시간을 줄여서라도 참여할 수 있는 목적지향성이 강한 스포츠 활동인 반면, 레저스포츠는 이러한 의무적인 목적이 배재된 자유재량적인 여가시간을 이용하여 신체적 활동 그 자체를 즐기는 순수한 스포츠 활동이다.

즉 레저스포츠는 신체적 활동 그 자체를 즐기는 스포츠로서 운동 그 자체의 즐거움에 중점을 두되, 이를 통하여 건전하고 적극적인 여가시간을 보냄으로써 몸과 마음이 건강해질 뿐만 아니라 더 나아가 삶의 질을 한층 더 높일 수 있는 스포츠 활동이라고 할 수 있다. 그러므로 레저스포츠는 일반적인 생활스포츠에 비하여 참가하는데 비용이 많이 들며, 자연 친화적인 스포츠 참여를 선호하는 경향이 많다.

2) 레저스포츠의 가치

(1) 신체적·정신적 스트레스 해소

레저스포츠 활동은 그 자체가 하나의 스트레스와 자극으로서 신체적·정신적 피로를 초래함에도 불구하고 일상에서 축적된 신체적·정신적 스트레스를 해소하는 효과적인 방법으로 이용되고 있다. 이것은 신체활동이 생리적인 효과뿐만 아니라 심리적인 만족감을 제공하며, 레저스포츠 활동의 즐거움은 몸과 마음의 조화를 촉진시키는 효과가 매우 크기 때문이다. 이러한 측면에서 레저스포츠 활동은 직장·가정·일상생활에서 겪게 되는 스트레스를 해소하는 중요한 심리적 가치를 지니고 있다.

(2) 인간관계의 기회제공

레저스포츠 활동 중에서 단체 활동은 공동목표에 대한 자기의 역할을 수행할 수 있는 상황이 많아 구성원 모두가 조화를 이루고 협력할 수 있는 인간관계의 기회를 제공하는 요소가 많이 작용한다. 레저스포츠 활동을 통하여 심신을 단련하고, 자연스럽게 동료들과 우의를 다지며, 협동심·책임감 등을 몸에 익히는 덕성을 함양시킨다고 할 수 있다.

3) 레저스포츠의 특징

(1) 자연 활용

레저스포츠는 자연을 활용하는 경우가 많다. 그 이유는 자연을 벗 삼아 자연과의 동화를 추구하는 과정에서 신체적·정신적으로 건강을 추구할 수 있을 뿐만 아니라, 자연으로 되돌아가고 싶은 인간의 본능적인 욕구를 조금이나마 만끽할 수 있기 때문이다. 특히 복잡하고 삭막한 도시 속에서 생활하는 현대인들에게는 자연과의 친화가 절실히 요구되며, 정보화의 홍수 속에서 스트레스를 해소할 수 있는 유익한 방법 중어 하나가 되기 때문이다.

(2) 모험과 극기

현대생활은 육체적인 노동보다는 정신적인 노동에 시달리고 있으며, 단순작업의 반복으로 인한 매일 똑같은 생활이 반복되고 있다. 이러한 생활의 반대급부적인 현상으로 자기 자신을 시험하기 위하여 극기 훈련에 참가하기도 하며, 배낭여행을 떠나기도 한다. 또한 모험적인 스포츠 활동으로서 빙벽 타기나 암벽 타기에 만족하지 않고, 인공적으로 암벽을 만들어 스포츠 활동을 즐기는 스포츠 클라이밍이나 번지점프, 래프팅, 맨몸으로 빌딩을 오르고 건물과 건물 사이를 뛰어다니는 야마카시 같은 신생 스포츠를 만들어 즐기고 있다.

(3) 계절 스포츠

레저스포츠를 즐기는데 계절의 구분이 사라지고 있다. 과학기술의 발달로 인하여 잔디스키나 실내스키, 윈드크루저 등 신종 레저스포츠의 등장으로 인하여 특정 계절에만 즐기던 레저스포츠의 활동 범위가 점점 넓어지고 있다.

3. 레저스포츠의 종목

1) 탐험 레저활동

탐험 레저활동에는 백패킹, 트레킹, 동굴탐험, 탐조여행, 주말기차여행, 암벽타기, 산나물 캐기, 서바이벌, 오리엔티어링, 산악 마라톤, 빙벽타기, 전파탐지, 클라이밍(인공암벽타기), 오토캠핑 등이 있다.

2) 항공 레저활동

패러글라이딩, 스카이다이빙, 초경량 항공기, 열기구, 모터 패러글라이딩, 모형 비행기, 조인경기, 번지 점프, 행글라이딩, 경비행기, 롤러코스트 등

3) 수상 레저활동

수상레포츠, 윈드서핑, 모터보트, 수상스키, 요트, 침몰선 탐사, 카약, 카누, 패러세일링, 파워보트, 스노클링, 래프팅, 스쿠버다이빙, 조정, 아쿠아 등이 해당된다.

4) 지상 레저활동

필드 케스팅, 걷기, 오리엔티어링, 석궁, 카레이스, 눈썰매, 게이트볼, 기공체조, 인라인 스케이트, 클레이 사격, 다트, 하이킹, 길거리 농구, 사냥, 스키 등이 해당된다.

4. X게임

1) X게임의 의미

X게임의 원래 명칭은 익스트림 게임(Extreme Game)으로, 생명의 위험을 무릅쓰고 여러 가지 묘기를 펼치는 레저스포츠를 통칭하며, 모험을 즐기므로 위험스포츠, 극한스포츠라고도 하며, 주로 신세대들이 즐긴다.

2) X게임의 유래

1970년대에 서구에서 스케이트보드(Skateboard)와 롤러스케이팅(Rollerskating) 등 도시 청소년이 즐기던 놀이문화로부터 비롯되었으며, 1990년대 미국 스포츠 전문 케이블 TV인 ESPN이 처음으로 'X게임'이라는 제목의 프로그램을 제작하면서 본격적으로 보급되기 시작했다.

스케이트보드, 인라인 스케이팅, 스턴트 자전거 BMX(Bicycle Stunt Riding), 웨이크보드(Wake Board) 등의 유행과 함께 전 세계의 신세대들 사이에 큰 인기를 끌고 있다.

1993년 약 2,000명이 참가한 가운데 제1회 세계대회가 열렸고, 1999년 대회는 10만 명 이상이 참가하였다.

3) X게임의 종류

크게 여름게임과 겨울게임으로 나누는데, 여름게임은 스케이트보드, 인라인스케이팅, BMX, 인공암벽 등반(Sports climbing), 스카이서핑(sky surfing), 도로썰매타기(street luge) 등이 있다.

겨울게임은 스노보딩(snowboarding), 산악자전거(mountain biking), 스키보딩(ski boarding), 스노크로스(snow cross), 자유스키(free skiing), 빙벽등반(ice climbing), 동력눈썰매경주(super-modified shovel racing) 등이 있다.

그밖에 서바이벌게임(survival game), 윈드서핑(wind surfing), 래프팅(rafting), 번지 점프(bungee jump), 웨이크보드(Wake Board) 등을 포함하기도 한다.

제4장

무도

1. 무도의 이해

1) 도와 술과 예

무도의 근원은 격투기의 형태였으며, 자기 방어와 군사적 목적을 위하여 수행되었다. 그러나 사회문화적 발전과정 속에서 특히 승려들이 종교적 목적으로 격투기술을 이용함에 따라 격투기술에 종교적 가치와 정신적 개발의 의미가 부각되었다.

19세기 후반 및 20세기에 들어와서는 격투 외적인 모습이 더욱 강조되었는데, 특히 일본에서 뚜렷하게 나타났다. 그러나 사무라이 계급이 해체되고 합법적인 폭력은 법률 제정가와 군사 전문가에게 이양되는 양상을 보이면서 총과 대포로 인해 전통적 무도의 실질적인 중요성은 많이 사라졌다.

이러한 과정에서 무도에 대한 태도와 인식의 변화가 일어났으며, 무도의 전투적인 면보다 이론적인 측면을 더욱 발전시키는 계기가 되었고, 무도인들은 다시 무도의 부차적이고 비전투적인 측면에서 집중할 수 있는 길이 열렸다. 이러한 변화는 일본에서 가장 뚜렷하게 나타났으며, 많은 무도가 '술(術)'로 불리다가 '도(道)'로 바뀌었다. 이에 따라 아이키술은 아이키도로, 검술은 검도로, 거합술은 거합도로 전환되었다.

술(術)은 방법·기술이라는 뜻으로서 일반적으로 기술 혹은 격투형태를 의미한다. '도(道)'는 정신적이고 종교적인 의미를 강하게 지니는 선불교의 용어로, 인간이 마땅히 지켜야 할 최고의 윤리적·도덕적 규범으로 도는 진리와 깨달음에 이르는 길이다. 수련자를 깨달음으로 이끌기 위해 지속적이고 체계적인 방식으로 수행되는 모든 활동이 도이다.

예(藝)란 예술이다. 예술은 그 가치적 측면에서 지고지순한 최고의 것을 의미하고 있지만 24반 무예가 성립한 조선 중기 이래 사회적 통념으로서 반드시 그런 것만은 아니며, 무예가 지식층 간의 호칭인데 비하여 일반 대중은 보다 친근하고 함축적인 것으로 도술이라 하였다.

우리가 흔히 사용해 오던 무술이나 무예라는 용어는 무도와 다르다. 즉 무술은 단순한 기능이나 재주로서 실용적 목적을 중시하는 용어인 반면에, 무예란 무술의 기능 습득 후의 재주에 대한 가치부여의 용어이며, 무도란 무술을 통한 철학적 정신 추구와 교육적 차원에 목적을 두고 사용하는 용어이다.

2) 무도의 개념

무도를 연구하는 학자들은 무도는 인간이 자연의 위험으로부터 살아남기 위하여 투쟁하는 과정에서 자연발생적으로 생겨나, 종족이나 민족의 형성기에 이르러 종족이나 국가를 보호하는 차원에서 무사계급이 생기고 개인의 호신술로서 혹은 주종관계의 의리를 지키는 도리로서 무술에 철학적인 의미인 '도'가 붙어 무도로 정착된 것으로 추론하고 있다.

무도(武道)의 武는 '창(戈)+멈춤(止)=무(武)'로서 이는 창을 멈추게 한다는 뜻으로 방어나 공격의 의미를 함축하고 있다. 道는 원래 갑골문자에서는 행(行)과 같은 글자인데, '首+辶=道'로서 이는 머리로 생각하며 나아감, 마땅히 지켜야할 도리, 높은 경지에 도달함의 뜻이 함축되어 있다. 그러므로 무도라 하면 武를 통해 道를 이룬다는 함축적 의미가 있다. 이러한 의미를 지닌 무도는 무를 합리적으로 사용함으로써 모든 사람과 더불어 화평을 이루고 협동하는 삶을 이루는 최상의 목표로 삼고 있다.

3) 무도의 역사적 배경

인간은 자연과 타 부족으로부터 자기 방어가 필요했으며, 살아남기 위해 타인에게 압박을 가하면서도 상대를 착취하려 했고, 국가의 경우도 같은 맥락에서 인류는 항상 싸우는 법을 배우고자 하였다. 사회가 전문화됨에 따라 노동의 분업화가 일어나고 이로 인해 현대인들은 점차 전문적인 능력을 가지고 좀더 효율적으로 일을 수행하고자 해서 출현한 것이 경찰이나 군인 또는 그들을 전문적으로 가르치는 교관이다. 이러한 전문가들의 필수 기술이 바로 격투 기술로 인류는 항상 새로운 격투 기술을 발전시켜 왔다.

거의 모든 문화에서 격투 전문가나 지도자가 있었다는 사실은 무도가 특정 집단에만 해당되는 것이 아니라 인간의 삶을 구성하는 일부분이고, 인간사에 끊임없이 존재해 왔다는 것을 알 수 있다.

몇몇 문화가 다른 문화보다 뛰어났던 것처럼 무도에 있어서도 역시 월등한 문화가 존재하는데, 실제로 무도는 중국 혹은 한국에서 기원하여 오키나와 섬과 일본에까지 전해진 것으로 본다.

다음은 동양무도의 발달에 영향을 미친 기원들에 관한 것이다.

첫째 고대 그리스에서 몇몇 격투형태들은 군사훈련뿐만 아니라 올림픽이나 피디아(Pythia) 게임과 같이 다양하게 조직화되어 경쟁하는 운동경기에서 발달되었다. 특히 판크라티온(Pancration)으로 불리는 올림픽 경기는 매우 거칠고, 목조르기와 발차기뿐만 아니라 손을 사용한 공격과 레슬링의 잡기기술 등이 사용되었으며, 인도까지 전해져 인도의 고유한 격투 형태에 흡수되어 전해졌다. 불교가 중국에 전해지면서 인도의 승려에 의해 인도의 무술이 전해졌으며, 달마대사에 의해 6세기경 호난 지방의 소림사에 전파되었다.

둘째 중국인들은 불교가 도입되기 전에 이미 손, 발, 무기, 심지어 변발(땋아 늘인 머리) 등을 사용하는 고유한 전통무술을 보유하고 있었으며, 무술의 일부는 도교적 성향을 가지고 있었다. 2세기경 내과 의사인 후아토는 긴 손을 사용하고 동물의 움직임을 모방하며 기(氣)를 강조하는 무도 형태를 확립했다.

셋째 한국도 불교와 중국의 문화가 도입되기 오래 전부터 상당히 발전된 독립적인 전통무술이 있었는데, 1세기경 고구려 왕조의 초기 기록을 보면 격투기술뿐만 아니라 형(품새)에 대한 기록도 있으며, 여기에는 무술 훈련의 정신적인 측면의 유익함도 강조되고 있다.

넷째 일본과 오키나와에도 고유한 격투기술이 존재했었는데, 후대의 관점에서 볼 때 일본에서 가장 중요한 무도는 스모이며, 이는 현대 스모와 유술의 기원이 된다. 오키나와에서는 레슬링의 고유한 형태인 테구미와 맨손 격투술인 토드, 후에 소림사에서 유래한 중국의 전통과 결합된 가라테가 있다.

2. 무도의 정신

1) 무도와 덕성

무도인은 위험한 상황에 맞서 능동적으로 행동하며, 위험에 대처한다. 또한 삶 속에서 이런 어려움을 위대하고 중요한 것으로 바꾸고, 변화된 방식으로 살아가려는 시도를 한다.

무도인들은 무도 수련을 통해 우정과 신의를 가지려고 하지만, 테러리스트와 범죄자도 역시 그들의 친구들과 우정을 맹세하기 때문에 언뜻 보면 무도 훈련은 사회성과 도덕성에 해를 입히는 것으로 보이나, 무도에 대한 전통적인 주장은 무도를 훈련하는 것이 좋은 도덕성과 일치할 뿐만 아니라 좋은 도덕성의 발달을 증진시킨다고 한다. 이러한 주장은 중국의 소림사, 한국의 화랑도, 일본의 무사도의 전통에 근거하고 있다.

무도수련에서는 신속한 의사결정과 그에 따른 행동을 하는 방법, 도덕적 원리를 고수하는 방법을 훈련한다. 즉 무도수련을 통해 수련자는 실천적인 지혜를 배울 수 있다.

전통적 무도 훈련의 목적은 덕의 수양이다. 덕의 수양은 개인의 발전과 정신적 풍요를 의미할 뿐만 아니라 다른 사람을 배려하는 이타적인 것이어야 한다. 도덕성을 획득하려는 전통의 추구가 확산됨에 따라서 오늘날에도 대부분의 무도 도장에서는 검은 띠를 얻기 위한 최우선적인 조건으로 도덕성을 요구한다.

2) 무도의 가치

무도는 현대사회의 복잡한 구조 속에서 소외되기 쉬운 인간성 개발과 흐트러지기 쉬운 정신을 집중하도록 하는데 좋은 현대체육의 신소재임에도 불구하고 급속한 산업화 속에서 자칫 그 교육적·문화적 가치보다는 폭력이나 부정과 같은 어두운 요소가 베어들거나 오락과 유흥을 위한 수단으로 전락할 위험을 안고 있다.

무도는 서양에서 유입된 기능주의 체육과는 달리 심신이 하나로 되어 깨달음의 경지에 도달하기 위한 정신통로로 여기고 있는 동양적 특성을 지니고 있다.

오늘날 유도, 검도, 태권도 같은 무도 종목은 체육의 한 영역으로서, 오늘날의 체육활동이 신체활동을 통한 교육일 뿐만 아니라 정신적 육성을 포함한다는 점에서 무도와 공통점이 있다. 따라서 무도는 동양에서의 전통체육의 원형으로 그 특성이 그대로 현대체육에서도 활용될 수 있는 좋은 소재가 될 수 있다.

무도 스포츠는 인간의 근원적인 경향성과 정서적 발로의 기회를 비교적 많이 지닌 활동으로 무도 수련이나 시합을 통하여 인간답지 못한 태도나 감정을 인간다운 행동과 태도로 정화하고 수정하여 인격도야(人格陶冶)에 도움을 준다.

또한 무도는 스포츠의 영역뿐만 아니라 예를 소중히 여기는 정신적인 가치가 높다는 점에서 서양인들에게 탐구의 대상이 되며 페어플레이, 공명정대 등의 민주시민 의식을 제고하는 측면에서 그 의의가 있다.

3) 무도수련

연습이나 트레이닝은 일정한 목표를 정하고 그 목표에 도달할 수 있는 동작이나 기술을 숙달하는 것이지만, 수행은 자기의 정신에 대한 인격향상의 발전을 목표로 하는 실천적 훈련을 의미한다.

무도의 수련이란 무도를 통한 심신의 단련을 의미하며, 무도의 수련으로써 얻어지는 정신을 무도정신이라고 말할 수 있다. 무도를 수련하여 일정한 경지에 도달한 무도인들의 사고방식이나 행동양식을 보면, 의지가 강하든지, 정의감이 투철하든지 하는 점에서 보통 사람과 다른 점이 있다. 이는 무도를 수련함으로써 사물을 이해하는 방식이 변하고 행동을 정립하는 방법이 변하여 무도정신이 형성되었기 때문이라고 볼 수 있다. 일반적으로 무도 수련을 통하여 무도의 본질이 내면화되고 어떤 바람직한 행동에 대한 가치관과 실천의지가 정립되었을 때, 무도정신이 형성되었다고 말할 수 있다.

3. 현대무도의 이해

1) 현대무도의 의미

현대사회에서는 모든 사람들이 자신들의 욕구를 충족하기란 쉽지 않다. 단지 그 형태는 사회변화에 대한 적절한 대처와 이상적인 조화를 이루어감으로써 본질을 추구해나가고 있는 것이다.

오늘날 무도 역시 본질적인 의미를 추구하면서 개인 수련의 무도, 스포츠로서의 무도, 생활체육으로서의 무도 등 여러 측면에서 변화하는 모양새를 나타내고 있다. 하지만 이상적인 체계화를 위한 노력들이 미비하기 때문에 무도의 본질과 존재가치에 있어 혼란을 겪고 있는지 모른다.

서구사회에서 동양무술(Eastern Martial Art)의 유행은 특히 미국에서는 대다수의 대학이 정규과목으로 편성하는가 하면 일부에서는 중고교의 체육과목으로까지 전개되고 있다. 또한 무술에 대한 학문적 접근까지 이루어지고 있어 체육학적 차원에서 동양무술에 대한 탐색은 새로운 체육의 대안적 소재로까지 주목을 받고 있다. 하지만 한국 체육계에서는 체육의 철학적 기반을 과거의 체육사 또는 체육사상사, 그리고 사상적 전통 속에서 국한된 체육학자들의 체육에 대한 인식 때문에 무도는 체육의 패러다임에 부합되는 부수적 속성만이 강조되고 있다.

또한 일제시대부터 인식된 유도와 검도에 이어 광복 이후 한국화 하는 과정에서 일본과 중국의 발달된 권법체계가 유입되면서 태권도, 합기도, 중국권법 등이 나타나게 되는데, 주변국가의 영향을 받았다고 해서 이를 연연해하고 어설픈 역사적 합리화를 만들어 각 무예단체들의 위상을 높이기 위한 허구적인 사실을 가미하는 경향이 있다. 이러한 허위와 전통에 열중하기 보다는 기술의 실효성 문제나 사상적 의미, 수련자에 대한 가치 중단에 고민하고, 실천하는 것이 바람직할 것이다.

2) 현대사회와 무술

과학문명의 대두, 총포류와 화기의 등장에 이어 기계에 의존하는 전쟁양상은 무술의 소멸을 가져오는 것처럼 보였으나, 현대사회의 무술은 다시 화려하게 부활하고 있다.

현대문화에서 빼놓을 수 없는 가상게임의 세계에서 무술은 가장 유행하는 게임의 주제이며 소재로 현대인의 상상력의 세계를 장악하고, 영화, 만화 등의 가상현실 문화 속에서 무술은 어떤 문화 소재보다도 빈번하고 다양하게 우리들 가까이에 있다. 이러한 무술은 가상현실의 세계를 넘어 청소년들의 정신세계와 생활문화에 커다란 영향을 미치고, 경제적으로 커다란 시장적 가치로 대두되고 있으며, 전통문화에 대한 가치 재인식과 전통문화의 상품성을 확보하기 위한 노력의 일환으로 주목받고 있다. 그러나 우리 사회에서 태권도, 검도 등 스포츠화에 성공한 일부 무술을 제외하고는 대다수의 무술들이 조직 면에서나 재정적인 면에서 영세하고 취약하다. 특히 사회적으로 하나의 문화로서 당당한 위상과 인식을 확보하지 못하고 있다는 의미에서 우리 사회에서 무술은 제한적이고 주변적이다.

제5장

특수체육

1. 특수체육의 이해

1) 특수체육의 정의

특수체육이란 일반인들이 행하는 체육을 즐길 수 없는 사람들의 독특한 욕구를 충족시키기 위하여 특별히 계획된 프로그램을 취급하는 체육의 한 영역이다. 이것은 장애인체육, 교정체육, 발달체육, 의료체조 등 다양한 명칭으로 사용되어 왔다. 교정(치료·재활)체육은 질병상태를 치료하기 위하여 구성된 특수한 활동이나 운동 등을 강조하고 있으며, 발달체육은 장애를 가진 모든 사람에게 적용되는 체육으로 용어 자체가 긍정적인 면을 보여주기 때문에 최근에 많이 사용되고 있다. 의료체조는 여러 병적 상태를 치료하기 위해 체조 프로그램을 도입해 구성한 것이며, 특수체육(Adapted Physical Education)은 일반 체육프로그램에 제한 없이 참가함으로써 성취감이나 안정감을 갖지 못하는 장애를 가진 학생들의 제한점, 능력, 그리고 흥미에 알맞게 개발된 여러 활동을 포함한 게임, 스포츠, 리듬 등의 다양한 활동을 뜻한다. 특수체육은 미국체육학회 특수체육 분과위원회에서 1947년 정의한 이후 각국에서 가장 많이 사용되고 있다.

2) 특수체육의 개념과 분류

이제 체육이라는 단어는 엘리트스포츠와 암벽등반과 같은 고도의 신체능력을 요구하는 특정인의 신체활동을 포함하고, 유아들의 놀이와 캠핑, 스포츠클럽의 다양한 대상자들이 참여하는 신체활동의 개념을 포함하고 있다(Sidentop, 1980). 특수체육은 특수한 체육이 아니다. 특수체육은 일반인이 수행하는 체육을 정상적인 방법으로는 시행할 수 없는 특수한 조건의 사람들을 위하여 만들어진 체육이다. 그렇기에 체육이라고 생각되지 않는 특수한 신체활동이나 체육의 범주에서 벗어난 특수한 훈련이나 특수한 요법은 특수체육의 바른 의미에서 벗어난다고 볼 수 있다.

장애인을 위한 체육프로그램의 명칭을 특수체육이라고 한다. 그러나 특수체육이라는 명칭이 특수한 체육(Special Physical Education)과 혼돈될 수 있으므로 장애인 체육이라는 명칭을 사용하는 경우가 있는데, 특수체육은 장애인이라는 독특한 집단을 위해 만들어진 체육프로그램을 의미하기 때문에 그렇다. 그러나 장애인이라는 단어 사용이 차별적으로 불쾌감을 줄 수 있다는 우려 때문에 특수체육이라고 한다. 특수체육은 무엇을 강조하고 있는가에 따라 크게 3가지로 분류할 수 있다.

첫째는 장애인의 신체적인 능력을 향상시키는 것을 강조하는 의료체육, 둘째는 장애인들에게 특수한 체육프로그램을 제공하는 특수한 체육, 셋째는 장애인들에게 일반인들이 수행하는 체육프로그램에 참여할 수 있도록 규정을 변형하는 적응체육 등으로 구분한다.

이러한 세 가지 분야는 특수체육이 발전되어 온 역사적인 변천과정이기도 하지만, 특수체육의 세부영역을 가를 수 있는 기준점이 되기도 한다.

3) 특수체육의 목적

옛날부터 마사지, 손으로 주무르기, 누르기 등의 소극적인 움직임에서부터 적극적인 신체활동의 움직임이 여러 신체적, 정신적인 질병을 치료하는데 효과가 있음을 알게 되었다. 이러한 사실은 신체의 어떤 장애나 비정상적인 것을 교정하려는 목적으로 의료체조가 고안되면서 더욱 확실하게 되었다.

의료체조는 링(Ling) 체조가 생기면서 더욱 발전하게 되었는데, 링 체조는 1814년 스웨덴의 스톡홀름 궁정체조학교에서 링(Ling)에 의해 고안되었다. 링 체조는 특수하게 형식화된 움직임으로 구성되었으며, 신체의 자세나 체형을 바르게 교정하고 건강을 회복하며 발달시키려는 목적을 가지고 수행되었다.

움직임의 정확성을 요구하는 링식 체조는 1884년 니센(Nissen)과 포세(Posse)에 의해 미국에 도입되자마자 인기를 얻었다. 이 링식 체조는 하버드 대학에서 가장 먼저 도입하여 Dudley Sargent 박사에 의해 좌식생활에서 오는 신체적 악화를 예방하고 자세의 형태를 교정하는 것을 통해서 학생들의 건강 유지증진을 목적으로 치료체육 프로그램으로 구성되었다.

그 후 이 치료프로그램은 개선되어 스포츠 활동이나 놀이 활동 등을 포함시켜 많은 학교에서 실시되고 있다. 처음에는 일반체육 학급에 참가할 수 없는 특수체육 학급에서 자세교정을 목적으로 이루어졌으나, 점차 여러 장애를 모두 포함하여 프로그램을 넓혀갔으며, 프로그램이 확대됨에 따라 스포츠, 게임, 놀이, 율동 등을 포함하여 장애아의 요구에 맞게 짜여가고 있다.

특수체육의 목적은 장애인이 주의 깊게 계획된 규칙적이고 특별한 체육 및 레크리에이션 활동을 통하여 신체적·정신적·사회적·정서적 성장을 이루도록 돕는다. 넓은 의미에서 특수체육은 일반인들에게 똑같이 적용되는 원칙들을 구현하는데 있으나, 특수체육은 치료적 가치가 매우 크며, 장애인들의 육체적·심리적·사회적 재활에 핵심적 역할을 수행한다.

4) 특수체육의 가치

(1) 치료적 가치

장애인들에 대한 신체활동은 일반인과 같이 신체적·정신적·사회적·정서적 발달에 매우 중요할 뿐만 아니라 치료의 수단으로서 대단히 중요한 가치를 가지고 있다.

장애인에게 있어 체육은 가장 자연스러운 치료이e다. 특수체육은 기존의 요법을 보완하여 치료효과를 보다 상승시키는 치료훈련이다. 치료요인으로서의 특수체육에서 사용하는 일반적인 기술들은 수영요법(Pool Therapy), 마사지, 자세교정, 감각기관과 연관된 운동기능(Perceptual Motor), 자신을 돌볼 수 있는 기술(Self Help), 그리고 근력강화 운동 등이다. 따라서 이러한 치료적 차원의 특수체육에서는 신체활동에 관한 개인의 흥미나 취향, 그리고 경험 등에는 관심이 없으며, 개개인의 신체적인 능력 향상을 위한 프로그램이라면 실행을 한다는 것이 특징이다.

(2) 신체적 가치

장애인 역시 일반인들과 마찬가지로 신체적 발달과 심리적 안정에 대한 동일한 욕구를 가지고 있으나, 장애인들은 병원에서의 장기간 입원 또는 유사한 보호 시설 등에서의 통제된 생활 등으로 운동기능에는 손상이 없어도 그들 자신의 신체를 적절하게 제어하지 못하며, 심폐기능 또한 저하되어 있는 경우가 많다. 많은 장애인들은 분리된 특정 환경에서보다는 공공체육시설에서 운동에 참여하고자 하는 욕구가 있으며, 또한 장애인들이 규칙적으로 체력훈련 프로그램에 참여함으로써 실제로 많은 이점을 얻을 수 있다. 따라서 적극적·지속적으로 성인이 되어서도 꾸준히 체육활동을 실시해야 한다.

(3) 심리적 가치

체육활동은 단지 물리치료 수단을 넘어 또 다른 큰 의의를 지닌다. 장애인에 대한 체육의 큰 장점은 일반 치료 훈련에 비하여 레크리에이션적인 가치에 있으며, 체육을 통한 의욕을 고취시킴으로써 자발성을 한층 더 강화한다. 따라서 장애인에 있어서 레크리에이션적인 체육활동은 장애인으로 하여금 자신의 육체적 결함을 거부하지 않도록 하는 심리적 균형감각을 제고하는데 매우 중요한 요소로 작용한다. 그러나 반복적인 실패와 단순한 과제에 대한 어려움은 장애인의 행동을 경직시켜 오히려 복잡한 신체활동에의 참가를 저해할 수도 있으므로 자신감, 자기존중, 자기표현 등의 심리상태를 긍정적으로 강화하고 성공적으로 만족할 수 있는 체육프로그램의 도입이 중요하다.

(4) 사회적 가치

특수체육의 중요한 목적 중의 하나가 스포츠를 통한 사회복귀라고 할 수 있다. 즉 특수체육을 통하여 장애인이 자신의 이웃들과 더불어 생활할 수 있도록 도와주며, 사회 복귀를 보다 용이하게 한다는 것이다.

특수체육은 장애인과 일반인들 간의 상호 이해를 증진시켜줄 뿐만 아니라 특수체육을 통한 장애인의 사회복귀에도 도움이 되므로 장애인을 위한 레크리에이션 및 스포츠 등의 다양한 신체활동 프로그램이 꾸준히 전개되어야 한다.

2. 장애의 이해

1) 장애의 정도에 의한 분류

가. 손상(Impairment)은 기관 또는 기능적인 상태의 손상으로 신체 일부분이 실제로 손실되거나, 해부학적 구조의 한 부분이 손실되거나 또는 신체의 일부분이 제 기능을 하지 못하는 상태이며, 언어결함, 학습장애, 뇌성마비, 절단과 같이 기관이나 기능에 뚜렷한 이상이 있는 경우를 의미한다.

나. 장애(Disability)는 기능장애로 인하여 특정 활동을 안전하고 성공적으로 또는 만족스럽게 수행하는 능력이 제한된 경우를 지칭한다.

다. 사회적 장애(Handicap)는 개인이 기능 손상 또는 기능 장애로 인하여 정서적 혹은 사회적으로 불리하게 영향을 미치는 손상이나 장애를 말한다.

2) 장애의 분류

(1) 정신지체(Mental Retardation)

여러 가지 원인으로 인하여 정신발달의 항구적인 지체에 의하여 지적 능력이 뒤떨어짐으로써 자기 신변에 닥치는 여러 가지 일들의 처리와 사회생활에의 적응이 매우 곤란한 사람이다. 이들은 일반인에 비하여 인지능력이 현저하게 낮으며, 사회적으로 요구되는 행동을 적절하게 수행하지 못하는 사람들을 통칭하며, 이러한 증세가 성장기 동안(18세 전)에 나타날 경우 정신지체라고 본다.

그러므로 정신지체는 인지능력이 낮다고 하여 불려지는 것만은 아니며, 낮은 인지능력을 나타내도 사회적으로 요구되는 행동을 적절히 수행하여 독립된 생활이 가능하다면 정신지체라는 명칭이 사용될 수 없다.

(2) 정서장애(Emotional Disturbed)

정서장애인은 일반적으로 교우관계가 원만하지 못한 것이 이들이 갖고 있는 특징이라 할 수 있으며, 이해할 수 없는 행동이나 혐오감을 줄 수 있는 행동을 거리낌 없이 행하여 많은 사람들을 놀라게 하기도 한다. 과거에는 이런 사람들을 미친 사람 혹은 신들린 사람이라고 불렀으며, 몇 해 전까지지도 정신병자 혹은 정서불안자라고 불렀으나 특수체육에서는 정서 장애인이라고 부르고 있다. 정서장애는 사회적으로 인정되는 행동을 수행하는데 어려움을 갖는다는 측면을 강조하여 '행동장애(Behavioral Disturbed)'라고 불리어지기도 한다.

우리나라의 정서장애인의 정의는 1994년 12월에 공포된 개정 특수교육진흥법 상에 나와 있는 내용을 근거로 할 수 있다. 주요 내용은 다음 6개 항목으로 다음 특성 중 한 가지 이상의 증상을 지니며, 장기간 심하게 그 증상을 나타내는 자이다.

① 지적, 신체적, 지각적인 면에 이상이 없는데도 학업성적이 부진한 경우

② 동료나 교사들과의 대인관계에 부정적인 문제가 있는 경우

③ 정상적인 환경에서 부적절한 행동이나 감정을 나타내는 경우

④ 늘 불안해하고 우울한 기분으로 생활하는 경우

⑤ 학교나 개인문제에 연관된 정서적인 장애 때문에 신체적인 통증이나 공포를 느끼는 경우

⑥ 지적 능력과는 상관없이 생후 30개월 이전에 나타나는 발달장애 증후군에 속하는 자로서 감각적 자극에 대한 반응, 인지능력, 언어, 대인관계, 그리고 사물이나 사건 처리능력에서 결함이나 자폐성 경향을 나타내는 경우

(3) 학습장애(Learning Disorder)

학습장애는 정상적인 인지능력을 갖고 있어 정상적인 학습효과와 생활이 가능하지만 특정한 과목이나 상황에 대해서는 정상 이하의 능력이나 행동을 나타내는 장애를 의미한다.

학습장애아는 개개인이 소유하고 있는 실재 능력과는 다르게 표현되는 수가 많이 있다. 특정 분야에 상당한 지식을 갖고 있어서 언어적인 표현은 유창하게 잘 하지만, 글로 쓰면 앞뒤가 맞지 않거나, 자신은 정확한 운동을 하고 있다고 생각하지만, 실제로는 다른 운동을 수행하고 있는 것이 대표적인 예라 할 수 있다. 그러나 이러한 현상은 다른 장애 때문이 아니라 뇌의 부정확한 기능과 중추신경계에 이상이 있기 때문이다.

학습장애는 일반적으로 학습능력 장애(Academic Skill Disorder), 언어와 의사표현 장애(Language & Speech Disorder), 운동기능 장애(Motor Skill Disorder)로 크게 세 영역으

로 나뉜다(Wicks-Nelson & Israel, 1991).

① 학습능력 장애 - 특정분야의 인지적인 능력 저하로 특정분야의 학습에 어려움이 있는 장애를 말하며, 산술장애, 문장표현력 장애 혹은 읽기 장애 등이 해당된다.

② 언어와 의사표현 장애 - 인지적인 능력은 정상이나 언어습득 능력에 어려움이 있는 장애로 발음 장애, 언어표현력 장애, 언어 청취력 장애 등이 해당된다.

③ 운동기능 장애 - 신체적인 기능은 정상이지만 운동수행에 필요한 협응력이나 조정력, 방향감각 등이 부족한 장애인을 의미한다. 대부분이 시각으로 받아들이는 정보를 해석하는 대뇌와 신체를 움직이는 신경계의 부적절한 조화로 인하여 나타나는 현상으로 단추 끼우기, 공받기, 줄넘기, 장애물 놀이, 야구 등 협응력을 요하는 운동에 취약한 경우가 많다.

(4) 시각장애

일반적으로 시각장애의 정의는 복지, 의학, 교육, 스포츠 활동 등의 사용 목적에 의하여 규정하는 방법이 다르나, 시(視)기능의 현저한 저하 또는 소실에 의해 일상생활 또는 사회생활에 제약이 있는 경우 시각장애인으로 볼 수 있으며, 현행 장애인복지법에 따른 장애등급 판정 지침에 의하면, 시각장애는 시력감퇴에 의한 시력장애와 시야결손에 의한 시야결손장애로 나눈다.

교육계에서는 맹학교에서 교육해야 할 사람에 대해 규정하고 있는데, 교정시력으로 양안의 시력이 0.1 미만이거나, 양안의 시력이 0.1 이상 0.3 미만이고 또는 시력 외의 시기능 장애가 고도이므로 점자에 의한 교육을 필요로 하며 또는 장래 점자에 의한 교육을 필요로 하는 사람으로 인정된 자이다.

특수교육에서는 맹아동과 약시아동으로 분류하는데, 교육적 맹의 정의는 시기능을 준거로 하고 있으며, 시기능이 묵자(墨字)로 학습할 수 있으면 교육적 약시로 정의하고, 시기능의 정도가 점자(點字; brail)로 주된 학습을 해야 하면 교육적 맹(盲; blindness)으로 규정하고 있다.

(5) 청각장애

청각장애는 청력손실의 정도에 따라 전농과 난청으로 구별하는데, 전농(90dB이상)은 전혀 알아듣지 못해서 언어획득과의 관계로부터 일반적으로 자연히 획득한 언어를 쓰지 못하며, 난청(25dB이상~90dB이하)은 작은 소리는 알아듣지 못하나 큰소리는 알아들을 수 있어 적은 정도의 청력손실이 있더라도 자연히 언어를 획득하고 그것을 사용할 수 있다.

청각장애자의 경우 어휘발달에 문제가 생기고 지능이 뒤지며, 추상화, 개념화의 능력이 뒤처지게 된다. 때문에 자신을 부정적으로 생각할 수 있으며, 다른 사람의 말을 잘 알아듣지 못해 오해하고 화를 낼 수 있어 대인관계에서 쉽게 위축될 수도 있다.

청각장애는 신체발달에 특별한 영향을 미치지는 않으므로 특수교육의 대상이 되는 장애자 가운데 신체발달 면에서 가장 장애 영역이 적은 편이다. 운동기능 면에서 볼 때 신체의 평형능력에 영향을 미치는 반규관에 결함을 수반하는 경우에 특히 평형능력에 취약하다. 그러나 전반적인 운동학적 측면에서 볼 때 운동의 수행능력이나 효과를 달성하는 데는 별 문제가 없다.

(6) 지체장애(Crippled Disorder)

우리나라 특수교육진흥법은 지체부자유 특수교육대상자를 “지체의 기능·형태상 장애를 지니고 있고, 체간의 지지 또는 손발의 운동 동작이 불가능하거나 곤란하여 일반적인 교육시설을 이용하여 학습이 곤란한 자”로 규정하고 있다. 유사한 용어로 신체장애, 정형 외과적 장애, 지체부자유 등이 있다.

장애인복지법은 지체장애의 종류를 지체장애인과 뇌병변장애인으로 구분하여 다음과 같은 기준을 제시하고 있다.

첫째 지체장애인이란 ① 한 팔, 한 다리 또는 몸통의 기능에 영속적인 장애가 있는 사람 ② 한 손의 엄지손가락을 지골관절 이상 부위에서 잃은 사람 또는 둘째손가락을 포함하여 한 손의 두 손가락 이상을 각각 제1지골관절 이상 부위에서 잃은 사람 ③ 한 다리를 리스프랑(Lisfrance)관절 이상 부위에서 잃은 사람 ④ 두 발의 모든 발가락을 잃은 사람 ⑤ 한 손의 엄지손가락의 기능에 영속적인 현저한 장애가 있거나, 둘째손가락을 포함하여 한 손의 두 손가락의 기능을 잃은 사람 ⑥ 왜소증으로 인하여 키가 심하게 작거나 척추에 현저한 변형 또는 기형이 있는 사람 ⑦ 위의 각 항목에 해당하는 장애정도 이상의 장애가 있다고 인정되는 사람을 말한다.

둘째 뇌병변장애인이란 뇌성마비, 외상성 뇌손상, 뇌졸중 등 뇌의 기질적 병변에 기인한 신체적 장애로 보행 또는 일상생활 동작 등에 제한을 받는 사람들을 말한다.

뇌성마비란 뇌의 기능 이상에 기인한 운동장애 중 하나로 다른 어떤 장애 유형보다 신체적 문제에 영향을 크게 미치는데, 언어구사 문제와 발작, 정신지체, 시각 및 청각 이상, 지각운동의 문제를 수반한다.

3. 장애인 스포츠의 종류

종래의 장애인 스포츠에 대한 관심은 승마, 농구, 펜싱, 수영, 양궁, 투창 등에 머물렀으나, 현재는 휠체어 럭비, 테니스, 배구, 축구, 요트경기, 카누, 수상스키 등으로 확대되었다. 또한 시각장애인, 사지절단 장애인, 뇌성마비 장애인을 위한 경기에도 도약종목(멀리뛰기, 높이뛰기, 세단뛰기)을 포함하고 있으며, 좌식배구가 사지절단 장애인에게 인기를 끌고, 골볼과 유도가 시각장애인에게 인기를 끌고 있다(Morisbak, 1980). 시합종목의 발달은 동일한 경기에 참여하는 장애인들의 늘어나는 관심 속에서 활공, 암벽등반, 카누, 낙하산 점프와 같은 모험스포츠가 장애인에게 알맞게 조정되어 특별한 소수의 장애인 집단까지 그 범위가 확대되었다(Croucher, 1978).

1) 휠체어 스포츠

제2차 세계대전 중에 유행하게 된 휠체어 스포츠는 심한 척수상해를 입은 군인들에게 용기와 운동을 제공하기 위해 1939년 Stafford에 의해 착안되어 교정체육의 맥락에서 장려되기 시작했다. 휠체어 스포츠의 개념은 하반신마비자들을 위해 스토크 데빌에 대영국 국립부대를 창립한 Ludwig Guttmann경의 노력으로 국제적으로 확립되기 시작했다.

2) 수중스포츠

장애인의 수중스포츠는 고대 그리스 의사 히포크라테스가 기원전 4세기경 치료효과를 위해 샘물을 마시고 목욕을 하는 처방을 내놓은 기록부터 시작된다. 로마인들은 온천을 활용하였고, 16세기에는 미네랄 온수를 이용한 물 치료법이 유행하기도 했다. Campion(1998)은 수중치료 시 중추신경손상 환자의 근 긴장도 감소, 통증감소, 순환개선과 긴장성 근육 군에 발생되는 소비성 대사를 감소시킨다고 하였다. 우리나라의 수중재활 운동역사는 아쿠아로빅이 미국수중운동협회(AEA)에서 도입된 이래, 1994년 소아마비협회 정립회관의 정병국에 의해 물속에서 하는 지압법이란 의미인 왓추 운동법(WATSU method ,water Shiatsu)이 도입되었다. 이 외에도 1957년 Nele Ipsen에 의해 도입된 방법으로 체간과 사지의 안정성을 증진시키고 저항운동을 하는 기법으로 목, 골반, 발목에 튜브나 링을 끼고 하는 바드라가즈 링기법(Bad Ragaz Ring Method), 수중에서 저항운동과 부유를 위해 특별히 고안된 소도구인 하이드로톤(Hydrotone), 아쿠아텍(Aqua-Tech) 등 여러 가지 수중운동을 통한 재활방법이 이루어지고 있다.

또한, 레저스포츠로 각광받는 스킨스쿠버 다이빙에도 장애인의 재활을 위한 영역이 확대되고 있는데 최근에는 일반인의 수중재활의 영역에서 보다 넓게 소아마비 등과 같은 경직성 편마비를 가진 장애인의 재활 및 신체정렬에도 명확한 효과가 있다고 하였다(오문엽, 2011).

이와 같이 스포츠로서의 수중운동이 장애인의 자활 및 재활에도 유용하게 사용되고 있으며 더 넓은 치료영역으로도 확대될 것이 분명하다.

3) 절단장애인을 위한 스포츠

많은 절단장애인들이 NWBA와 NWAA경기(육상, 수영, 탁구, 양궁)를 포함하고 있는 휠체어 스포츠 기구에 참여하고 있으며, 1981년 미국 절단장애인경기협회(USAAA)가 창립되어 절단장애인과 위험한 화상을 입은 사람에게 효과가 있는 하계스포츠를 관장하고 있으며, 국제경기는 ISOD를 통해 열리고 있다.

4) 시각장애인을 위한 스포츠

1976년 미국 맹인선수협회(USABA)가 창립되었으며, 그 해에 토론토에서 열린 장애인 올림픽대회에 27명의 협회 회원이 참가하였다. 미국의 전국대회는 1977년 시작되어 지금은 매년 개최되며, 역도, 레슬링, 수영, 육상, 크로스컨트리, 활강스키와 같은 종목이 채택되어 있다.

5) 청각장애인을 위한 스포츠

청각장애 선수들의 국제기구인 국제스포츠위원회(CISS)는 매우 오랜 역사를 가지고 있는 단체로 1924년 파리에서 세계청각장애인 대회를 개최하였는데, 두 귀중 잘 들리는 쪽의 귀가 55㏈ 이상의 순음 청력손실이 있는 사람으로 제한하여 경기에 참가하게 하고 있다.

세계청각장애인 하계대회는 제2차 세계대전으로 인한 10년간의 단절을 제외하고 1924년부터 지금까지 매 4년마다 올림픽 경기대회의 이듬해에 개최되고 있으며, 축구, 수구, 사이클, 수영, 레슬링, 육상, 탁구, 배드민턴, 테니스, 사격, 핸드볼, 배구, 농구 등의 종목으로 출전하고 있다.

6) 뇌성마비 장애인을 위한 스포츠

1968년 프랑스에서 제1회 국제뇌성마비자대회가 개최되었으며, 미국의 국가기구인 전국뇌성마비자 스포츠협회(NASCP)가 같은 해에 설립되었으며, 협회회원의 자격은 평균 혹은 평균 이상의 지능 소유자로 제한되어 있다.

대부분의 뇌성마비 장애인은 개인스포츠에서 수행력이 더 좋으며, 인기종목으로는 양궁, 볼링, 사이클, 승마, 사격, 세 바퀴 자전거경주, 수영, 수동 휠체어나 전동 휠체어로 하는 회전활강, 탁구, 육상, 역도 등이며, 뇌성마비자에게 권장하고 있는 단체경기는 축구와 잔디에서 하는 론볼링이 있다.

7) 정신 지체인을 위한 스포츠

1968년 시카고에서 제1회 국제특수올림픽이 케네디 재단에 의해 개최되었는데, 특수올림픽이 몇몇 경기를 포함하고 있지만, 주요 목표는 각 종목에 참가한 8명의 선수들이 승리자가 될 수 있도록 하는 연중 활동과 종목에 있으며, 그러한 인식은 승리자가 됨으로써 자기존중심을 높일 수 있다는 희망에 의한 것이다. 참가종목으로는 수상경기, 실내하키, 체조, 농구, 볼링, 피겨스케이팅, 크로스컨트리 및 활강스키, 축구, 소프트 볼, 육상, 배구 등이 있다.

제6장

노인체육

1. 노인의 이해

1) 노인의 개념

노인의 개념에 대해 국제노인학회(1956년)는 인간의 노령화 과정에서 나타나는 생리적·심리적·정신적 환경 및 행동변화가 상호 작용되어 복합적 형태의 과정에 있는 사람이라고 정의하였다. 또한 브린(L. Z. Breen)은 노인이란 생리적·육체적으로 변화기에 있는 사람, 심리적인 면에서 개성의 기능이 감퇴되고 있는 사람, 사회적 변화에 따라 사회적 관계가 과거에 속해 있는 사람으로 정의하였다.

우리나라의 경우 전통적으로 60세를 노인으로 여겼으나 사회제도적 측면에서의 생활보호법에서는 노인보호 대상자를 65세 이상으로 규정하고 있다.

그러므로 노인은 생리적 및 신체적 기능의 감퇴와 더불어 심리적인 변화가 일어나서 개인의 자기유지 기능과 사회적 기능이 약화되어 있는 사람이라고 말할 수 있다.

2) 노화의 개념

출생과 발육을 거쳐서 생식을 완료한 생물의 개체는 노쇠기에 들어가게 된다. 노쇠기에는 몸을 구성하는 세포의 수가 감소되며, 세포 중에 포함된 수분양도 적어져서 각 세포의 활동력이 쇠퇴하게 된다. 이와 같은 변화를 노화(Aging)라고 한다. 또한 이와 같은 변화는 불가항력적인 방향으로 진행하며, 같은 종류의 생물에서는 반드시 출현하는 것으로서, 질병에 의한 신체의 변화와는 근본적으로 다르다.

3) 노인의 발달 과업

인간의 발달은 연속된 과정이지만 단계에 따라서 많은 변화를 초래하며, 인간은 사회적 · 심리적 발달욕구와 사회 문화적 요구로 인해 발달과업이 형성된다. Barnard, Havighurst, Pikunas 등의 발달 과업의 정의들을 종합해 보면, 발달과업이란 인생의 각 발달단계에 있어서 반드시 학습해야 할 어떠한 과제라고 정의할 수 있다. 노년기에 있어서 발달과업은 다른 연령기와 근본적으로 다르며, 주로 문화에 의존하고, 사회와 문화라는 각각 자기의 의무를 지위의 유기적 연관에서 성립하며, 사회적 지위는 해당되는 역할 수행을 기대하고, 나이에 따라 지위와 역할도 다르다.

일반적으로 노년기의 특징은 육체의 쇠퇴와 사회적인 연결의 감소, 경제적 기반의 상실이 일어나는 시기로 되어 있다. 육체적인 쇠퇴는 실제로 질병에 걸리기 쉽고, 피로해지기 쉬우며, 한 번 병에 걸리면 회복되기가 어렵고, 시력장애가 나타나는 변화가 누구에게나 생기는 것을 말한다. 이러한 변화는 보통 연령이 많아짐에 따라 심해지게 된다.

이와 더불어 신체활동에 제한이 일어나고, 생활범위도 협소해지며, 자신의 육체적 노화를 의식하여 심리적 영향을 받게 된다. 청년기 · 성인기의 활동적, 자기 개발적, 자기 확장의 시기와 비교한다면, 노년기는 과거와는 다른 특색이 있는 시기이다.

4) 노인의 건강과 질병

노년기 질병의 가장 큰 특징은 그 증상과 병리 현상에 있어서의 복잡성과 다발성을 가진다. 노년기에는 여러 가지 만성적 증상이 정도는 다르지만, 동시에 나타나는 경우가 많아 진단과 치료에 어려움을 겪는 경우가 많다. 또한 노년기에는 치명적이기보다는 만성적인 질병이 흔하게 나타나는데, 이러한 질병의 특성은 대개 퇴행성 질환으로 암, 빈혈 등과 같은 질병은 인체 내의 면역성 감소와 밀접한 연관이 있는 것으로 알려져 있다.

노인의 건강상태를 파악하는 방법으로서 질병의 유무를 확인하는 것 외에 일상생활을 정상적으로 할 수 있는지를 조사하는 것이 있는데, 만약 어떤 노인에게 질병이 있다고 해서 그 것이 반드시 일상생활에 영향을 주는 것은 아니라는 것이다. 따라서 생활하면서 겪는 신체 불편의 정도를 조사함으로써 노인의 건강상태를 보다 잘 파악할 수 있다.

2. 노년기의 특성

1) 생리적 특성

노화 현상을 생리적 측면에서 볼 때 가장 먼저 나타나는 것은 시력감퇴이다. 시력은 40세를 넘으면 노안이 되어 예민도가 줄어들게 되고, 그 예민도는 나이가 들수록 심해져서, 70~80세가 되면 노인성 백내장이라는 현상이 나타나 시력은 급속하게 떨어진다.

시력이 떨어지면 행동속도도 느려지고 적극성도 줄어들며 독서도 싫어져서 뇌세포의 노화에 더욱 박차를 가하게 된다. 이어 청각장애가 나타나는데, 70세쯤 되면 약 30%가 난청이 되고 80세쯤 되면 반수 이상의 노인들이 귀가 멀게 된다. 이어서 치아가 망가지는데, 이는 대체로 60대에서 50%, 70대에서 60%, 80대에서의 80%로의 비율로 나타나게 된다. 치아의 부실은 소화기능을 저하시킨다. 또한 40~50대에서는 소화기 계통이 쇠퇴하기 시작하여 나이가 들수록 심해지는데, 그 이유는 갈수록 침이나 위액 등이 줄어들기 때문이다.

한편 노년이 되면 폐 기능도 약화되고, 혈액 면에서는 백혈구의 저항이 약해질 뿐만 아니라 피를 만드는 기능도 약해져서 빈혈을 유발하게 된다. 그 외에 대체적으로 나이가 많아지면 신경이나 근육의 반응시간이 길어지기 때문에 행동이나 작업이 느려지고, 세심한 일을 하지 못하며, 이에 따라 사고의 위험성이 커진다. 또한 새로운 기술이나 일을 배우는 것은 매우 어렵다.

2) 심리적 특성

노인의 성격은 대체로 건강 또는 경제적인 불안감, 생활상의 부적응으로부터 오는 불안과 초조, 정신적 흥미의 편협으로부터 오는 폐쇄성, 신체적 쾌락에 대한 흥미의 증대, 성생활의 감퇴, 고독감, 의심, 질투심, 보수성, 과거의 생각에 대한 집착, 불확실성, 인생의 낙오감 등이다. 이러한 현상은 생물학적 변화에 기인한다. 한편 비생물학적 인자에 의한 현상은 환경 및 생활사 등에 기인한다.

일반적으로 문제시되고 있는 노인들의 심리적 측면은 노후를 안락하게 보내고 싶어 하는 것으로 집약될 수 있는데, 이들의 공통된 요구는 경제적인 노후생활에 대한 보장, 가정과 사회에서 연장자로서의 지위유지, 가정·친척·친구·이웃 등과의 원만한 접촉과 관계, 적절한 여가생활의 추구 등으로 나타난다.

이와 같은 노인의 욕구는 그 요구도가 높아지면서 점차 노인 자신의 특성을 형성하게 되는데, 이러한 노인심리의 특성은 환경변화에 의한 재래의 관습파괴, 개인적 자주성의 상실로 인한 의존심의 증대, 건강 쇠퇴에 의한 활동의 제한, 사회적 신분과 경제능력의 상실로 인한 열등감 등으로 더욱 가속된다.

3) 사회적 특성

사회적 문화란 자연히 젊고 유능한 세대들에 의해 즈도될 수밖에 없다. 그러나 노인들의 생활방식이고, 사회적으로 노인들의 세계에서만 통하는 독특한 취미 · 태도 · 사고 등의 일체감 등을 가진 노인문화를 가져야 한다. 결국 사회에서 노인문화란 노인층이 갖는 요구나 기대, 사회가 노인층에게 요구하는 기대와의 복합적 소산이라고 말할 수 있다.

사회생활에서 노인들이 추구하는 여가생활은 사회적으로 매우 중요한 의의가 있다. 노인들에게는 자유로운 시간이 많으므로 어떤 형태로든 소일거리가 필요하다. 그러나 우리나라에서는 대부분의 노인들이 TV를 본다거나 손자를 돌보거나 아니면 낮잠 등으로 지내는 경우가 많다.

그러므로 심리적인 여가활동이나 소일을 할 수 있는 방법을 도입하고, 그것을 자신의 정상적인 일과로 습관화시켜 자연스럽게 실시하도록 하는 것이 중요하다.

3. 노년기의 체육활동

1) 체육활동의 필요성

노년기에 하는 여가선용이나 체육활동의 의미는 성년기나 청소년기와는 아주 다르다. 노인에게는 일이 아니라 여가활동이 주가 되는 경우가 대부분이다. 노인들도 소일이나 운동에 의하여 인간관계의 긴장상태에서 해방되며, 휴식을 얻고 자기 생활의 균형을 회복하려는 본래의 의미로서의 체육활동이 필요하다.

체육활동을 통해 노인이 갖는 많은 자유시간을 충분히 그리고 풍요롭게 활용하고, 그들에게 주어진 풍부한 시간을 개인적으로는 자신의 건강을 유지하고, 나아가 사회적인 공익에도 큰 도움이 될 수 있는 것이다. 노년기의 체육활동은 생활의 활력소가 되는 것이며, 건강을 유지하는데 필요한 비타민과 같다. 신체운동이 없는 노인은 육체적 뿐만 아니라 정신적으로도 노화와 쇠퇴가 빨라지게 된다.

2) 노년기의 운동능력

노년기에서 운동능력을 아동기, 청년기나 장년기 같이 생각할 수 없는 것은 노년기 체력의 특징을 생각하면 분명하다. 노년기에 들어서면 앉았다 일어설 때도 '영차'하는 기합이 필요할 정도로 다리의 근력이 약해져 있는 경우가 많다.

다리 부분의 모든 근육군은 대뇌의 지배에 의한 긴장과 수축이 필요한데, 노년기가 되면 예전처럼 거의 무의식중에 걷는 운동을 충분히 행할 수 없게 되고, 매우 안전하게 의식을 하면서 걸어야 한다. 그만큼 걷는다고 하는 단순한 운동조차 대뇌에서는 큰 자극을 받게 되는 것이고, 뇌세포에 활력을 줄 수 있다. 그러므로 지팡이를 짚고 산책을 한다거나 서서 스트레칭을 한다는 것만으로도 뇌세포의 활성화에 도움이 된다.

노화는 다리부터 온다고 종종 이야기하고 있다. 다리 부분의 모든 근육이 위축되고 약해지면, 아무래도 서서 활동하는 것이 귀찮아짐으로써 앉고 자는 일이 많아진다.

풍부한 노년기를 보내기 위해서는 근육의 위축은 어쩔 수 없다 하더라도 일상 활동에 필요한 근운동에 필요한 정도의 근력은 계속 유지하도록 노력하는 것이 바람직하다.

3) 노년기의 운동처방

노년기 운동에서는 운동의 형태, 강도, 지속시간, 그리고 운동의 빈도에 대한 설정에 주의를 기울여야 한다.

첫째, 운동형태는 낮은 골밀도를 나타내기 때문에 중증의 정형외과적 스트레스를 가해서는 안 되며 받아들이기 쉽고 즐겁게 할 수 있도록 동기를 부여하는 요소를 배치해야 한다.

둘째, 운동강도는 과중한 부하 없이 혈관, 폐, 근골격계에 자극을 주기에 충분해야 한다. 노년기 연령은 최대심박수의 가변성이 존재하며 이로 인해 나이로 예상된 최고심박수는 오히려 개인의 건강을 위협할 수 있는 환경을 만들기 때문에 오히려 실제 측정된 최대심박수(HRmax)를 사용하는 것이 더 안전하다. 노년기 운동처방에 있어 보수적 접근은 의료적 환경의 다양성에 대해 고통을 겪는 노년기 연령들의 운동초기에 더 적극적으로 보장되어야 한다.

셋째, 운동의 지속시간은 가벼운 유산소 운동 20분간을 하는데도 어려움을 겪는 경우가 많다. 그러므로 노녀기에 실시하는 운동은 개인에 따라 실행 가능한 운동시간의 수행과 규칙적인 운동, 운동실행 초기에는 강도보다 오히려 운동지속시간의 증가시켜야 한다.

넷째, 운동의 빈도는 체중을 지지하는 운동과 비체중 지지운동을 번갈아 가며 실시하는 것이 좋으며 유산소성 운동은 주당 3~5일, 저항운동은 주당 2일 정도는 수행되어야 한다.

체력의 적절한 수준은 노년기에 개인의 자신감과 당당한 태도로 그들의 말년을 보낼 수 있다는 확신을 주기 위해 필수적이다. 심장 호흡 체력과 유사한 저항운동 등의 트레이닝의 개별화는 필수적이고 건강과 체력 상태, 그리고 운동에 참여하는 참여자의 특별한 목적에 기초가 되어야 한다.

제7장

뉴 스포츠

1. 뉴 스포츠의 개념

뉴 스포츠가 무엇인지 정의 하는 것은 쉽지 않다. 수백 개의 뉴 스포츠의 종목이 있고 기존의 전통적인 스포츠의 변화와 뉴 스포츠도 지속적으로 진화하는 상태이기 때문에 뉴 스포츠에 대한 정의도 학자마다 다양하다.

우리나라에서는 뉴 스포츠라는 용어가 레크리에이션지도서(서상옥, 2000)에 처음 등장하였고, 이 책에서는 국제적으로 규칙이 통일된 기존의 스포츠와는 달리 규칙의 유연성과 게임의 간이성 등으로 특징으로 하는 참가자 지향의 스포츠를 총칭하는 것이라고 정의하고 있다. 이후에 논의된 뉴 스포츠의 개념에 대한 논의는 학문적인 차원이기보다는 뉴 스포츠를 소개하는 수준에서 진행되었으며 개념 정의를 약간 변형하거나 그대로 따르고 있다.

한편 이나가키(2006)는 뉴 스포츠를 "올림픽이나 세계선수권 등에서 경쟁을 하는 근대 스포츠와는 다른 또 다른 스포츠의 총칭"이라고 정의하였다.

하지만 위의 두 개념에는 공통점과 차이점이 분명한데, 뉴 스포츠가 근대스포츠와 대립하고 있다는 것을 공통점으로 볼 수 있으며 이는 근대스포츠의 높은 경쟁성을 그 기저에 근거하고 있다고 볼 수 있다.

차이점으로는 범위에 대한 규정을 들 수 있는데 서상욱은 간이형 스포츠를 뉴 스포츠의 핵심으로 파악하고 있으나 이나가키는 간이형 스포츠에 더하여 민속스포츠, 레저형 스포츠, 명상형 스포츠를 포괄하는 대단히 넓은 개념으로 뉴 스포츠를 이해한다.

스포츠 활동의 범주를 경쟁중심의 스포츠 활동으로 제한하기 보다는 다양한 스포츠 활동으로 범위를 확대해야 한다는 것인데 이는 근대스포츠와 뉴 스포츠의 관계와 범주의 문제를 반대적인 성격보다는 대안적인 성격으로 이해할 때, 더욱 생산적인 개념에 이를 수 있다는 생각이다.

2. 뉴 스포츠의 특징

근대스포츠는 다양한 신체활동 양식은 오랜 기간을 거쳐 변화해왔고, 전세계적인 문화양식으로 만들어가는 표준화의 과정을 거쳐 전일성(全一性)을 갖게 되었다. 반면 후기산업사회의 스포츠는 개성 있는 개인 스포츠라는 표현처럼 개인, 기업, 민족 차원의 요구에 의해서 만들어지고 발전하는 탈 표준화의 성격을 갖고 있다. 때문에 전일성보다는 다양성이라는 특징을 갖게 된다.

다양성에 기초한 뉴 스포츠는 참여자의 신체적 능력이나 환경에 맞게 모든 것을 변형한다. 근대스포츠가 종목 자체의 운영논리를 중심에 놓고 참여자를 구분하는 것에 반해, 뉴 스포츠는 참여자를 중심에 놓고 종목운영의 논리를 변형해나간다.

〈표 12〉 **근대스포츠와 뉴 스포츠의 특성 비교**

	근대스포츠	뉴 스포츠
목표	도전, 경쟁	참여, 즐거움
대상	남성중심	양성중심
참여	객체성	주체성
장소	폐쇄성	개방성
규칙	정형성	유연성
시설/용구	복잡성	단순성
종목	제한성	다양성

출처; 한국스포츠교육학회지(류태호 등, 2006)

전일성과 다양성으로 대별되는 근대스포츠와 뉴 스포츠의 특징은 종목의 수, 참여목적, 경기운영방법, 참여대상 등에서도 다른 특징을 나타낸다.

3. 뉴 스포츠의 종류

뉴 스포츠는 각 인종의 민족스포츠 이입에 의해 발전되었다고 볼 수 있는 민족스포츠, 놀이 등과 같은 실용술에서 놀이와 스포츠로 파생한 새로운 스포츠, 기술혁신과 소재 개발에 따라 가능해진 레저형 스포츠, 근대스포츠의 간이화를 통해 만들어진 간이형 스포츠, 영적 세계로 접근하는 명상형 스포츠 등으로 분류할 수 있다.

〈표 13〉 **뉴 스포츠의 종류**

유형	종목
타켓형	셔플보드, 다트, 유니컬, 커롤링, 말굽던지기, 고리던지기, 부메랑, 어트럭게임, 어쿼러쉬(부메랑경기방식 일종)
타겟볼형	페당크, 론볼, 인도어론볼, 크리켓, 범퍼, 게이트볼, 프로벤컬, 보취, 켄타마, 미니볼링
골프형	타겟버드 골프, 그라운드골프, 런볼, 크로켓골프, 베이비골프, 말렛골프, 컨트리볼, 풋풋골프, 파링, 파크골프, 디스크골프
벽형	라켓볼, 스쿼시, 플레시볼, 리코치트, 하이아라이,
테니스형	패들테니스, 바운드테니스, ESCI테니스, 프리테니스, 하프코트테니스, 플렛폼테니스, 라운드테니스, 링테니스, 판퐁, 바스켓핑퐁, 서클핑퐁
스틱앤드볼형	유니하키, 크리켓, 칸야크리겟, 스트리트하키, 박스하키, 브롬볼,라크로스, 셔틀볼,
배구형	인디아카,세팍탁크로, 배구형넷볼, 비치발리볼, 소프트발리볼
볼게임형	츄크볼, 도지볼(피구),미니사커,케노플로,넷볼,얼티미트, 고프볼
사이클형	외발자전거, 다브링, 잔디스키, 바이클모터스, 바이클트라이얼, 산악자전거, 지상요트
옥외형	워커렐리, 스포츠워킹, 오리엔티어링, 프리클라이밍, 아이스클라이밍, 스노우보드, 나스타레이스, 패러그라이드, 열기구, 웨이브스키, 보디보드, 카누, 볼더링
복합형	플라잉디스크, 풋백
격투형	카바디, 줄다리기, 스맥, 팔씨름

출처; 뉴 스포츠사전(北川勇人, 1993)을 인용하여 재구성

또한, 옥외형의 경우 인공적이고 허구적인 공간에서 벌이는 '경쟁'보다는 자연 속에서 즐기고, 체험하는 스포츠 활동이다.

이렇게 형식과 형태를 변형하게 되면, 더 많은 사람들이 각 종목의 스포츠 활동에 참여할 수 있는 가능성을 열어주게 된다.

뉴 스포츠는 스포츠 활동의 가치를 경쟁뿐만 아니라 즐거움, 체험, 도전으로 확대할 가능성을 열어주며 외국의 민족스포츠로서 그 활동이 가진 스포츠 활동의 가치뿐만 아니라 신체활동 속에 담겨져 있는 외국의 문화를 이해할 수 있는 기회를 제공한다고 하겠다.

제8장

e-스포츠

1. e-Sports의 이해

1) e-Sports의 개념

e-Sports는 Electronic Sports의 약자로 e-mail, e-business의 e와 같은 의미로 뛰고, 달리고, 땀 흘리며 쾌감을 느끼는 스포츠와는 달리 인터넷상에서의 스포츠, 즉 네트워 게임을 이용한 각종 대회나 리그를 뜻한다.

소극적 의미에서의 e-Sports는 게임대회 또는 리그만을 지칭하는 의미로 쓰이지만, 좀 더 넓은 의미에서는 게임을 이용한 대회뿐만 아니라 대회에서 활동하는 프로게이머, 게임 해설자, 방송국 등을 포함한 엔터테인먼트 산업으로서의 의미와 게임 문화와는 또 다른 신문화를 e-Sports라고 부른다.

2) e-Sports의 유래

e-Sports는 이전처럼 컴퓨터와 사람이 게임을 하는 방식이 아닌 배틀넷(Battle-Net)이라는 온라인 공간 안에서 사람과 사람이 경기하는 방식으로의 전환으로부터 생겨났으며, 국내에서는 1999년 말과 2000년 초부터 e-Sports란 단어가 쓰이기 시작했는데, 널리 쓰이기 시작한 때는 2000년 2월 (사)21세기프로게임협회(현 한국e-Sports협회) 창립 행사 때 문화

관광부 박지원장관의 축사에 언급되어진 후부터 많은 이들의 입에서 오르내리기 시작했다.

2. e-Sports의 성장

처음에는 PC방 프랜차이즈 회사와 각 PC방에서 단골손님 확보와 매출 증대를 위해 벌이던 작은 규모의 게임대회들이 PC방이라는 네트웍이 전국적으로 형성되던 1998년 하반기부터 전국 규모의 게임대회들이 생겨나기 시작했다.

물론 1997년과 1998년 상반기에도 작은 규모의 게임대회들은 존재했지만, 1998년 하반기와 1999년부터 KPGL, 배틀탑, 넷클럽, 고수, 혜성 스파르타, 프로게이머 코리아 오픈, 스포츠 서울, GPL, 한국 마스터즈 대회, SBS 대회 등의 전국적인 규모의 게임대회와 리그들이 등장하기 시작하였다.

이후 과도기적인 단계를 거쳐서 2000년 상반기에 들어서는 KIGL, PKO, KGL 등의 3대 프로게임리그로 정착되었고, 자사 홍보를 위한 각종 기업체의 이벤트 행사도 많아져, 2000년 한 해 동안에만 총 84회의 크고 작은 게임대회나 리그가 진행되었다. 또한 KAMEX 2000행사에서 열린 Korea e-Sports Championship과 용인 에버랜드에서 열린 WCGC 행사 등 규모 역시 확대되어, 이전에 비해 좀 더 조직적이고 체계적인 게임 대회들이 열리게 되었다.

국내 e-Sports 산업은 과도기를 거쳐 이제 정착기에 들어섰다고 할 수 있는데, 처음에 스타크레프트라는 종목 하나로 진행되던 게임 리그 및 대회들이 이제는 다양한 종목과 게임들로 바뀌고 있다. 레인보우 식스, 퀘이크3, 피파 시리즈 등의 외국산 게임들과 킹덤 언더 파이어, 쥬라기 원시전, 아트록스 등의 국산 게임들이 대표적이라 할 수 있다. 이들 종목들의 공통점은 모두가 네트웍이 가능하고 대전이 가능한 게임이라는 것이다.

3. e-Sports의 현재와 전망

프로게이머라는 말 역시 1998년도 하반기부터 사용되기 시작하다가 1999년에 이르러 고유 명사화되기 시작하였고 2000년 1월 게임전문잡지 V-챔프가 중고생 독자 1,000명을 대상으로 실시한 설문조사 결과 50%가 프로게이머가 되고 싶다고 응답했으며, 28%는 프로게이머가 되고 싶지만 실력이 안돼 못하고 있다고 답할 정도로, 현재는 청소년들의 장래희망 1순위의 인기직업으로 꼽히기 시작하였다.

프로게임단 역시 프로게이머의 탄생과 발맞추어 탄생하였는데 처음에는 단순 길드 모임에서 게임대회에 전문적으로 참가하는 프로팀으로, 또 홍보를 목적으로 하는 기업들을 스폰서 삼아 프로게임단으로 창설되기에 이르렀다.

국내 최초의 프로게임단은 98년 하반기에 만들어진 이기석, 김창선 등이 소속되어 있는 청오정보통신의 프로게임단 SG팀으로서, 초기 국내 프로게임시장의 활성화에 기여한 공로가 매우 크다고 할 수 있다.

이후 하나로 통신의 ACE 팀과 골드뱅크의 골뱅스팀으로부터 최근의 삼성프로게임단 KAHN에 이르기까지 60여개 이상의 프로게임단이 창단되었으나, 현재는 게임단체의 리그보다는 개인 위주의 대회들이 많아져, 삼성, KTF, 한빛소프트, IS 등 5개의 프로게임단이 있다.

e-Sports 산업은 인터넷과 게임산업의 발전과 어우러져 더욱 발전할 것으로 예상되며 장래에는 세대와 국가간의 벽을 허무는 하나의 커뮤니케이션 도구로서, 또한 대중들의 새로운 레저로서 각광을 받을 것이다.

또한 게임대회는 이벤트에 가까웠던 98~99년과는 달리 2000년부터는 대규모적이고 긴 여정을 가지고 하는 리그형태로 자리 잡기 시작하였다. 최소 한 달에서 6개월 동안의 리그는 기존의 프로스포츠와 마찬가지 형태로 대형 스폰서십의 정기 리그로 진행되기 시작한 것이다(한국형 게임리그의 탄생).

게임대회와 리그의 활성화와 함께 게임 전용 방송국의 등장도 e-Sports 산업의 활성화에 크게 기여할 전망이다. 국내에는 현재 케이블 방송과 위성 방송, 인터넷 방송 등에 게임전용 방송국들이 있는데 케이블 방송에는 온게임 넷과 게임MBC, 겜TV 등이, 위성방송에는 스카이 겜TV, 게임MBC, GG 티브이 등이 활동하고 있고, 게임전용방송은 아니지만, i-TV에서도 게임 컨텐츠를 가지고 활발하게 프로그램을 제작하고 있다. 국내 3대 공중파 방송에서도 게임에 대한 관심들이 더욱 높아져 이벤트적인 게임이 진행되고 있다.

전문 프로그램들도 현재 방송중이거나 신설될 예정이어서 시간이 지남에 따라 게임방송은 더욱 더 e-Sports 산업에 깊이 자리 잡을 것으로 보인다. 이밖에도 게임 전용 방송은 아니지만, 투니버스, 대교 방송, 아리랑 TV, SBS 30 위성방송 등에서 게임 관련 프로그램들을 진행하고 있다. 이전에는 게임 전용 방송국과 리그가 각각의 움직임을 따로 보이고 있었지만, 현재는 방송사들과 리그들이 같은 형태로 움직이며, 더욱 더 활성화되어 (사)한국 e-Sports협회의 공인 프로게이머들이 더 많이 등록되는 계기가 되었고, 향후에는 프로리그와 아마리그의 구분이 확연해지면서 더욱 활발해질 것으로 예상된다. e-Sports는 뛰고 달리며, 땀 흘리며 하는 스포츠가 아니므로 장애인과 일반인 모두 어우러져 할 수 있는 유용한 스포츠로 적극 장려될 수 있다.

한국장애인고용촉진공단은 e-스포츠를 통해 장애인과 일반 학생이 함께 하는 어울림 문화를 형성하고, 청소년의 창의성 발굴 및 지역, 계층, 장애, 연령을 초월하는 청소년 공동체 형성에 기여할 목적으로, 장애청소년 100명과 비장애청소년 100명이 참여하는 '지역 e-스포츠 활성화 캠프'를 2006년 2월 8일부터 10일까지 2박3일 동안 충청남도 천안 소재 국립중앙청소년수련원에서 개최하였다. 이 캠프는 게임시나리오 제작활동, 장애체험활동, 코스프레 제작발표회, 보드게임 최강전, 장애인 스포츠 체험활동 등 팀별활동을 통해 공동체 의식 및 올바른 e-Sports 문화 형성에 도움이 되었다.

제9장
미래사회와 스포츠

1. 미래사회의 전망

많은 학자들은 미래사회에 대해 컴퓨터의 성능 발달과 고속통신망 구축에 따른 지식과 정보의 공유로 나타나는 고도의 지식정보화 사회의 도래, 국제간 교류의 급속한 증가로 타문화에 대해 개방적인 태도를 취하게 되는 다원주의 경향이 나타날 것이며, 정보통신과 생명공학, 우주항공 등의 새로운 첨단산업의 발달로 인간의 삶의 질 변화 등을 꼽고 있다.

미국의 비영리 미래연구 전문기관인 'World Future Society'에서는 'The Futurist 특별판(2004)'을 통해 25년 후 미래 세계의 인구, 사회, 기술, 상품 등 전 분야에 걸친 주요한 변화 전망으로 10가지를 발표했다.

1) 노령화 시대 도래

2020년에는 60세 이상 인구가 약 10억명에 달할 것이고, 노령 인구의 75%는 개발도상국에서 살고 있을 것이다.

2) 나노 의약품의 상품화

2025년에는 나노 의약품이 상용화될 것이고, 나노기술에 기반을 둔 의약품의 출현으로 동맥경화가 사라지고, 암 치료가 가능할 것이다.

3) 수소연료의 상용화

수소연료가 기존 석유를 대체하여 자동차, 비행기, 선박운항의 연료로 사용되기 시작했다. 수소연료는 지구에 매우 풍부하고, 연소되었을 때 수증기를 배출하는 무공해 연료이다. 이미 수년 전부터 자동차 생산회사들은 수십억 불을 수소연료 자동차 개발에 투자해오고 있다.

4) 맞춤형 소비재의 대중화

대량의 맞춤형 소비재가 많은 소비재의 주류가 될 것이다. 델 컴퓨터가 개인용 컴퓨터 시장에 혁명을 일으킨 것과 같이 많은 회사들이 TV, 자전거, 의류, 음식 등을 소비자의 선호도에 따라 생산할 것이다.

5) 식수의 부족

향후 20년이 지나면 많은 개발도상국의 주요 도시에 물 부족 사태가 일어날 것이다. 2040년에 이르면 35억의 인구가 물 부족을 경험할 것이고, 이는 1995년의 수치의 거의 10배에 달하는 수준이다.

6) 연료전지의 상용화

2009년에는 연료전지가 상용화되어 자동차, 가전제품 등을 움직이는 중요한 수단이 될 것이다. 음료수 캔 사이즈 정도의 연료전지는 장난감에서부터 TV, 잔디 깎기 등까지 사용될 수 있도록 오랜 시간동안 사용이 가능할 것이다.

7) 양식 산업의 발전

2010년에는 수산물 양식의 양이 소고기 생산량보다 많아질 것이다. 과거 수 십 년 동안 식량문제에 있어서 소고기 생산은 정체되었으나, 수산물 양식은 매우 빠른 속도로 증가할 것이다.

8) 자동화된 고속도로 출현

2020년에는 자동화된 고속도로의 출현으로 사람들은 운전하지 않고, 자동차를 사용할 수 있을 것이다. 듀얼모드 시스템은 자동차들이 도시와 도시를 빠르게 이동할 수 있도록 할 것이며, 운전자들은 자동차를 마지막 목적지까지 자동으로 가도록 할 수 있을 것이다.

9) 학교 폭력 문제의 해결

학교에서는 학생들에게 더 좋은 영양물(nutrition)을 제공함으로써 학생들의 극단적인 행동을 조절할 수 있을 것이다. 학생들이 인스턴트 식품을 먹지 못하게 하고 건강식품을 제공함으로써 학교 내의 폭력, 따돌림, 자살 등이 감소할 것이다.

10) 섬유 혁명

새로운 소재를 사용한 군복 개발로 군인의 능력이 극대화 될 것이다. MIT의 나노기술 연구소는 필요에 따라 성질을 바꿀 수 있는 섬유를 개발하고 있다. 예를 들면 만약 옷 입은 사람의 다리가 부러졌을 때에는 옷이 딱딱해져서 깁스의 역할을 하고, 신발은 에너지를 저장해 신발을 신은 군인은 20피트 높이의 벽도 뛰어 넘을 수 있을 것이다.

2. 스포츠의 미래

1) 미래 스포츠의 형태

〈Sports Illustrated〉의 집필가인 W.O. Johnson(1974)에 따르면, 2000년대의 스포츠는 어떻게 될 것인가라는 의문이 제기 되었다. 그는 사회학자와 미래학자의 견해를 분석한 결과, 미래는 과학기술과 경쟁 스포츠의 결합에 연계된 기교스포트(Technosport)와 인간의 자유에 대한 욕구와 사회적·자연적 환경의 조화, 신체활동에 참여하는 대중의 일부가 되고자 하는 욕구 등의 결합에 관련되어 자연스포트(Ecosport)가 생성되고 발달될 거라고 전망했다.

2) 미래사회와 스포츠와의 관계

(1) 정보화 시대와 스포츠

정보화 사회는 대량의 정보처리능력을 가진 컴퓨터에 의해 주도되는 사회로, 정보통신기술의 변화는 사회 전반에 파급되어 스포츠·체육에 지대한 영향을 미칠 것으로 본다.

정보화 사회는 정보의 폭증으로 스포츠 관련 보도량의 급증, 스포츠 행사 안내 및 홍보 등을 비롯한 관련 정보가 증가한다. 이러한 증대는 생활체육에 대한 선택 가능성을 확대시킬 수 있으나, 너무 많은 정보는 참가자에게 혼란을 가져오거나 정보의 질적 저하를 초래할 수 있다.

정보통신의 발달은 노동시간을 감소시켜 여가시간의 증대에 따른 많은 스포츠 참여의 기회를 제공하고, 인간의 삶의 양식과 질적 변화를 가져와 가족중심, 지역공동체 생활에서 개인주의적 속성이 강조되어 단체 종목보다는 개인 욕구의 만족에 초점을 둔 개인 종목 중심으로 생활체육이 전개될 것으로 보인다.

(2) 자연환경과 운동

자연환경은 인간의 생존과 직결되는 동시에 현대인의 삶의 질을 좌우하는 결정적인 요인으로 작용하고 있으나, 무분별한 골프장, 스키장, 종합 위락시설 건설 등과 같은 산림 및 자연경관의 훼손은 산사태 및 생태계의 파괴를 초래한다는 점에서 환경오염의 유발은 물론 생활체육의 목적에도 위배된다.

운동영역에서 발생하고 있는 각종 환경오염 문제를 효과적으로 예방하고 방지하기 위해서는 환경파괴를 최소화하는 범위 내에서 운동시설이 건립될 수 있도록 환경영양평가를 비롯한 건설사업 전반에 대해 지도 감독이 철저히 이루어져야 한다.

또한 운동에 참여하는 모두가 운동 활동 지역의 환경보호에 적극적으로 참여하여 보다 쾌적한 운동 환경 조성을 위해 노력해야 한다.

(3) 첨단과학기술과 운동

미래에는 우주공학, 생명공학, 통신공학 등 이른바 첨단과학 분야의 발달로 더욱 사회변동을 주도할 것이다. 우주공학 분야는 신소재 개발로 운동현장에서 사용하는 용·기구를 보다

가볍고 견고하면서도 안전하게 만들어 운동수행의 향상을 촉진시킬 것이며, 생명공학 분야는 운동현장에서 발생할 수 있는 상해의 치료 및 예방에 기여할 것이다.

일반건강 분야와 예방의학 분야에서는 운동진단 및 처방 등의 새로운 건강 서비스를 창출할 것이며, 통신공학 분야는 새로운 매체를 통해 스포츠 보도량을 증대시키고 컴퓨터 통신을 이용한 광범위한 정보의 공유 및 동호인들의 교류 증가를 통해 체육을 더욱 더 널리 확산시켜 나갈 것이다. 또한 첨단과학기술의 발달은 기존의 스포츠 · 체육과는 다른 과학적이고 공학적인 지식에 기초한 스포츠를 양산할 것이며, 사회의 제도화되고 규격화되는 추세에서 벗어나고자 자연 친화적인 스포츠를 선호하거나, 자극적이고 감각적인 모험스포츠나 극기 스포츠가 인기를 더욱 끌 것이다.

참고문헌

강병길 외12(1999). 현대체육의 이해, 건국대학교 출판부.
강상조 외2(2000). 체육행정학, 도서출판 태근.
강유원(1999). 체육원리, 도서출판 태근.
교육부(1996). 고등학교 체육개론, 대한교과서 주식회사.
교육부(1997). 고등학교 교육과정(Ⅰ), 교육부 고시 제 1997-15호 별책 4, 대한교과서 주식회사.
구창모 · 권순용 역(2011). 현대스포츠사회학, 대한미디어.
구해모 · 한명우(2000). 스포츠심리학, 체육과학연구원.
권두남(2012). 프로농구단의 스포츠마케팅 활동의 실태에 관한 질적 사례연구, 미간행 석사학위논문, 수원대학교 교육대학원.
권민혁(2001). 전공체육, 무지개사.
권현재 외2(2003). 레저스포츠, 대왕사.
김 철(1995). 비교체육학, 학문사.
김경용(1989). 체육, 서울 : 양영각.
김대식 외3(1993). 체육철학, 도서출판 나남.
김동규(2005). 체육원리의 제 문제, 영남대학교 출판부.
김문준(1996). 스포츠과학의 원리, 도서출판 태근.
김병식 외9(2003). 스포츠경영학개론, 대경북스.
김병식(2002). 스포츠마케팅, 대한미디어.
김봉연 외2(2004). 야외 레저스포츠 지도법, 태훈출판사.
김사엽(1997). 체육시설관리학, 21세기교육사.
김상두 외2(2003). 체육학개론, 도서출판 대경북스.
김성옥 외4(2004). 운동 심리학, 대한미디어.
김영구·최덕묵(1999). 체육원리, 도서출판 홍경.
김영환 외4(1987). 체육원리의 비교연구, 도서출판 금광.
김우철(2004). 스포츠 마케팅 이론과 실제, 학사원.
김원수(1989). 마케팅관리론, 경문사.
김윤수 역(1994). Huizinga의 Homo Ludens: A Study of the Play-Element in Culture (Boston: Beacon Press, 1955), 도서출판 까치.
김정행 외2(1997). 무도론, 대한미디어.
김종선 외1(1972). 기초체육교육, 신진문화사.
김종선·정청희(1979). 체육원리, 서울 : 동화문화사.
김종훈 외3(2004). 트레이닝 방법론, 교학연구사.

김창균·김갑수(2003). 운동생리학강의, 대경북스.
김창우 외2(2002). 무도론, 교학연구사.
김치조(1996). 스포츠 마케팅, 태근문화사.
김태일(2005). 체육행정관리론, 도서출판 홍경.
김현덕·김기용(2001). 스포츠의 개념, 도서출판 홍경.
나재철(2004). 운동생리학, 대경북스.
류태호(2005). 뉴 스포츠의 사회적 역할, 한국체육학회 추계학술대회 자료집.
류태호·이병준(2006). 뉴 스포츠의 개념과 교육적 의미, 한국스포츠교육학회지 13(1), 67-82
문교부(1973). 체육원리, 서울신문사 출판국.
박기동 외(1985). 스포츠 인류학, 동문선.
박기동외 역(1996). K.블랑챠드 & A.T. 체스카 저. 스포츠인류학, 동문선.
박기용 외3(2004). 특수체육학의 이해, 영남대학교 출판부.
박남환 · 송형석 역(2004). 문화로서의 스포츠, 도서출판 무지개사.
박문환(2003). 현대사회와 평생체육, 대경북스.
박승화(2005). 전공체육 길라잡이, 도서출판 홍경.
박용연(2000). 건강을 위한 체육과학 개론, 보경문화사.
백일영(2004). 운동생리학과 운동처방, 도서출판 대한미디어.
사무엘 E. 스텀프, 이광래 옮김(1986). 서양철학사, 종로서적.
설민신 외4(2000). 노인건강을 위한 운동 프로그램, 학문사.
성균관대학교 운동역학연구회(1997). 인체운동의 제어와 생체역학, 홍경.
소재무 외8(2002). 스포츠 기술지도의 이론과 실제, 대한미디어.
소재석 외3(2003). 생활체육의 이론과 실제, 숭실대학교 출판부.
소재석·김혁출(2008). 생활체육총론, 숭실대학교 출판부.
손수범(2002). 경제성장에 따른 한국스포츠의 변천, 용인대학교 박사학위논문.
송석록(2002). 스포츠 스폰서십, 도서출판 신일상사.
송형석(2005). 근대성, 몸 그리고 스포츠, 이문출판사.
송홍락(1999). 스포츠경영 관리학, 서울: 금광.
신성휴·한왕택(1992). 현대스포츠론, 성균관대학교 출판부.
신영길(1992). 체육과 교육학, 서울 : 형설출판사.
안민석(1999). 스포츠산업의 사회학, 한국체육학회지, 38(3), 130-140.
안응남·김현태(2003). 경기력 향상을 위한 스포츠영양학, 도서출판 홍경.
예종이(1999). 생체역학, 도서출판 태근.
오문엽(2011). 스쿠버다이빙에서 나타나는 뇌성마비의 반사운동을 억제하기 위한 신체정렬프로그램의 효과, 명지대학교 박사학위논문.
원영신(2004). 스포츠사회학 플러스, 대경북스.
유재원(2004). 태권도체육관 경영요인에 대한 지도자, 수련생, 학부모의 인식차이, 미간행 박사학위논문, 계명대학교 대학원.

유태용(1999). 문화란 무엇인가?, 학연문화사.
윤명희(1988). 체육과 교육론, 도서출판 태근.
윤인호(1986). 체육심리학, 서울 : 교학연구사.
윤인호(1994). 체육원리, 교학연구사.
윤재백(1999). 운동역학개론, 도서출판 태근.
이강우·김정수(2010). 운동처방, 도서출판 에이원.
이근일 외2(2011). 운동영양학, 신아출판사.
이근일(2005). 살빼기 운동과 영양조절, 도서출판 홍경.
이나가키 마사히로(2006). 뉴 스포츠란 무엇인가, 스포츠문화&과학연구지 13, 13-23
이명천 외7(2008). 건강·체력·스포츠를 위한 운동영양학8판, 라이프사이언스.
이명천 외7(2009). 운동영양학 길라잡이, 라이프사이언스.
이범제(1999). 체육행정의 이론과 실제, 서울대학교 출판부.
이상효(2001). 체육행정·경영의 이론과 실제, 도서출판 금광.
이상효·유희영(2001). 건강·스포츠 프로그램을 위한 지도방법과 리더십, 금광.
이성진(2002). 체육원리, 교학연구사.
이재구 외15(2011). 운동처방과 퍼스널 트레이닝, 대한나래출판사.
이학래(2008). 한국현대체육사, 단국대학교출판부.
이혁·이제홍(2009). 생활체육론, 대경북스.
이현정(2004). 체육행정학, 대경북스.
임번장(2000). 사회체육개론, 서울대학교 출판부.
임번장(2010). 스포츠사회학개론, 도서출판 레인보우북스.
임순길(2009). 운동처방, 광림북하우스.
장명제 외3(1998). 특수체육 이론과 실기, 도서출판 태근.
장주호(2002). 현대체육원리, 도서출판 태근.
정병국(2002). 수중재활운동사 교육매뉴얼, 한국수중재활연구소.
정상익·임현진(1988). 현대 자본주의와 스포츠, 나남서원.
정성태 외8(2003). 운동생리학, 형설출판사.
조경동(1996). 경영학원론, 형설출판사.
조성숙(2002). 스포츠영양학, 도서출판 효일.
조현철 외15(2011). 운동생리학, 도서출판 21세기교육사.
조현철(2005). 운동생리학, 도서출판 홍경.
진영수·정연옥(2004). 운동생리학 및 운동처방, 도서출판 홍경.
체육교육연구회(1994). 체육학개론, 학문사.
체육교재편찬회(1994). 현대생활과 체육, 서울 : 홍진출판사.
최승욱 외7(2007). 건강·스포츠과학, 정담미디어.
최의창(1996). 체육교육과정탐구, 서울 : 도서출판 태근.
최의창(2001). 체육교육탐구, 태근문화사.

최종삼·손수범(2011). 스포츠·체육사의 이해, 도서출판 21세기교육사.
토마스 휴즈 지음, 하남길 옮김(2000), 머스큐러 크리스천: 톰 브라운의 학창시절, 서울: 21세기교육사.
토마스 C.E. 지음, 이진수 옮김(1995). 스포츠 철학, 서울: 교학연구사.
통계청(2011). 사회조사 결과보도자료.
하남길(1995). 영국 신사의 스포츠와 제국주의, 서울: 21세기교육사.
하남길(1995). 영국 엘리트교육과 애틀레티시즘, 서울: 21세기교육사.
하남길(2002). 움직임 예술과학의 이해, 도서출판 대한미디어.
한국운동영양학회(2011). 운동영양학, 도서출판 한미의학.
한국철학사상연구회(1989). 철학대사전, 동녘.
한국체육사학회(2010), 개정판 체육과스포츠의 역사, 경상대학교출판부.
한국체육진흥회(2003). 장애인체육지도자 교육과정(Ⅰ), 21세기교육사.
한민규(1993). 장애인스포츠 개론, 유연상사.
한이석(2004). 현대 스포츠사회학, 형설출판사.
홍양자(1996). 장애인을 위한 특수체육, 21세기교육사.
Adorno, T. & Horkheimer, M.(1979). *Dialectic of Enlightment,* London: Verso.
Alan Ingham & John Loy(1973). *The Social System of Sport: A Humanistic Perspective, Quest 19,* New York: Columbia University Press.
Alan Ingham(1978). *American Sport in Tradition: The Maturation of Industrial Capitalism & Its Impact on Sport.* Ph. D. Dissertation, University of Massachusetts.
Allen Guttmann(1978). From Ritual to Record(Chap 1): *The Nature of Modern Sports,* New York: Columbia University Press.
Almond, G.A. & Powell, Jr.(1966). Comparative politics: *A development approach,* Boston: Little, Brown & Co.
American College of Sports Medicine(1991). *Guideline for exercise testing and prescription*(4th ed.)
Anheuser-Busch.(1982). *Guide to sponsoring sport events for Anheuser-Busch Distributors,* St. Louis, MO: Anheuser-Busch Co. Sport Marketing Division.
Baley, J.A. & D.A. Field: *Physical education & the Physical educator,* Boston: Allyn & Bacaon Inc. p. 32.
Barrow, H.M. & Brown, J.P.(1988). *Man and Movement: Principles of Physical Education,* Philadelphia: Lea & Febiger.
Beverly Seidel & Matthew Resick(1978). *physical education: An Overview, Reading, Massachusetts:* Addison, Wesley Publishing co. p.6.
Brownell C.L. & Hagman E.P.(1951). *Physical Education Foundations & Principles,* New York: MaGraw Hill Book co. p.175.
Bucher, C.(1975). *Foundation of physical education(7th ed.),* St. Louis: The C.V. Mosby

Company.
Bucher, C.A. & Wuest. D.A.(1987). *Foundations of physical education & Sport*(10th ed), St. Louis : Times Mirror / The C.V. Mosby co.
Bucher, C.A. (1974). *Dimensions of Physical Education, Second edition,* The C.V. Mosbey Co: St. Louis.
Bucher, C.A.(1968). *Foundation of physical education,* St. Louis: The C.V. Mosby co. p.24.
Campion M.R.(1998). *Hydrotherapy. principles and practice.* Betterworth Heinemann. 3~13.
Darl Siedentop(1976). *Physical Education: Introductory,* Wm.C. Brown co. pp.52, 66.
Dewey, J.(1916). *Democracy and Education,* New York: Macmillan Co.
Dubnick, M.J., & Bardes, B.A.(1983). *Thinking about Public Policy-A Problem Solving Approach,* New York: John Wiley & Sons, Inc.
Eitzen, S. & Sage, G.(1997). *Sociology of North American Sport.* Chicago: Brown & Benchmark.
Ellen Gerber(1971). *Innovators & Physical Education, Philadelphia:* Lea & Febiger. pp.323-331.
Elman Service(1963). *Primitive Social Organization,* New York: Random House.
Fayol, H.(1949). *General and Industrial Management,* London, England: Sir Issac Pitman and Sons.
Fleetway House(1939). *Encyclopedia of Sports & Pastimes* p.8, London.
Franklin, B.A. ed(2000). *ACSM's Guidelines for Exercise Testing and Prescription, 6th ed.,* Philadelphia: Lippincott Williams & Wilkins.
Fried, M.H.(1968). *Reading in Anthropology,* New York: Thomas Y. Crowell Co.
Frohock, F.M.(1979). *Public policy: Scope and logic.* Englewood Cliffs, N.J.: Prentice-Hall.
Gulick, L. & Urwick, L.(1927). *Papers on the Science of Administration,* Preface.
Harris, H.A.(1971). *Amateur & Progerrion in Greek & Roman Sport Proceeding of 2nd world sport,* Symposium, on the History of sport & Physical Education May 31-June 3.
Harrow, A.J.(1972). *A Taxanomy of the Psychomotor Domain,* New York: David Makay co.
Hoebel, E.A.(1964). *Anthropology: The Study of Man,* New York: Macmillan Co.
Hopkins, C.H.(1951). *History of the Y.M.C.A.,* North America Association Press, pp.246-247, p.251.
John D. Lawther(1977). *The learning & performance of physical skills:* Prentice-Hall.
Johnson, W.O.(1974). *From here to 2000,* Sports Illustrated 41.
Kenyon, G.S.(1974): *A society of Sports:* On becoming a subdiscipline.
Kneller, G.F.(1964). *Introduction to the Philosophy of Education,* New York: Macmillan Co.

Kotler,P.(1976). *Marketing management, analysis, Planning, Implementation and Control.* Englewood Cliffs, NJ: Prentiu-Hall.

Krathwol, D.R. & B.S. Bloom & B. Masia(1964). *A taxanomy of education objectives: Handbook II, The Affective Domain,* New York: David Makay co.

Laswell, H.D. & Kaplan, A.(1970). *Power and Society, New Haven:* Yale University Press.

Laswell, H.D.(1951). *Policy Orientation. Lerner, D. & Laswell, H.D. (eds.). Policy Sciences,* Stanford: Stanford University Press.

Licht, S.(1965). *Therapeutic exercise, Baltimore:* Waverly Press.

Lowi, T.J.(1972). *Four system of policy, politics and choice, Public Administration Review.*

Loy, J.(1978). *The Cultural System of Sports Quest 29,* New York: Columbia University Press.

Loy, J., Barry D., McPhesonm & Gerald Kenyon(1978). *Sport & Social Systems, Reading,* M.A.: Addison-Wesley.

McIntosh, P.C.(1981). *Sports politics and internationalism.* In Hart, M., & Birrell, S., Sport in the Sociocultural Process. Dubuque, IW : Wm. C. Brown Company Publishers.

Metheny, E.(1972): *The symbolic power of sport, in Ellen Gerber(ed.), sport & the Baby,* Philadelphia: Lea & Febiger.

Mooney, J.D.(1947). *The Principles of Organization(revised ed.),* New York: Harper & Brother.

Mullin, B.J.(1983). *Sport marketing, promotion & public relations. Amherst,* M.A.: National Sport Management Inc.

Newman, W.H.(1951). *Administrative Action: The Technique of Organization and Management.* Englewood Cliffs, N.J.: Prentice-Hall, Inc.

Nissen, H.(1947). *Practical massage & corrective exercise with applied anatomy, Philadelphia:* Davis.

Nixon, E.W. & Cozens, F.W.(1952). *An introduction to Physical Education.*

Osler, W.(1961). *The evolution of modern medicine,* London: Yale University Press.

Peter. Farb(1978). *Humankind,* Houghton Mifflin Co.

Rise, A. & Trout, J.(1986). *Marketing Warfare,* New York: McGraw-Hall.

Robert Singer 외5(1972). P*hysical Education: Interdisciplinary Approach,* New York: The Mcmillan Co. p.4.

Sartre, J.P.(1947). *Existentialism,* New York: Philosophical Library.

Seymour Kleinman(1972). *Sports and Body :* A philosophical symposium, Boston: Allyn & Bacon Inc. p. 177.

Shapiro, H.H.(1956). Man, Culture and Society, New York: Oxford University Press.

Sharman, J.B. Introduction of Physical Education. p.71.

Shepard, N.M.(1960). Foundation & Principles of Physical Education. p.93.

Sidentop, D.(1980). Physical Education, introductry analysis. 3rd. Columbus, Ohio: The Ohio State University.

Siedentop, Mand & Taggart(1986). Physical education; Teaching & curriculum strategies for grades 5-12, 188-189. Palo Alto, C.A.: Mayfield.

Sigerist, H.(1961). A history of medicine, Vol. 2., New York: Oxford University Press.

Slusher, H.(1967). Man, Sport & Existence: A Critical analysis. Philadelphia: Lea & Febiger.

Spaeth, M.J.(1967). *An analysis of Administrative Research in Physical Education and Athletics in Relation to a Research Paradigm. Unpublished Doctoral Dissertation.* University of Illinois.

Sutton, W.A.(1991). *Sports marketing.* In Parkhouse, B.L. The management of sport (pp.149-172). St. Louis, MO: Mosby Year Book.

Van Dalen, D.B., Mitchell, E.D., & Bennett, B.L.(1953). *A world history of physical education.* Englewood Cliffs, NJ: Prentice Hall.

Waldo, D.(1955). *The Study of Public Administration,* New York: Doubleday.

Williams, J.F & Brownell, C.L.(1951). *The administration of health education & physical education.* p. 10.

www.e-sports.or.kr/esports/esportsis.html

http://100.naver.com/100.php?id=741556

http://paper.cyworld.com/hselfgod 기술과 과학의 발전(2004).

前井三雄(1952), 體育心理學, 杲林書院. p.2.

前川峯雄(1970), 體育原理, 大修館書店. p.69.

佑伯聡夫(1984), スポ-ツの 文化, 不昧堂出版. p.71.

체육학 개론

3판1쇄 2024년 5월 20일

저자 최종삼, 손수범
발행인 이경화

발행처 디자인21
주소 04560 서울특별시 중구 퇴계로 293-1 3층
전화 02-2269-6561(대)
팩스 02-2269-6568
이메일 21publish@naver.com
블로그 https://blog.naver.com/publish21
홈페이지 https://21publish.co.kr

등록번호 제1-1128호
등록일자 1991.2.12

ISBN 978-89-6131-150-2 93690

정가 16,000원